U0579018

本书受到国家自然科学基金青年项目（项目号：72204101）、教育部人文社会科学研究青年基金项目（22YJCZH247）、兰州大学人文社会科学类高水平著作出版项目资助。

农地整治问题研究

权属调整中的行为与合作

THE BEHAVIOR AND COOPERATION IN THE LAND REALLOCATION STAGE OF LAND CONSOLIDATION

张晓滨　著

社会科学文献出版社
SOCIAL SCIENCES ACADEMIC PRESS (CHINA)

序

土地整治是我国一项重要国家战略工程，各级政府每年都在土地整治上投入大量资金。目前它已经发展成为兼具多种功能的综合性政策工具、乡村振兴和乡村产业高质量发展的重要抓手。在这一背景下，关于农村土地整治的理论探讨与实践探索愈加受到学界和业界的关注。权属调整既是土地整治工作的核心，也是农地整治区别于其他农田基本建设的重要特征，更是解决土地细碎化问题最重要的环节，但因其涉及权益变动，自然会牵动整治区域产权主体的敏感神经，致使本应受到重视并开展系统性研究的农地整治权属调整相关领域，恰恰成为目前研究所欠缺的领域。围绕农地整治权属调整这一复杂且具有现实意义的课题，本书作者张晓滨博士在多年研究和参与相关实践的基础上，基于其博士毕业论文完成了本书，弥补了相关研究的不足，为这一领域的理论发展和政策实践提供了新的思考与启示。

本书以农地整治权属调整为核心，从个体行为和主体合作出发，探讨了农民参与行为的影响因素、地块空间分配的改进策略、各类主体之间的合作如何达成，以及在长时序下的可持续性问题。不仅如此，本书还对农地整治权属调整的相关制度进行了系统的梳理，探究了制度环境变迁对农地整治权属调整实施的影响。总体上，本书有以下几大亮点。

一是对农地整治权属调整的研究具有系统性。本书全方位探讨了农地整治中的个体行为、地块空间分配、主体合作逻辑、制度环境变迁背景下的治理结构演变与主体合作的可持续性，在农地整治权属调整的微观行为和宏观制度之间建立起了逻辑联系，系统全面地分析了农地整治权属调整，包括农地整治权属调整行为和调整技术。

二是理论与实践相辅相成。张晓滨博士在对山东、广西、江西等省份农地整治权属调整实践案例进行大量深入的调研，并对其背后的理论规律进行高度抽象概括的基础上，运用集体行动理论、博弈论，为基于实践调研所发现的农地整治权属调整主体之间的互动现象，提供了清晰而又合乎逻辑的解释。

三是在研究方法上，本书采取了多种学术路径，结合了计量分析、运筹优化、博弈论建模以及典型案例研究，将其恰当地运用在农地整治权属调整不同方面的研究分析中，提升了研究结论的可信度和适用性，也凸显了作者在方法论上的积累、运用与创新能力。

作者通过对农地整治权属调整进行深入研究，为解决农地细碎化问题、提升农村土地利用效率、促进农村发展提供了科学依据与政策启示。对国外农地整治权属调整的发展和实践进行梳理，体现出其国际视野。这不仅为我国农地整治政策的优化提供了重要参考，对其他国家和地区解决类似问题也具有借鉴意义。

作为作者的博士生导师，我见证了其在这一研究领域的成长与突破。从最初的研究设计到实地调研的艰辛，再到数据分析与理论建构的精益求精，他始终保持着对学术的严谨态度与对现实问题的强烈关注。本书凝聚了他数年的学术积淀与思考，不仅展现了他扎实的理论功底与卓越的研究能力，也折射出他对推动土地管理理论实践创新的深刻使命感。

衷心希望本书能够为学术界、政策制定者及土地管理实践者提供有益的借鉴和启发。期待本书研究能够在推动农地整治权属调整理论发展与实践完善的道路上发挥积极作用。对于张晓滨博士本人而言，希望他能够以此为起点，在土地管理领域继续深耕，出高质量的研究成果。

叶艳妹

浙江大学公共管理学院教授

浙江大学土地与国家发展研究院院长

2024 年 12 月于杭州

摘　要

农地整治权属调整是解决我国严重的农地细碎化问题必不可少的机制，同时也是协调农地整治前后人、地、权关系的重要工具。但由于农地整治权属调整本身的复杂性、我国农地制度与现实条件的独特性以及立法的滞后性，实施率总体较低，农民参与程度不足。另外，我国不同地区农地整治权属调整实施模式不同，实施效果存在明显差异。基于这一现象，本书探索农地整治权属调整中行动者的个体行为机制、不同农地整治权属调整实施模式对行动者集体行动的影响，以及区域性农地整治权属调整长期制度变迁机理等关键性问题，为我国农地整治权属调整实践推进与制度变革提供建议。

为回答以上问题，本书主要进行了两个层次的分析。一是农地整治权属调整中个体行为选择的分析。这一层次在不考虑行动者之间互动的情况下分析农地整治权属调整中农民的行为，主要包括农民参与行为和地块空间分配两个问题，它是集体行动分析的基础。二是农地整治权属调整中的主体合作逻辑分析，主要包括两部分：第一部分涉及对农地整治权属调整不同的互动结构中，农户之间的博弈均衡分析；第二部分则是探讨在外部制度环境变化的情境之下，由地方政府、村集体和农民共同决定的治理结构的主要特征及其变化，以及随着治理结构的变化，其中主体合作的变化，并解释其中的机理。本书主要得出以下结论。

在个体行为选择的农民参与行为方面，自利动机、社会规范、机会和能力对农民参与农地整治权属调整有显著的正向影响，其中社会规范和能力对农民参与农地整治权属调整行为的影响最大，自利动机对农民参与农地整治权属调整行为的影响相对较小。同时，自利动机与社会规范、社会规范与机会之间存在显著的负向交互效应：自利动机的增强将减弱社会规范的影响，社会规范的增强也将减弱机会的影响。

在个体行为选择的地块空间分配方面，本书构建了一个基于农户意愿的线性规划运输模型，从农地细碎化问题的缓解程度、调整后的地块位置变动程度两方面，将其与抓阄方法进行了对比。结果显示，两种方法均能显著减少地块数量，但是基于农户意愿的线性规划运输模型能够同时满足农户减少地块位置变动和缩短地块与农居点之间距离的意愿。不过，抓阄方法具有符合程序公平要求的优势。

在主体合作逻辑的合作达成方面，本书运用博弈模型分析了不同互动结构之下农户互动的集体行动达成情况。研究发现，互动结构对农户集体互动博弈的均衡具有显著的影响。在无组织的自由谈判互动结构中，农户之间实施权属调整的集体行动很难达成。集体行动的达成可以通过改变农户之间的互动结构来实现：一是在实施过程中引入一定程度的强制；二是改变行动者集体的成员特性（异质性和数量）；三是在不同类型的农户之间引入一定程度的隔离。其中，引入强制可以通过应用“多数同意”原则来实现；改变行动者集体的成员特性可以通过农地整治权属调整与流转相结合来实现；在不同类型农户之间引入隔离可以通过在空间或时间上的分阶段实施来实现。

在主体合作逻辑的合作可持续性方面，本书比较了山东省 WD 县和广西壮族自治区 LZ 县区域性的农地整治权属调整治理结构及其中主体合作可持续方面的差异。本书认为，虽然山东省 WD 县早期的地方政府主导的农地整治权属调整同广西 LZ 县早期的自组织农地整治权属调整一样，都能促使主体之间达成合作，但是地方政府主导的农地整治权属调整中的合作，在面临外部制度环境变迁时，是不可持续的，而自组织农地整治权属调整中的主体合作是可持续的。之所以会产生这样的结果，主要原因在于我国近些年整体制度环境变化的主要特征是，不断强化的土地产权制度和相对滞后的农地整治制度。在这样的制度变迁背景之下，土地产权制度的强化使得地方政府主导的农地整治权属调整的合法性受到了挑战，而相对滞后的农地整治制度建设并没有给地方政府提供进一步完善政府主导的农地整治权属调整的激励，从而导致该类型农地整治权属调整主体合作的不可持续。而对于自组织的农地整治权属调整而言，由于其基于农户的需求，且治理结构中的启动方式、地块调整方式和矛盾解决方式始终在产权制度允许的范围之内，因此主体合作能够持续。

我国国家层面农地整治权属调整合法性的模糊造成不同地区多样化的农地整治权属调整治理结构，制度环境的变化也决定了治理结构的不断变化。地方政府主导模式以及农村自组织模式均能很好地推动农地整治权属调整的实施，但是农民间无组织的自由谈判很难推动农地整治权属调整大范围实施。具体项目中，农户的参与程度还取决于农户的自利动机、参与能力、对社会规范和参与机会的感知，以及在地块分配阶段意愿的满足。同时，在农地整治项目化、工程化和农地产权个体化、财产化导向下，地方政府主导的农地整治权属调整正不断退出历史舞台，农村自组织模式成为主要的有效模式，得到了持续发展。

基于以上研究结论，本书认为要在我国推进农地整治权属调整，必须通过明确区分农地整治权属调整与土地调整、明确农地整治权属调整的法定分类以及制定鼓励地块归并的操作性原则来系统地完善我国农地整治权属调整相关制度。同时，应当通过鼓励农村自组织、提高农民参与农地整治权属调整能力的方式来推进农地整治权属调整实践。

目录 CONTENTS

第一章

农地整治权属问题研究的重要性日益突出

第一节　农地细碎化治理困局与农地整治权属调整的缺位

一　我国农地细碎化现状及现有解决路径的弊端

我国人口众多，可利用耕地资源有限，同时我国又是一个多山的国家，这一独特的社会与自然条件使得我国成为土地细碎化问题[①]

① 国内学者普遍认为，单纯的农户经营土地面积狭小属于地块规模不经济，并不构成土地细碎化（land fragmentation）问题，农户拥有的地块在空间上不相邻是土地细碎化的一个必要条件（王兴稳、钟甫宁，2008；吕晓等，2011；陈培勇、陈风波，2011）。然而，实际上国外学者多认为土地细碎化是一个内涵十分丰富的概念，例如 van Djik（2003）关于土地细碎化的被广泛引用的研究中就将土地细碎化分为四种类型：土地所有权细碎、土地使用细碎、农场内部细碎以及所有权与使用权分离。其中，地块在空间上的不相邻仅是构成农场内部细碎这一种类型的土地细碎化的必要条件。单纯的经营面积狭小，即所谓的规模不经济，则属于土地所有权细碎或土地使用细碎。虽然本书所研究的权属调整直接解决的是地块空间分散所造成的农地细碎化问题，但同时也可以为解决农户经营土地面积狭小的问题服务，因此本书研究采用含义较广的土地细碎化定义，即既包含地块在空间上的不毗连，也包含农户经营面积本身的狭小。

较为严重的国家。联合国粮食及农业组织（Food and Agriculture Organization of the United Nations，FAO）20世纪末调查了全世界113个国家的农地经营状况，发现中国的户均经营面积仅为0.67公顷，在所调查国家中排第107位，仅高于孟加拉国、帕劳、斯里兰卡、刚果共和国、科摩罗和库克群岛（Demetriou，2014）。最新数据显示，我国的农地细碎化问题没有得到根本解决。根据顾天竹等（2017）对农业部农村固定观察点数据的整理，2013年末，我国农户平均土地经营面积为0.65公顷，平均被分为5.1块；张蚌蚌（2017）2014年对我国41个生态区1095户农户所做的问卷调查显示，这些农户的平均土地经营面积仅为0.58公顷，平均地块数量为5.34块。降低农地细碎化程度，发展多种形式的适度规模经营已经成为全国性的需求。2014年11月，中共中央办公厅、国务院办公厅印发《关于引导农村土地经营权有序流转发展农业适度规模经营的意见》（中办发〔2014〕61号），强调发展适度规模经营已经成为必然趋势，土地流转和适度规模经营是发展现代农业的必由之路。目前，学界与政策实践所推动的农地细碎化问题解决和农业规模化实现路径，总体上可以总结为“农地产权改革+农地确权→土地流转→规模经营”：首先，通过农地“三权分置”改革，稳定承包权，放活经营权，赋予农民充分的处置权能，并通过土地登记手段明确产权；其次，在市场机制的作用下，通过多种形式的农地流转（如出租、出让、抵押等），使农地向种地能手集中，从而克服农地细碎化问题，实现农业适度规模经营。

然而，这一思路存在的明显弊端，使其不仅在解决农地细碎化问题方面收效甚微，甚至可能带来一定的负面效应。一方面，来自新制度经济学的研究表明，农地细碎化严重情况下的农地流转交易成本高昂，还权赋能的制度改革加上农地确权措施也可能引发土地利用的“反公地悲剧”，导致农民自发流转愈加难以实现，或者即使土地流转比例有所上升，也起不到缓解土地细碎化问题的作用，反而会加剧土地细碎化。例如，王兴稳（2008）通过模拟预测发现，即使农地市场非常发达，出租方的农地与承租方的农地两两相邻的概率也只有4.92%，因此自发的农地流转很难解决农地细碎化的问题（伍振军等，2011）。于是，依赖政府行政力量整村推动的土地流转往往成为实现农业规模经营的现实选择。Andreas和Zhan（2016）的研究发现，在推进农地市场化流转改革的过程中，地方对农地权利处置的干预不仅没有减弱，反而越来越强，而此时违背部分农民的意愿便不可避免，从而造成过度流转的问题。另一方面，来自新古典经济学的研究表明，发展中国家的土地利用效率与经营规模关系不明，通过行政力量推动户间土地流转促成的经营规模扩大是否能真正带来土地利用效率的提高，是否符合人多地少的国家资源配置的社会效率值得怀疑（弗兰克·艾利思，2006；石晓平、郎海如，2013）。来自政治经济学和社会学的研究也显示，依赖行政力量推动的农地流转，常常会偏向农业企业而边缘化小农（朱冬亮，2020；Rogers et al.，2021）。此外，我国经济与就业形势能否容纳过度流转带来的农业劳动人口剩余，也是一个非常重要的问题。

可见，现阶段农地细碎化问题解决路径的弊端在于，农地产权改革与农地确权并不必然带来农地的自发流转，农地的自发流转也并不必然改善农地细碎化问题，甚至可能加重农地细碎化。这一路径缺失了使其真正发挥作用的必要环节，而这一必不可少的环节便是农地整治权属调整。

二　农地整治权属调整的功能

（一）治理农地细碎化问题的关键机制

现有研究显示，农地整治权属调整在改善土地细碎化问题和提高农村土地利用效率方面取得了显著的效果（King and Burton，1983）。例如，对芬兰12个整治项目的评估研究表明，农地整治权属调整后，地块大小平均增加了106%，地块距离平均减少了6%，地块数量平均减少了51%（Hiironen and Riekkinen，2016）。在越南，农地整治权属调整被证明不仅有利于提高农业生产力，而且有利于促进非农产业的发展（Nguyen and Warr，2020）。吴诗嫚等（2023a，2023b）研究了不同模式的农地整治权属调整的实施效果，发现无论是单独实施农地整治权属调整，还是将其与土地流转相结合，都能够显著缓解土地细碎化问题。

权属调整作为农地整治的一部分，衔接了以工程设施建设为特征的用地改革和以产权分配为代表的地权改革，成为主流规模经营实现思路中关键性的补充与衔接机制。首先，农地整治权属调整能够直接促成地块的规模经营，因而成为农业经营主体，尤其是自耕小农实现规模经营的一种替代选择（夏柱智，2014a），从而避免了由行政力量推动的过度流转。其次，研究发现，农地交换合并的成本是农地流转过程各类交易成本中最大的，严重阻碍农地的自发流转，而农地整治权属调整通过地块的交换合并，使得农地流转双方的协商成本大大降低，进而促成农地的自发流转，对农地流转形成互补效应（王兴稳，2008；伍振军等，2011）。最后，农地整治权属调整不仅通过事前对农户承包地块进行交换合并，增加农地流转后地块之间相邻的概率，同时也可以与农地流转结合，或者通过对农地流转后的地块进行调整，克服农地流转无法解决或者其本身造成的细碎化问题。例如，日本政府便通过对租赁地块的权属调整，促进流转后稻田的规模经营（Ishii，2005）；解决农地租赁者租入地块与其原有地块不相邻的问题也是欧洲国家对农地整治的重要需求（Thomas，2004；Vitikainen，2004）。因此，农地整治权属调整也将成为我国解决农地流转问题的有效途径。

可见，农地整治权属调整本身能够直接缓解农地细碎化问题，同时通过促成农地自发流转、修正农地流转的结果，使现有的依赖农地流转解决农地细碎化问题的路径能够真正发挥其正面作用。因此，农地整治权属调整是我国农民，尤其是小农适应社会化大生产的关键机制。

（二）农地整治权属调整的其他功能

除了作为治理农地细碎化问题的重要机制之外，农地整治权属调整还有诸多其他功能。在农地整治项目中，广泛的工程设施建设必然会改变原有的土地权属关系，而协调被占地农民与其他农民之间的人、地、权关系，对农地整治工程顺利实施至关重要。土地平整工程对权属界线的打破、整治后新增耕地的分配以及项目区内土地利用关系系统性优化的实现，都依赖于权属调整工作对利益关系的平衡。

同时，农地整治权属调整影响农地整治后工程设施的利用以及农民对工程设施使用权的认知（王发荣，2016；张凤荣等，2009）。通过农地整治权属调整优化农村土地产权结构，能有效改善我国农村水利设施的供给与利用现状。基于当前以家庭承包为基础的细碎耕地，农户在小型水利设施供给上的“搭便车”现象严重，小型水利设施难以与国家供给的大中型水利设施对接，农户难以独立解决农田水利的供给问题（郭珍，2015）。而通过农地整治权属调整实现“按户连片耕种”，因为重构了责任制，可以有效排除搭便车者，从而在整治后的农业生产中，真正做到“肥水不流外人田”，解决了农田水利利用中超越农户层次的问题（贺雪峰、郭亮，2010；贺雪峰等，2003）。另外，农地整治权属调整能够通过归并田块，扩大农业生产经营规模，为精准农业实施提供条件，降低其实施成本。

农地整治权属调整也服务于农业生产以外的其他农村发展目标。例如，在德国农村大型基础设施的建设过程中，农地整治通过对被占地农民与其他农民之间地块权属的调整，降低基础设施建设对被占地农民造成的影响，成为平衡区域农民利益关系的重要工具（Hendricks and Lisec，2014）；荷兰、丹麦等国的权属调整也常常服务于生态恢复、景观建设、文化保护和水资源管理（如防洪）等目标（Hartvigsen，2015a；Mouritsen，2004），从而促进农村全面综合发展，提高农村竞争力。

三　推进农地整治权属调整的历史经验与现实条件

（一）国外与中国台湾地区历史经验

农地整治一直被世界各国视为推动农村发展的重要手段（Asiama et al.，2017；Sabates-Wheeler，2002；Sikor et al.，2009）。农地整治在欧洲的实施历史悠久，且分布非常广泛。德国被视为现代农地整治的起源地，截至2014年，欧盟28个国家中的26个国家都进行过农地整治（Demetriou，2014）。综观国外历史经验，在农业用地从大规模集体占有转向小规模个体占有（或使用）的过程中及之后，农地整治权属调整都在优化土地利用与权属关系方面扮演了关键性的作用。例如，丹麦在1780年庄园制解体时进行的土地改革中，将公有的或者大庄园土地分给农民私有。为防止这一改革带来土地细碎化问题，该国便引入农地整治这一工具，而其主要作用便是通过权属调整将分给农民的土地集中在一个距离居住地较近的位置（Hartvigsen，2014a）。除德国、丹麦之外，荷兰、芬兰等国家也有数百年的农地整治传统（Vitikainen，2004）。芬兰全国超过 70%的农业用地都实施过农地整治（Konttinen，2008）。联合国粮食及农业组织和欧盟等国际组织一直致力于推动农地整治项目，帮助其他欧洲国家解决土地细碎化和土地经营面积过小的问题（Binns，1950）。

1989 年柏林墙倒塌之后，中东欧国家的经济体制开始向市场经济转型，在土地领域开展了从土地集体产权向私有产权转变的改革。然而在农地私有化的过程中，缺乏对地块大小及位置的规划（Lemmen et al.，2012），致使这一土地改革最终导向了严重的土地细碎化，制约了这些国家农业生产效率的提高（Hartvigsen，2014b；Macours and Swinnen，2000）。为了消除这一不良后果，农地整治便作为解决土地细碎化问题的重要政策工具，以试点项目的形式被引入中东欧国家（Sikor et al.，2009；Varga，2020）。此后，这些国家开展了大范围、制度化的农地整治。例如，土耳其在 2013 年之前整治了 495 万公顷的土地，并在 2013~2023 年整治约 1400 万公顷土地；自 2008 年以来，塞尔维亚启动了 39 个农地整治项目，覆盖约 125 万公顷土地（Veršinskas et al.，2020）。在这些国家，农地整治的核心任务就是通过权属调整解决土地细碎化问题。

农地整治在亚洲国家也很普遍，如韩国（Altes and Im，2011）、越南（Nguyen and Warr，2020）和日本（Ishii，2005），以解决土地细碎化问题、提高农业生产效率和促进农村发展。在加纳、肯尼亚（Asiama et al.，2021）和卢旺达（Ntihinyurwa et al.，2019）等非洲国家，过去20年也出现了一轮农地整治浪潮，将农地整治作为促进《2030年可持续发展议程》和可持续发展目标实现的有效工具之一（Rao，2022）。在这些国家中，权属调整也是农地整治项目的关键，农地整治方案一般也主要是围绕权属调整展开（Veršinskas et al.，2020）。

我国台湾地区早期农地整治权属调整的引入实际上也有相似的经历：在经历过公地放租、三七五减租、公地放领和耕者有其田条例的颁布这四项农地改革实践之后，台湾地区的农地权利分配问题基本得到了解决（谢静琪，2014；于宗先等，2004）。然而，这一地权改革不可避免地导致了人均耕地面积的减少以及地块的零散分割，致使农地细碎化问题十分严重。随后，台湾地区便开始引入农地整治，通过地块交换合并和工程设施建设，优化农地权属结构、扩大经营规模，提高农业生产力（萧承勇，2001）。

（二）我国农地整治权属调整实施的历史背景与现实条件

我国现阶段严重的土地细碎化问题，除了一些长期存在的自然和社会因素以外，还有一个原因是家庭联产承包责任制的实施，且在承包地发放的过程中采取“肥瘦搭配”的方式，极易造成农业经营的小规模和细碎化问题。这与一些中东欧国家土地产权改革造成土地细碎化问题的经历是极其相似的。此外，中国长期以来的农业人口过剩问题导致了农业生产的“内卷型商品化”变迁历程（黄宗智，2010）。在家庭联产承包责任制改革初期，在城乡二元户籍下，农业过剩的劳动力无法流动，因此，细碎化本身并不是问题。另外，改革初期农民个体的劳动积极性被激发，制度改革的红利得到释放，细碎化的影响就更不明显了。

时至今日，农村劳动力的解放，结合城乡二元户籍制度的松动与改革，使得大量农村劳动力流向城市，农业劳动力过剩问题已经不再明显，相反，细碎化成为农业生产率提高的障碍因素。例如，Fleisher 和 Liu（1992）针对中国吉林、江苏、河南、河北和江西的研究发现，在其他因素固定不变的情况下，地块数每增加 10%，粮食产量下降 5.7%；Tan 等（2008）的研究认为，地块数量和大小会显著影响农业生产的机械化程度，而地块间距离则直接影响农业生产成本。新近的案例研究与报道也反映了农民对消除农地细碎化问题的强烈需求。因此，从国际经验和现实诉求来看，我国目前推进农地整治权属调整是符合历史发展趋势的。

当然，基于我国的自然社会状况以及发展历史等，我国农地整治权属调整有其独特的现实条件。我国农地集体所有制所造就的独特产权构造使我国农地整治权属调整有其独特的复杂性。对于上文提到的国家和我国台湾地区而言，农地整治权属调整主要指的就是农户个体的农地所有权调整，有少数会涉及土地租赁权的调整。但是对于我国农地整治权属调整而言，土地所有权调整与承包经营权调整则是两种类型，其中土地所有权的调整不仅面临法律障碍，在调整实践中也更容易引发矛盾，而新的《农村土地承包法》又增设了土地经营权这一产权类型，从而可能使农地整治权属调整更加复杂。另外，在目前产权改革的背景之下，农地集体所有制下的产权构造中，集体所有权的权能与农户承包经营权的权能之间的边界划分也直接影响农地整治权属调整的正当性与实施方式。与一些中东欧国家相似，相比于私有制国家，我国集体化大生产时期对个体产权忽视的历史教训，可能也会使农民对农地整治权属调整产生破坏产权的疑虑，无法认同农地整治权属调整，从而增加农地整治权属调整的困难。

就自然条件而言，我国是世界上农地细碎化问题较为严重的国家（Demetriou，2014），同时我国又是一个多山的国家，这样的自然条件既使得农地整治权属调整极为必要，同时也加大了农地整治权属调整的难度。另外，我国目前的经济发展状况，加上人多地少的资源禀赋条件，使得我国现阶段不具备适用“最小面积原则”的条件。因为如果采用“最小面积原则”，强行剥夺土地面积小于一定土地面积标准的农户的土地，必然会产生大量的失地农民，引发社会稳定问题。

我国于 20 世纪 80 年代开始引入现代土地整治项目，到 2008 年，土地整治工作被正式纳入党中央层面的战略布局，以保护耕地、保障国家粮食安全。国土资源部、国家发展和改革委员会于 2017 年发布的《全国土地整治规划（2016—2020 年）》指出，“2011 年以来……全国整理农用地 5.3 亿亩，建成高标准农田 4.03 亿亩。补充耕地 2767 万亩”。我国的土地整治发展至今，经历了四个阶段：以增加耕地面积为重点的基本农田阶段（1998~2007 年）、以提高耕地质量为目标的良好农田建设阶段（2008~2012 年）、生态建设探索阶段（2013~2018 年），以及 2019 年开启的以全地域、全要素、全周期、全链条为核心理念的全域土地综合整治阶段（Tang et al.，2019；金晓斌等，2022）。总体来说，土地整治不断朝着结合生态保护和扶贫等目标的多功能发展，在乡村振兴中发挥了突出的作用（Rao，2022）。中国的农地整治项目与其他国家的不同之处在于，其他国家农地整治非常注重发挥权属调整的作用以解决农地细碎化问题（刘同山、钱龙，2023），但是中国的农地整治更注重土地工程设施建设，而不甚关注权属调整（刘新卫、赵崔莉，2017；Jiang et al.，2022）。在很多欧洲国家，农地整治的主要内容就是围绕如何实施权属调整展开的（Veršinskas et al.，2020）。而在中国，农地整治计划主要是对新建基础设施的布局，特别是政府实施的农地整治项目。虽然农地整治项目在全国范围内不断增加，并在制度上得到实施，但农地整治权属调整却只是零星进行的：1998~2008年，政府资助的农地整治项目中，只有14.92%的土地进行了再分配（国土资源部地籍管理司、国土资源部土地整理中心，2010），大部分项目区的土地权属保持不变。中国农地整治权属调整的推进相对滞缓。

第二节　农地整治权属调整推进面临的现实与理论问题

一　现实问题

前文阐述了农地整治权属调整是解决我国严重的农地细碎化问题必不可少的机制，同时也具有在农地整治中以及农地整治后协调人、地、权三者关系的多重功能。虽然目前我国农地整治权属调整的推进是符合历史趋势的，但是特殊的自然社会和历史条件也给我国农地整治权属调整带来了独特的困难。对农地整治权属调整的需求与农地整治权属调整困难的张力造就了我国目前农地整治权属调整的现状。

首先，在全国范围内已经出现了自发的农地整治权属调整的探索（卢艳霞等，2012），但是农地整治权属调整的实施比例总体偏低，尤其是在政府主导的农地整治项目之中。总的来说，涉及承包经营权调整的农地整治项目占比不高，并且多以辅助土地平整和工程建设的部分调整为主，在项目区范围大规模实施权属调整的比例更低，并不能解决农地细碎化问题，仅仅是方便土地平整和工程设施建设。

我国也出台了一些推动农地整治权属调整实施的政策文件。例如，《全国农业现代化规划（2016—2020年）》、中央一号文件（2013

年、2016年和2017年）等相关政策文件均鼓励互换承包地、联耕联种、按户连片耕种等农业实践；2023年出台的《农业农村部关于稳妥开展解决承包地细碎化试点工作的指导意见》（以下简称《指导意见》），鼓励结合农田建设、土地整治项目，实现按户连片经营，解决耕种不便等问题，从而解决农地细碎化问题。以上政策文件所鼓励的用于解决农地细碎化问题的农业实践模式，均是农地整治权属调整的不同表现形式，但是相关政策在推动权属调整实践的过程中，对其必然会涉及的产权变动基本上采取了极其谨慎的态度。例如，《指导意见》虽然鼓励农地互换，但是采取“承包权不动、经营权连片”方式解决承包地细碎化问题，同时要求“落实好中央关于保持土地承包关系稳定并长久不变的政策要求，坚决防止借解决农户承包地细碎化之机搞打乱重分”。然而，大规模打乱重分实际上正是农地整治权属调整的题中之义，也是土地私有制国家实施农地整治权属调整的基本模式。

其次，我国农地整治权属调整的实施模式多样化。在我国，农地整治权属调整的实施模式是十分多样化的，包括地方政府主导实施、农村自组织、农民通过市场机制进行地块互换交易、农地整治权属调整与土地流转相结合等方式。在短期内，不同的实施模式具有不同的农户参与程度与实施效果；在长期内，不同实施模式的存续与变迁也存在显著差异。

针对这些现象，以下问题便值得回答：①农户参与农地整治权属调整具体受到哪些因素的影响？②在不同的实施模式之下，农地整治权属调整最终的实施效果怎样？③制度环境的变化，是否会影响以及如何影响农地整治权属调整模式的实施？哪种农地整治权属调整治理结构能够在不断变化的外部环境中长期持续得到令人满意的结果？

二　理论问题

上述我国农地整治权属调整实践中的复杂现象引发我们思考如下几个理论问题。首先，农地整治权属调整本身是一种对土地资源的配置方式，那么农户作为资源配置的主体，其个体行为应当采用怎样的理论模型来刻画，便是需要解决的理论问题之一。其次，农地整治权属调整并不能靠农户单一个体的参与意愿和行为来实现，只有当农地整治权属调整的相关行动者能够采取协调一致的行动，即当行动者之间能够达成互相合作时，农地整治权属调整才能顺利实施，从而为农户带来良好的经济效益。然而，合作并不总是容易达成的，个体的行动并不总是增进集体利益的。于是引发如下理论问题：多样化的农地整治权属调整实施模式背后有着怎样的行动者之间的互动结构？不同的互动结构怎样影响行动者之间的博弈及其最终的均衡结果？什么样的互动结构更容易促成农地整治权属调整相关行动者之间的合作？最后，从长时序来看，当地方性的治理结构面临外部的、上层的制度变迁时，哪种互动结构之下的行动者之间的合作更加稳定、更加可持续？这也是本书所要解决的一个理论问题。

第三节　系统研究农地整治权属调整行为与合作的现实与理论意义

一　现实意义

本书研究的现实意义在于为我国推进农地整治权属调整提供可操作的建议，并为农地整治权属调整相关制度完善提供方向。如上所述，目前我国农地整治权属调整需求与实施困难并存：很多地区的农民表现出强烈的实施意愿，但总体实施率偏低；部分地区尝试实施，但是也没有取得理想的结果。本书能够针对我国的农地整治权属调整的特殊历史背景与现实条件，提出解决方案，解决中国问题。本书能够通过对农户个体参与农地整治权属调整影响因素的识别，以及对不同农地整治权属调整实施模式中农户之间互动的探讨，为在实践中消除农户参与的限制因素、加强农地整治权属调整中农民之间的相互合作提供有针对性的建议，从而提高权属调整在农地整治项目中的整体实施率，以及提高农民在农地整治权属调整中的参与程度。同时，本书能够通过梳理我国现阶段农地整治权属调整相关制度，探究农地整治权属调整治理结构在制度变迁过程中的演变机制，为农地整治权属调整相关立法提供建议，为相关的农地整治、农地产权制度提供改革方向，以保障农地整治权属调整可持续发展。

二　理论意义

一方面，本书旨在通过农地整治权属调整分析框架的建立，提高相关研究的系统性。总的来说，目前国内外已有较多关于农地整治权属调整的研究，但是可以明显看到，研究主体和内容比较分散，并且国内外研究内容和方向差异很大。本书通过农地整治权属调整分析框架的建立，将农地整治权属调整分为几个部分，并理顺不同部分之间的逻辑关联，从而使相关研究系统地归位。同时，本书研究以个体行为为起点，以制度、治理结构与主体间合作关系为重点，能够在最大程度上反映我国农地整治权属调整问题的特殊性。本书也期望通过统一的定义、系统的框架，弥合国内外农地整治权属调整研究的差异，使国内外相关研究能够形成对话。

另一方面，本书从集体行动视角，探讨农地整治权属调整实施机制背后的理论问题，丰富了集体行动理论的应用，同时拓展了农地整治权属调整研究的理论深度。目前，学界中农地整治权属调整这一议题，有关实施机制与制度的研究基本还停留在机制与制度的特征总结以及对比上，并没有触及其背后农户互动以及制度变迁的一般性规律。本书从集体行动视角研究这一问题，拓展相关研究的理论深度。同时，目前农户集体行动相关研究范式比较单一，主要以农村合作社和小型水利设施供给利用为主题，集中于通过计量检验探讨集体行动的影响因素，或者通过案例分析探讨集体行动的达成机制。本书首次将集体行动理论应用到农地整治权属调整分析之中，以博弈模型为工具，从集体行动视角系统探讨权属调整中的合作问题，丰富了集体行动理论的应用领域。

第四节　基于“个体行为—主体合作”框架的农地整治权属调整研究内容与方法

一　研究内容

（一）农地整治权属调整分析框架构建

本部分为研究农地整治权属调整提供一个系统的分析框架。分析框架主要建立在对农地整治权属调整相关制度（农地整治制度、农地产权制度以及权属调整制度本身）的梳理，对农地整治权属调整内涵的明确，对其在现有制度体系下的合法性论证，以及对相关行动者及其行动可选集界定的基础之上。针对农地整治权属调整本身的特点，本书提出了农地整治权属调整的“个体行为—主体合作”两层次框架。

（二）农地整治权属调整个体行为机制研究

本部分主要研究农地整治权属调整核心行动者参与农地整治权属调整时的行为特征。此处所谓的个体行为机制，主要是在不考虑行动者之间行为的相互影响时，行动者如何实施行为。本部分主要针对农户的个体行为展开研究，研究主要包括两个部分：一是农户参与农地整治权属调整的行为研究；二是用以满足农户意愿的农地整治权属调整地块空间分配方法研究。在农民参与行为的研究中，本书借鉴缘起于传播学和营销学领域对信息接收行为研究的动机—机会—能力（Motivation，Opportunity，Ability，MOA）框架，对农户的行为特征进行定量刻画。该框架认为，参与主体的行为由动机、机会和能力共同决定，其中动机是行为的推动力；能力是行为表现所必须的技能或对行为是否能够达到目的的一种效能感。在这一部分，本书借助针对农户的问卷调查所获得的数据，采用计量分析的方式，定量测度动机、机会和能力对农户参与农地整治权属调整的影响。针对农地整治权属调整中地块空间分配方法的研究，本书构建了一个基于农户意愿的线性规划运输模型，用于对权属调整中的地块位置进行分配和优化，并且将该方法与我国实践中最为流行的抓阄方法进行了对比。

（三）农地整治权属调整主体合作研究

本部分主要探讨农地整治权属调整中农户之间的合作，以及合作的可持续性问题。首先探讨的是农地整治权属调整中的合作达成问题，即不同的农地整治权属调整模式之中蕴含着不同的互动结构，在不同的互动结构之下，农户之间的互动博弈及其均衡行为有何差异？何种互动结构有利于农地整治权属调整中主体之间合作的达成？具体而言，本部分将农户实施的策略性行为抽象为三种类型：积极参与策略、争抢策略以及不参与策略。同时，本书考察了农地整治权属调整实施模式中常见的四类互动结构：无组织的自由谈判、引入强制、引入流转、引入隔离。此处运用博弈模型，探讨了采取不同策略的农户在四种不同的互动结构之中如何采取行动，以及最终集体内的均衡行为是怎样的。在进行分析时，本部分采用了演绎分析与数值模拟的方法。除此之外，本书还给出了包含不同互动结构的农地整治权属调整案例，为理论分析提供了实证基础。其次是从长时序的角度考察农地整治权属调整的治理结构及其中的合作是否可持续。在这一部分中，本书分析了山东 WD 县和广西 LZ 县的 4 个农地整治权属调整项目，概括出农地整治权属调整治理结构的主要特征，并探讨其中的合作是否能够达成，从农户满意和土地细碎化问题缓解两个维度评价农地整治权属调整的短期治理效果，从项目是否能够在长期维持主体之间的合作以及是否能够持续带来满意的结果来评价农地整治权属调整的可持续性。本部分构建了一个研究框架，用来解释为什么两地农地整治权属调整的治理结构及其中的主体合作存在可持续性方面的差异。

二　研究方法

（一）问卷调查

本书研究通过问卷调查的方式，对农地整治权属调整核心参与主体的个体行为特征进行刻画。问卷调查在山东 WD 县 LB 镇和 CW 镇的两个农地整治项目以及广西 LZ 县 BN 屯和 TY 县 BG 村的两个农地整治项目中开展，共涉及300位农民。问卷设计主要基于MOA框架，问卷调查的内容主要包含五部分，其中第一部分是相关控制变量，主要包括农户的年龄、受教育程度、家庭人口数等基本信息；其余四部分分别用于对农户的行为、动机、机会和能力进行测度。

（二）案例比较

本书对江西省、山东省、广西壮族自治区等地的部分典型农地整治权属调整实践进行了深入调研，在此基础上采用案例比较的方法对理论假设予以论证。本书在以下两部分研究中采用了案例比较的方法：一是在分析不同互动结构对农民互动博弈的影响时，对基于博弈模型所得的结果进行了案例实证；二是在对农地整治权属调整制度存续变迁的论证过程中，通过案例分析的方式，总结山东WD县和广西LZ县农地整治权属调整不同时期的主要制度特征，然后通过案例比较的方式得出两地农地整治权属调整的制度特征差异，以及制度存续与变迁过程差异。同时，个体行为研究中也涉及案例调研中的数据与信息。表1-1中列出了本书所使用的案例。

表1-1　本书所使用的案例

<table>
<tr><th rowspan="2"></th><th colspan="2">个体行为</th><th rowspan="2">主体互动</th><th rowspan="2">制度存续与变迁</th></tr>
<tr><th>农民参与行为</th><th>地块空间分配</th></tr>
<tr><td rowspan="2">山东WD县</td><td>LB农地整治项目</td><td></td><td>LB农地整治项目</td><td>LB农地整治项目</td></tr>
<tr><td>CW农地整治项目</td><td></td><td>CW农地整治项目</td><td>CW农地整治项目</td></tr>
<tr><td rowspan="2">广西LZ县</td><td rowspan="2">BN“小块并大块”项目</td><td rowspan="2"></td><td>BN“小块并大块”项目</td><td>BN“小块并大块”项目</td></tr>
<tr><td>NN“小块并大块”项目</td><td>NN“小块并大块”项目</td></tr>
</table>

续表

	个体行为		主体互动	制度存续与变迁
	农民参与行为	地块空间分配		
广西 TY 县	BG 村“高产高糖糖料蔗基地建设”项目			
江西 PZ 县		HL 农地整治项目	HL 农地整治项目	

（三）计量分析法

在农地整治权属调整个体行为研究部分，本书采用多元线性回归分析的方法对农户参与农地整治权属调整行为的影响因素进行了定量分析。除此之外，本书还采用了 Siemsen 等（2008）在应用 MOA 框架时所构建的计量模型——限制因素模型（Constraining Factor Model，CFM），识别动机、机会和能力中哪些是影响农民参与农地整治权属调整的限制因素。

（四）运筹优化模型

在研究农地整治权属调整的地块空间分配问题的过程中，本书构建了一个多目标运筹优化模型，即线性规划运输模型。线性规划运输模型原本是一种用于解决运输问题的数学优化模型，其目标是确定一组最优的运输方案，以最小的运输成本（或最大化效率），将商品从多个供应地运输到多个需求地，同时满足供应和需求。该模型目前不仅用于运输问题中，资源配置领域的很多问题均可采用这一模型解决。本书将农地整治调整前的地块位置设置为供应地，将调整后的地块位置设置为需求地，将减少地块位置变动和缩小地块与农户居住地的距离设置为优化目标，构建了农地整治权属调整的优化模型。

（五）博弈模型分析与数值模拟

博弈论是分析决策相互影响的主体之间互动关系的理论。基于博弈论所构建的博弈模型，是分析主体互动过程及结果的有力工具。本书运用博弈模型对农地整治权属调整过程中的集体行动达成问题进行分析，即分析不同互动结构之下，行动者之间的博弈均衡。另外，在分析集体中采用初始策略农户比例的影响以及在分析较为复杂的互动结构时，本书还引入了数值模拟方法，对最终集体的均衡行为予以模拟和直观展示。

三　技术路线

本书研究缘起于对农地整治权属调整在我国推进必要性的判断，以及对目前我国农地整治权属调整实施问题的识别。在对现有研究、相关制度梳理的基础上，本书提出农地整治权属调整分析的“个体行为—主体合作”两层次框架，并按照这一框架安排研究内容。其中，对农地整治权属调整个体行为的研究包含农户个体参与行为与地块空间分配的研究，农户个体参与行为主要采用计量分析的方法，探究农户参与农地整治权属调整的影响因素；地块空间分配研究主要构建一种地块分配的优化模型。主体合作研究主要基于博弈论，运用博弈模型、数值模拟分析不同互动结构之下农户之间的互动博弈是否能够达成集体行动；然后运用案例比较方法，探讨在制度变迁的环境下，不同治理结构中，主体之间的合作是怎样变化的（见图 1-1）。

通过这样一个三层次的分析，本书试图对我国农民参与农地整治权属调整的影响因素、不同农地整治权属调整实施机制的效果以及农地整治权属调整制度的可持续性等问题进行分析，给出一个系统的回答。基于研究所得的结论，本书尝试给我国农地整治权属调整实践提供可操作的建议，并为相关制度改革提供方向。

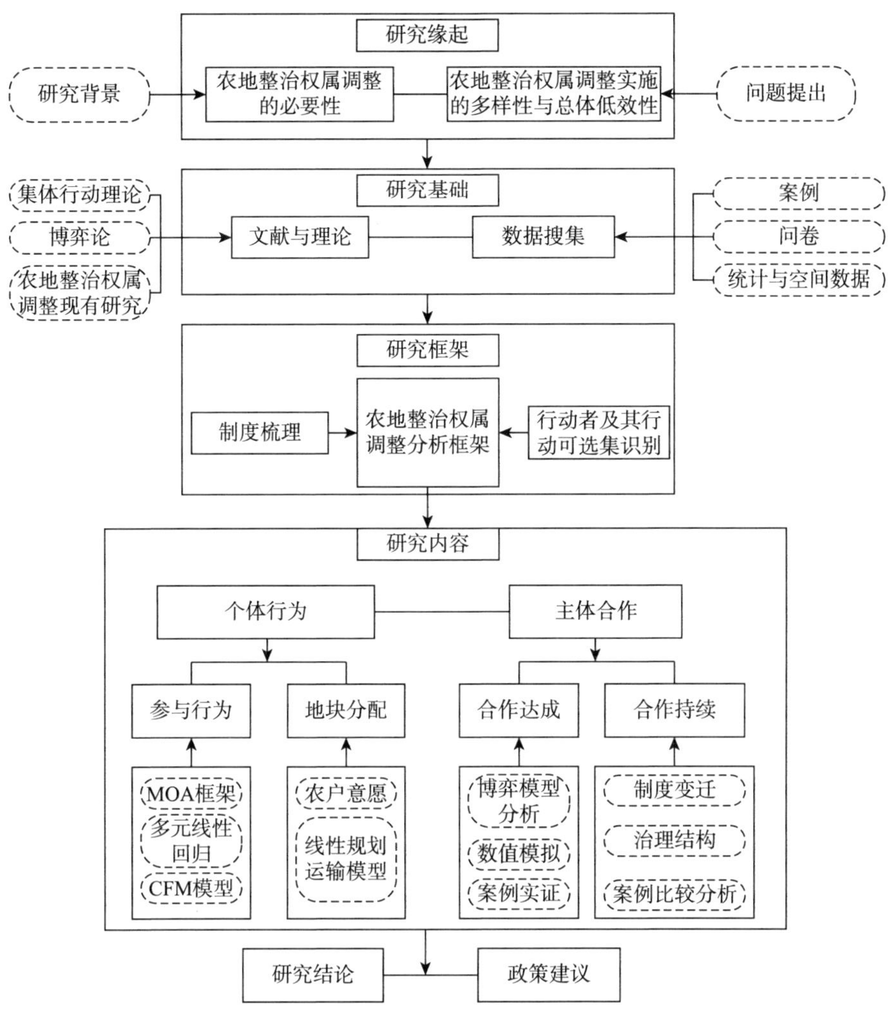
研究缘起
研究背景
农地整治权属调整的必要性
农地整治权属调整实施的多样性与总体低效性
问题提出
研究基础
集体行动理论
博弈论
农地整治权属调整现有研究
文献与理论
数据搜集
案例
问卷
统计与空间数据
研究框架
制度梳理
农地整治权属调整分析框架
行动者及其行动可选集识别
研究内容
个体行为
主体合作
参与行为
地块分配
合作达成
合作持续
MOA框架
多元线性回归
CFM模型
农户意愿
线性规划运输模型
博弈模型分析
数值模拟
案例实证
制度变迁
治理结构
案例比较分析
研究结论
政策建议

图 1-1　本书技术路线

第二章

文献综述

农地整治权属调整受到国内外学者的广泛关注。本章首先对学界关于农地整治权属调整的基本概念、原则等所取得的共识以及农地整治权属调整的类型及实践模式进行梳理；其次以农地整治的发展历史为线索，探究权属调整与农地整治的关系演变；再次以推动权属调整实施为重点，从立法和机构设置、实施模式和技术方法角度对相关内容进行梳理；最后系统地分析国内外权属调整研究的差异以及现有研究的不足，而这也是本书研究的切入点。

第一节　农地整治权属调整的概念、原则、类型及实践模式

一　农地整治权属调整的概念

与农地整治权属调整相关的概念有三个，除权属调整本身外，还有“权属管理”和“地块调整”这两种表述。国外研究常采用“land reallocation”一词表述相关过程，同时也有研究使用“land reparcelling”、“land reallotment”以及“land readjustment”等词，从直译上看，更接近于“地块调整”（见表2-1）。以上概念所强调的重点有所不同。“权属调整”强调以权利为重点的土地利用关系变动；“权属管理”则主要强调的是确权与变更登记过程；“地块调整”则更多的是从手段和目的的角度，强调该过程是通过对地块进行空间规划实现资源优化配置（Lemmen et al.，2012；Thomas，2006a）。

表2-1 权属调整相关概念

表述	定义	代表性论文	强调重点
权属调整	根据农地整治项目实施中的地块、地类、面积、位置、耕地质量等变化，对项目区土地所有权、使用权及其他权利等权属关系进行调整的行为	陈晓军（2012）、崔梦溪（2016）	以权利为重点的土地利用关系变动
权属管理	在农地开发整治过程中，由于土地平整、地块归并和土地重新分配而产生的对土地所有权、使用权及他项权利的确认、调整以及变更登记等行为	孟宪素和高世昌（2008）、伍黎芝（2005）	确权与变更登记过程
地块调整（land reallocation，land readjustment，land reallotment，land reparcelling）	以项目区内农户原有土地的面积或价值为基准，在一系列的标准与限制之下对项目区内的土地权属进行优化，以实现农地整治项目的特定目的	张凤荣等（2009）、Demetriou（2014）、Lemmen等（2012）、Sonnenberg（2002）、Thomas（2006a）	地块空间规划、资源优化配置

二 农地整治权属调整的原则

在实施原则方面，除了一般公共项目实施所必须秉持的“依法”“公平”“公正”“公开”等原则之外，权属调整的实施一般还需坚持调整前后“价值相当”，即原则上每个参与者都有权要求获得与农地整治前土地价值相当的土地实物补偿（魏斯，1999）。这也是农地整治项目的根本性原则和正当性来源之一，农地整治不能让个体利益受损。除以上原则之外，国内学界以及政策实践也多强调“自愿协商原则”与“稳定性原则”，要求农民参与农地整治权属调整必须是自愿的，并且要尽量保持农地整治中各方原有位置不变，避免过多的权属调整行为（叶艳姝，2002；李敏等，2004）。在“三权分置”的背景下，“稳定性原则”常常也暗含着只调整经营权，而不调整承包权。这反映了农地物权化加深的背景下，学界与政府对权属调整总体上所持有的谨慎态度。

与之形成对比的是，土地产权私有的国家和地区，在实行权属调整的过程中虽然也以“自愿”和“稳定”为指导，但其常常含有明确的强制和义务成分（FAO，2003；Hartvigsen，2015a；Veršinskas et al.，2020），以实现“地块集中”。以塞浦路斯为例，该国农地整治权属调整制度发达，相关政策规定的农地整治权属调整实施所必须遵守的基本原则中，有三条带有明显的强制性：①义务性增减原则，指的是针对权属调整过程中农民所有土地面积或价值不可避免的增减无需进行补偿；②最小面积原则，指的是如果农民所有的土地面积小于特定的标准，那么土地整治实施者有权不为该农民分配土地，而以货币补偿替代；③地块数量限制原则，指的是土地整治区域内的农户被分为大、中、小三种类型，而农地整治权属调整之后，其对应拥有的地块数量分别不能超过3块、2块和1块。Demetriou（2014）认为塞浦路斯的农地整治权属调整是半强制性的，因为农地整治权属调整的开展可以违背少数人的意愿。德国农地整治权属调整也有“参与者不能拒绝接受有少许误差或不足的补偿地块”的强制性要求，类似于塞浦路斯的义务性增减原则（魏斯，1999）；我国台湾地区的权属调整实施也同样遵守最小面积原则（谢静琪，2014）。

近年一些针对农地整治权属调整的研究，也开始强调性别平等、注重环境影响等原则。Veršinskas 等（2020）基于跨国比较，认为多数国家应当遵守的农地整治原则包括：①尊重和保护产权；②整治后利益不损失；③可持续和保护环境；④公众参与；⑤程序透明；⑥性别平等。虽然 Veršinskas 等（2020）所提出的上述原则是针对农地整治而非单独针对农地整治权属调整的，但是在其话语体系内，农地整治权属调整是农地整治的核心内容，因此上述原则也主要是针对农地整治权属调整的。

三　农地整治权属调整涉及的权利类型

农地整治权属调整因其涉及调整权利的类型和数量的不同而在复杂程度与实施方式上有所差异（余振国、吴次芳，2003）。由于我国农地产权集体所有的特殊设置，农地整治中的权属调整按照涉及的权利类型可以分为土地所有权调整、土地承包经营权调整和土地他项权（如地役权、租赁和抵押权）调整（王长江，2011）。不过，土地所有权调整只有在边界不规则或者存在飞地插花地的情况下才实施，土地他项权则由于我国农地市场的不完善而较少存在，因此农地整治中涉及的这两类权属调整极少（国土资源部地籍管理司、国土资源部土地整理中心，2010）。此外，在农地产权“三权分置”的改革进程中，也出现了在维持承包权不变的情况下，仅对经营权进行调整的权属调整类型（孙邦群等，2016）。实际上，2023 年出台的《指导意见》认为，“承包权不动、经营权连片”的农地整治权属调整模式具有“风险小、成本低、易操作、能回溯”的优点，因此鼓励将这种形式的农地整治权属调整作为解决我国农地细碎化问题的主要方式。国外由于多实行土地私有制，因此农地整治权属调整主要是指对土地所有权的调整，而是否涉及所有权以外的其他权利，各国实践不尽相同（van Djik，2003）：如荷兰的权属调整会同时涉及永久性的所有权和暂行性的产权如租赁权，但是土耳其则仅针对土地所有权进行调整（Jansen et al.，2010）；捷克的权属调整仅针对同一共有产权（Co-ownership）之下的分散地块进行合并，而斯洛伐克在权属调整的过程中，则对分属于不同共有产权下，但归属于同一个体经营使用的地块进行归并，形成独占性的个体产权（Exclusive Ownership）（Muchová and Jusková，2017）。总体上，国内相关研究与实践均以土地承包经营权为主，国外则以土地所有权为主，下文也主要讨论这两种产权的权属调整，同时涉及少量经营权调整的内容。

四　农地整治权属调整实践中的地块分配方式

农地整治权属调整按其调整后的地块分配方式大致可以分为四种模式：等当量模式、股份制模式、租赁制模式，以及以上三种模式相结合的综合模式（叶艳妹，2014）。等当量模式为权属调整的基本模式，国外权属调整实践多采用这一模式，以保证调整后农民所有的土地价值基本维持不变。按照这一模式在具体项目区内实施范围的不同，其又可以分为全部实施和部分实施两种。而根据学者的调查，我国农地整治权属调整中部分实施占主导（国土资源部地籍管理司、国土资源部土地整理中心，2010；王瑗玲等，2008），主要是对项目区内农业基础设施所占土地或者明确表示愿意参与权属调整农户的承包地块进行调整。

不论是农地整治项目还是权属调整本身，都对土地流转具有显著的促进作用（汪箭、杨钢桥，2016；伍振军等，2011），因此各国均有以农地整治项目为契机，将权属调整与土地流转相结合的实践模式，通过在权属调整的过程中为土地租赁、入股以及所有权交易提供便利条件，获得更大的规模经济效益（FAO，2004；Haldrup，2015；吴诗嫚等，2023a）。当然，由于并非项目区内所有的农户都会参与到土地流转的过程中，因此与流转相结合的模式和综合模式是更为常见的实践模式（Ishii，2005；王宇、邵孝侯，2009；夏柱智，2014b）。

第二节　农地整治与权属调整的关系演变

一　国外及我国台湾地区农地整治与权属调整关系演变

（一）早期农地整治以权属调整为主导

农地整治形式多样，其在各国实施的侧重点也不同（Hartvigsen，2015a）。早期农地整治形式与各国当时所面临的问题高度相关。国外多数学者认为，农地整治最初的出现主要是为了解决以地块面积小、形状不规则和空间分散为特征的农地细碎化问题（Sabates-Wheeler，2002；Vitikainen，2004），因而地块的交换合并，即本书所指称的权属调整，是早期农地整治的主导形式。van Dijk（2004）认为，1343 年发生于德国巴伐利亚州 Oberalteich 村内僧侣之间自发的地块互换实践是欧洲最早的农地整治实践。此后，农地整治这一概念逐渐传入西欧与北欧很多国家，如荷兰（1435 年）、丹麦（1650 年）、法国（1702 年）、瑞典（1808 年）、西班牙（1850 年）和挪威（1859 年）。这些国家于 18 世纪中期至 20 世纪初期建立起了各自的农地整治法律制度（Demetriou，2014）。早期农地整治的主要目的是提高农业生产力，而这一目的主要是通过农地权属结构的优化实现的。

King 和 Burton（1983）将农地整治定义为“农地所有者或者租赁者自愿或被迫放弃原有分散地块，并在一个或少数几个田块内获得新的等价或等面积地块的过程”。联合国粮食及农业组织（FAO，2004）也认为，目前多样化的农地整治形式，是在权属调整的基础上发展而来的。以荷兰和丹麦为例，在 20 世纪 80 年代末农地整治转型之前，通过权属调整缓解农地的细碎化、扩大农业经营规模，同时辅以一定的工程设施建设，一直都是这两个国家农地整治的主导形式（Hartvigsen，2014a）。图 2-1 反映了 19 世纪丹麦实施的一个典型的农地整治项目，可以看到整治前后土地权属的变化（Hartvigsen，2014a）。土地整治之前，地块零散而细碎，整治之后，几乎所有的农户都实现了一户一田，并且几乎都与农居点相邻接。图 2-1 左侧黑色细长而零散的地块同属于一户农户，在整治之后，40 多个地块合并成为图 2-1 右下角的面积大且方正的地块。农地整治对于土地细碎化问题的解决效果明显。

图 2-1　丹麦 Oster Stillinge 村土地整治前后对比

资料来源：Hartvigsen（2014a）。

农地整治也是作为缓解农地细碎化问题的工具被引入中东欧国家的。1989 年柏林墙倒塌之后，中东欧国家的经济体制开始向市场经济转型，在土地领域也开展了大规模的改革，以完成从土地集体产权向私有产权的转变。然而，在农地私有化的过程中，缺乏对地块大小及位置的规划（Lemmen et al.，2012），致使这一土地改革最终导向了严重的土地细碎化，制约了这些国家农业生产效率的提高（Hartvigsen，2014b；Macours and Swinnen，2000）。为了消除这一不良后果，农地整治便作为解决土地细碎化问题的重要政策工具被引入中东欧国家（Sikor et al.，2009）。在这一背景之下，农地整治核心便是农地权属的重构（FAO，2004）。中东欧国家的学者也倾向于将早期的农地整治定义为以扩大经营面积、优化空间布局为目的的地块权利结构的调整（Pašakarnis and Maliene，2010）。

我国台湾地区早期农地整治的引入实际上与中东欧国家也有一定的相似之处：在经历公地放租、三七五减租、公地放领和耕者有其田条例的颁布这四项农地改革实践之后，台湾地区的农地权利分配问题基本得到了解决（谢静琪，2014；于宗先等，2004）。然而，这一地权改革不可避免地导致了人均耕地面积的减少以及地块的零散分割，致使农地细碎化问题十分严重。随后，台湾地区便开始引入农地整治，通过地块交换合并和工程设施建设，优化农地的权属结构、扩大经营规模，提高农业生产力（萧承勇，2001）。因而权属调整同样也是这一时期台湾地区农地整治的主要内容。

（二）权属调整是农地整治的重要形式

随着农地整治的发展，以地块的交换合并为内容的权属调整不再是农地整治的唯一或者主导形式。相对于单纯的权属调整而言，农地整治开始朝向更加综合和多目标的方向发展。农地整治的规模越来越大，所涉及的内容也越来越多，并且其从立项到验收的整个过程也越来越正式（Hartvigsen，2015a）。Altes 和 Im（2011）认为，综合性农地整治的实施应当基于中央、区域和地方政府的合作，且它是一种强调国土综合性而非单一部门的政策手段。从总体趋势上看，覆盖范围广、涉及部门多以及目标功能多样的综合性农地整治也在一定程度上成为西欧国家的主流形式，对地块交换合并的需求开始减少（Thomas，2004）。

不过，由于以单纯权属调整为主要内容的农地整治具有节约成本、方便推动等优势，因而其重要性并未丧失（谢静琪，2014；Altes and Im，2011），在有些国家如荷兰，这种简化的农地整治的受欢迎程度甚至至今仍高于综合性农地整治（Hartvigsen，2015a；Louwsma et al.，2014）。因此，很多西欧国家将纯粹的权属调整作为与综合性农地整治并列的一种重要农地整治形式，纳入其农地整治的法律体系之内。以德国为例，德国《土地整治法》规定的农地整治形式主要包括综合性农地整治（Comprehensive Land Consolidation）、项目农地整治（Land Consolidation in Case of Permissible Compulsory Acquisition）、简化农地整治（Simplified Land Consolidation）、自愿土地交换合并（Voluntary Land Exchange）和快速农地整治（Accelerated Land Consolidation）5种形式（魏斯，1999）。而自愿土地交换合并和快速农地整治都是以权属调整为唯一内容的农地整治形式，区别仅在于自愿土地交换合并是由两个以上农民通过协议交换启动的，其实施过程完全自愿，而快速农地整治的启动则基于行政决策，并针对社区内全部或部分地块进行交换合并，以达到最佳的权利结构状态（Thomas，2004）。同样，荷兰的《乡村土地开发法》（Law on Land Development in Rural Areas）[①] 也将私人之间基于协议的农地

① 荷兰自1985年农地整治相关法律修改后，便开始采用含义更广的“土地开发”（land development）取代“土地整治”（land consolidation）一词。

整治（Land Consolidation by Agreement）列为一种重要的农地整治形式。根据 Leenen（2014）的研究，基于协议的农地整治在荷兰 20 世纪 90 年代的农地整治中占据重要地位，此后由于其具有节约成本、容易推广的优势，在荷兰的受欢迎程度一直不降。此外，FAO（2003）的研究认为，中东欧国家也应当将这种无需进行工程设施提供，而仅以地块的自愿交换合并为内容的个体农地整治（Individual Land Consolidation），作为农地整治的重要形式之一，引入其土地整治体系之中。同时，地块的交换合并作为最狭义的农地整治形式，也存在于我国台湾地区的农地整治实践中（谢静琪，2014）。

可见，虽然农地整治正在向综合性乡村发展工具转型，但在国外，以权属调整为主要甚至唯一内容的农地整治类型，仍然是农地整治的一种重要形式，同时也是综合性农地整治的一种有力的补充。

（三）权属调整是农地整治的重要内容

当然，目前世界各国的农地整治实践以内涵丰富的综合性农地整治为主流。因此，权属调整主要作为重要的内容和一个特殊的阶段存在于综合性农地整治项目中。例如，在对欧洲各国综合性农地整治项目研究进行系统性梳理的基础上，Thomas（2006a，2006b）认为一个综合性农地整治项目应当包含农业专项规划［Special (Agrarian) Physical Planning］和权属调整（Land Readjustment）两部分，其中农业专项规划主要包括农业基础设施建设、水体保护、景观建设、乡村更新和土壤保护等措施，而权属调整则是农地整治的核心，是为了实现上述农业专项规划而进行的土地权属的变更。多数学者认为，权属调整是综合性农地整治项目中最重要和最复杂的内容（Cay et al.，2010；Cay and Iscan，2011a；Demetriou et al.，2012a；Uyan et al.，2013，2015）。很多国家的农地整治项目有专门的权属调整阶段，一般包括农地整治后地块价值评估、农民选地意愿的调研、权属调整方案编制以及地块交换合并的实际实施等内容（FAO，2003，2004；Hartvigsen，2014a；Vitikainen，2004；魏斯，1999）。但权属调整并不仅仅发生于某一特定阶段，而是贯穿综合性农地整治的始终。另外，FAO 在其最新的有关农地整治的法律指南的研究中，仍然将权属调整作为农地整治最为核心的内容（Veršinskas et al.，2020）。例如，FAO 在该研究中认为，农地整治规划（Land Consolidation Plan）实际上就是地块调整规划（Reallotment Plan，Reparcelling Plan），其包含的主要内容就是对项目区内的地块权属和位置进行打乱重分。该研究还指出，农地整治项目主要包含三个阶段：可行性分析阶段、地块调整阶段以及权属登记和实施阶段。从这样的表述中可以看出，权属调整仍然处在当前农地整治的核心地位。

当然，随着社会经济条件与环境状况的变迁，权属调整也经历着与农地整治项目相互作用共同演化的过程。从 20 世纪七八十年代开始，农地整治经历了深刻的变革。欧洲的综合性农地整治开始从单一强调农业生产力提升的政策实践转型成为多功能多目标的管理工具，农地整治工程也从破坏环境向环境友好转型。国外学者认为，现代农地整治的目标应当包含以下五点：①改善农林业的生产与工作环境；②从总体上改善乡村土地利用状况；③维持并创造乡村就业；④改善农村人口生计条件；⑤保护自然与文化遗产（Lemmen et al.，2012；Thomas，2004，2006a）。农地整治项目的实施不再强调农业产量的提高，而侧重于为环境保护和农业旅游相关产业的发展提供服务，例如很多相关研究探讨了农地整治的环境影响（Callesen et al.，2022）以及农地整治的碳排放和气候变化效应（Kolis et al.，

2017；Janus et al.，2023）。在有些国家，农地整治甚至成为有计划地减少农业产量的政策措施（Vitikainen，2004）。作为综合性农地整治的重要内容，权属调整的目标和内容也随之改变。Pǎsakarnis 和 Maliene（2010）认为，在可持续发展的大背景之下，权属调整不能再单纯以扩大经营规模、提高产量为目标，而应当为可持续发展服务。Kupidura 等（2014）强调在地块合并的过程中，应当将景观建设作为重要的目标导向，将与历史、文化、生态相关的因素作为评价权属调整方案的重要指标，从而使其为乡村旅游的发展服务。荷兰自 1985 年修改农地整治相关法律之后，农地整治中的权属调整便主要服务于自然环境的保护与恢复、生态景观的改善和水资源的管理（如防洪），农业经营规模的扩大已经不再是其权属调整的主要目标（Hartvigsen，2015a）。同样，为了适应农地整治的转型，丹麦也在 1990 年前后，引入了环境与文化导向的权属调整（Environmentally and Culturally Based Property Restructuring），在这一权属调整过程中，地块大小、数量和位置的改变必须考虑环境与文化方面的指标（Mouritsen，2004）。

反过来，由于在综合性农地整治中占有重要地位，权属调整的复杂性所造成的参与者之间的冲突、项目持续时间和成本增加等问题，也促成了农地整治项目本身实施范式的转变（Cay et al.，2010；Demetriou et al.，2012a）。例如，荷兰的农地整治由于权属调整持续时间过长而遭到民众的反对，因而在 2007 年颁布了新的《乡村土地开发法》，对农地整治的实施程序进行了整体性修改，主要目的就是加快权属调整过程（Leenen，2014）。近年来，由于 2007 年修法收效甚微，为了降低权属调整的实施难度，推动农地整治的整体实施，在荷兰相关政府部门的引导下，一种新的基于公众参与的农地整治范式在荷兰兴起，并逐渐被民众接受（Leenen，2014；Louwsma et al.，2014）。

二　我国农地整治与权属调整关系演变

我国现代农地整治的历史较短。与上述欧洲国家和我国台湾地区不同，我国大陆地区于 20 世纪 80 年代引入现代农地整治的主要目的，并不是解决土地细碎化问题，而是遏制耕地急剧流失的趋势，以及通过农业基础设施的建设，提升地力和农业生产力。对于当时的中国来说，土地细碎化并不是需要解决的首要问题。如前所述，我国的农地整治发展经历了四个阶段：第一个阶段只注重补充耕地；第二个阶段耕地数量和质量并重；第三个阶段将生态与景观建设、扶贫与产业发展等多目标纳入农地整治中，使其成为一个综合性的政策工具（Li et al.，2023；Liu et al.，2023；Sun et al.，2024）；第四个阶段我国开始进入以全地域、全要素、全周期、全链条为核心理念的全域土地综合整治时期（Tang et al.，2019；Zhou et al.，2020b；金晓斌等，2022）。相关的研究，早期也主要关注单一要素和单一形式的农地整治，内容主要包含潜力、适宜性与绩效评价（朱晓华等，2010；Zhang et al.，2014），土地整治类型和区域划分（陈秧分等，2012），土地整治的运行机制（谭明智，2014；桂华，2014），以及理论视野和发展战略（严金明等，2016；吴次芳等，2011）等。随着国家政策对农村发展的重视和乡村振兴战略的提出，农地整治作为一种综合性的政策工具，在乡村振兴中也开始发挥越来越重要的作用。学界认识到，研究不同形式农地整治的功能和效率对于科学指引乡村振兴必不可少（Liu and Li，2017），并开始聚焦于农地整治的多功能性及其在促进乡村发展中的综合性作用。

随着农地整治在我国不断地推广与发展，农地整治与权属调整之间的关系，在我国的实践过程中也发生了一些变化，其变化总体上也经历了三个阶段。第一阶段是现代农地整治引入初期，如前所述，由于土地细碎化并不是核心政策议题，因此农地整治实践对于权属调整基本上是忽略的，农地整治项目的重点基本上就是工程建设和补充耕地、提升耕地质量。由于农地整治权属调整在补充耕地方面的作用有限，因此农地整治项目很少涉及权属调整（刘新卫、赵崔莉，2017）。不论是学界还是政策实践，这一时期农地整治相关议题中对权属调整的关注都很少。

第二阶段相较于第一阶段有两点变化。一是国内学术界开始关注权属调整在农地整治中的重要作用，农地整治不再单纯地等同于农地整治工程。学者认为农地整治是对农村人、地关系的全面调整，是土地利用的变革，而其中权利结构的调整、零散地块的归并是农地整治的重要内容（姜爱林、姜志德，1998；李何超，1997；谭术魁，2001）。冯广京（1997）在对我国农地整治模式深入分析之后得出结论，认为农地整治权属调整问题将成为今后的突出矛盾，如何调整、遵从何种原则调整亟待明确。张凤荣等（2009）则认为，地块调整是发挥农地整治项目最大效益的重要环节，强调了权属调整在农地整治中的重要性。总之，学界认识到了农地整治内涵中最为重要的两点，即优化土地关系（权属调整）和改善用地条件（工程建设）（刘新卫、赵崔莉，2017），这与德国学者 Thomas（2006a）对欧洲农地整治内涵的界定基本一致。二是在实践中也开始出现以权属调整为主导的农地整治新形式的创新探索。20 世纪 90 年代末，沙洋县毛李镇三坪村便开始探索通过地块互换实现按户连片耕种（孙邦群等，2016）。几乎在同一时期，广西 LZ 县也开始了“小块并大块”的自发探索。此后，农民自发或在集体组织引导之下的土地互换实践蓬勃发展。截至2013年，地块互换型农地整治已经在广西LZ县、河南商丘市、新疆沙湾市和甘肃金川区等多地推广，全国实施过地块互换的土地超过2000万亩（潘显政，2014）。卢艳霞等（2012）总结了广西LZ县的农地互换实践，认为这是一种立足于农民自愿的农地整治创新形式，可以克服综合性农地整治具有的入选门槛高、实施效率低、重量不重质和推行难度大的缺点，应当在全国范围内得到推广，并予以政策上的支持。刘新卫和赵崔莉（2018）在对广东清远市村民自发实施农地整治权属调整的案例进行研究后发现，该项目的实施不仅便利了确权登记颁证、解决了土地细碎化问题，而且改善了农村生产生活条件、激发了农村发展内生动力，提高了农业生产综合效益。由此，他们认为农地整治的实施应当借鉴清远市推进农地整治权属调整的经验和做法，赋予农民真正的主体地位，将权属调整作为农地整治的一项重要工作，结合财政涉农资金和相关社会资本予以推进。

第三阶段可以总结为政府在制定土地整治相关政策方面对权属调整的关注。国土资源部于2003年下发了《关于做好土地开发整理权属管理工作的意见》，这是我国第一个针对农地整治权属调整的规范性文件（叶艳妹，2014）。2012年国土资源部又下发了《关于加强农村土地整治权属管理的通知》，并于2016年出台了《土地整治权属调整规范》。通过一系列专门针对农地整治权属调整的规范文件的出台，明确了实施农地整治权属调整的必要性与重要性，并提供了一些指导性的原则与做法。除此之外，《全国农业现代化规划（2016—2020年）》、中央一号文件（2013年、2016年和2017年）等相关政策文件均对以农地整治权属调整为主导的各类农地整治形式（互换承包地、联耕联种、按户连片耕种）进行了鼓励。最新关于农地整治权属调整的政策文件为2023年7月发布的《农业农村部关于稳妥开展解决承包地细碎化试点工作的指导意见》。《指导意见》中提到可以采用以下几种方式解决土地细碎化问题：一是采取“承包权不动、经营权连片”方式解决承包地细碎化问题，结合农田建设、土地整治等项目组织实施；二是对于自耕农比较集中的区域，探索将农户承包地经营权集中，实现按户连片经营；三是对于土地流转比较普遍，只有少部分农户仍然在耕种的区域，建议设置承包农户按户连片经营的自种区和新型农业经营主体集中连片经营的租种区等，满足不同主体解决承包地细碎化问题的多元需求。基于本书先前的讨论，这三种方式在学术上其实可以归结为农地整治权属调整的不同表现形式。

就目前来看，虽然权属调整作为农地整治的一种实践形式在全国范围内扩散，全国层面的政策也开始关注权属调整；但是总体而言，相关政策多为引导鼓励性的，并不具有法律效力。作为一种独立的农地整治形式的权属调整，仍然是被边缘化的，也仍然是一种实践探索，并没有上升到立法层面。另外，规范、鼓励农地整治权属调整的政策文件，常常反映出对农地权属变动极度谨慎，甚至有略显矛盾的政策导向。例如，有些地方性农地整治权属调整规范的指导思想是：农地整治前后尽量维持土地权属不变，减少权属调整实践。《指导意见》虽然指出鼓励各类形式的土地整合归并，但是也明确强调，“坚决防止借解决农户承包地细碎化之机搞打乱重分”。总体而言，现阶段虽然对于权属调整在农地整治中的必要性与重要性，学界已经达成共识，但是在实际的农地整治项目中，对权属调整仍然是不够重视或规避的。

权属调整与农地整治关系的演变如图 2-2 所示。

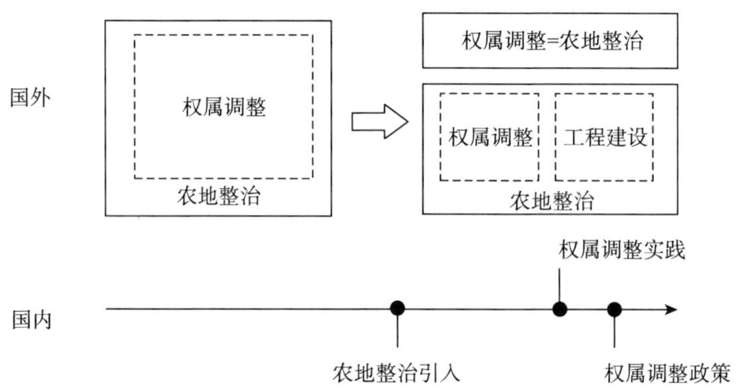

图 2-2　权属调整与农地整治关系的演变

第三节　农地整治权属调整的管理机制与技术方法

一　农地整治权属调整的问题识别

现阶段，权属调整作为农地整治的核心内容和重要阶段，对农地整治的实施以及最终的实施效果具有重要作用。然而，目前世界范围内农地整治权属调整的推行却面临着严重的问题。由于农地整治权属调整涉及的自然社会因素复杂繁多，并且因涉及产权利益的重新分配而需要利益主体之间持久的互动与协商，因此其耗时往往较长（Cay et al.，2010；Demetriou et al.，2012a）。而近年来，朝着多功能综合范式转型的农地整治项目范围也逐渐扩大，进一步增加了权属调整的难度以及权属调整的持续时间。有些国家的农地整治权属调整的实施甚至要持续一代人的时间，而这期间土地产权继承分割导致的权利变动，使其效果大打折扣，农地整治权属调整一结束，便又有了新的调整需求（Sabates-Wheeler，2002）。即使在荷兰这样有着较长的农地整治权属调整历史，且政府与公众在农地整治权属调整问题上已经形成良好的互动关系的国家（Hong and Needham, 2007），农地整治权属调整也由于持续时间过长而逐渐失去农民的支持（Leenen, 2014）。农地整治权属调整也会耗费大量的人力与物力，成本高昂与缺乏相应的预算限制了农地整治权属调整的推进（Demetriou et al. , 2012a；国土资源部地籍管理司、国土资源部土地整理中心，2010）。另外，项目区农民，尤其是小农户，由于传统观念、禀赋效应以及对农地整治权属调整不了解等原因，本身也存在抵触情绪（Janus and Markuszewska, 2017），制约了农地整治权属调整的推动。

农地整治权属调整实施比例低的问题在我国尤为明显，调查显示，2000~2008 年新增建设用地使用费安排的农地整治项目中，涉及承包经营权权属调整的土地面积占项目总面积的比例不到 15%（国土资源部地籍管理司、国土资源部土地整理中心，2010）。2010~2011 年，国土资源部土地整治中心调查了 8 个代表性省份的土地整治重点工程和示范项目，发现土地整治项目实施的比例相较于先前的调查有所提升，涉及承包经营权调整的土地面积占项目总规模的 38.60%（国土资源部土地整治中心，2014）。然而，刘新卫和赵崔莉（2017）于 2016 年和 2017 年分别在我国中部某省以及东部某省山区县调查时发现，因畏于产生纠纷或者耗时费力且得不到农民支持，这些地区在实施农地整治时，即使编制了权属调整方案，也并不真正实施，因此对于权属调整土地面积占到农地整治项目总规模的 38%以上，两位作者持保留态度。于宗先等（2004）分析台湾地区 20 世纪的农地整治实践时认为，政府为了避免土地分配产生困难，常常采用原地分配原则而牺牲集中耕地的目标，使农地整治的目的无法达成。

为解决上述问题，学界从不同角度探讨了改进农地整治权属调整的路径，这些研究可以分为三类：一是从宏观层面，探讨农地整治权属调整过程中农地权利配置的正当性，并通过一个完善的制度环境的构建，提高农民对农地整治权属调整的接受程度；二是从微观实施模式的角度，改善农地整治权属调整过程中利益主体之间的互动过程，促进农地整治权属调整实施；三是从技术方法的角度，提高农地整治权属调整实施的效率。

二 农地整治权属调整的正当性：法律渊源与实施机构

（一）农地整治权属调整的正当性来源

农地整治权属调整过程需要实施主体改变农地权利配置以实现土地的优化利用。有学者认为，即使在我国这样的土地公有制国家，权属调整造成的权利变动也与产权稳定的宗旨相违背。为保护公民的土地产权，应当对我国《农村土地承包法》第二十七条做广义解释，甚至通过修改法律强化对土地调整的管制，杜绝以任何理由或形式调整承包地（朱广新，2014），而农地整治权属调整涉及农民自发或者集体组织、政府等对土地产权配置的改变，显然与该法条规定相抵触。可见，农地整治权属调整的正当性基础必须予以确立，从而使其得以顺利实施。

一般认为，农地整治权属调整的正当性基础有二：一是权利主体自愿；二是法律强制实施。在法律框架内的公民自愿实施是权属调整的发源形式，但 Sonnenberg（1996）却认为，现代农地整治更多的是一种以特别法为基础的强制工具。当然，这一观点的提出有其特定的现实背景：20 世纪七八十年代，随着农地整治需求的增加，完全依赖农民自愿自发的农地整治权属调整，一方面无法与宏观土地资源优化配置相协调，另一方面实施效率也极低，因而很多欧洲国家在这一时期进行农地整治以及权属调整的立法，以推动农地整治权属调整的强制实施（Sabates-Wheeler，2002；Vitikainen，2004）。不过，进一步的研究以及实施实践也证明了，其他条件不变的情况下，自愿参与农地整治权属调整的比例越低（FAO，2004），其实施越困难，强制实施不过是将协商成本转变为执行成本，未必是提高效率的良方（Hong and Needham，2007）。因此，除了捷克、斯洛伐克等少数国家完全基于法律强制力推行农地整治权属调整以外（Thomas，2006b），多数国家农地整治权属调整推行的正当性基础同时结合了公民自愿与政府强制。当然，只要是涉及一部分的强制性，农地整治权属调整就必须有法律规定作为基础（Demetriou，2014），因此多数欧洲国家有针对农地整治制定专门的法律（Veršinskas et al.，2020）。

Thomas（2006a）认为，农地整治权属调整的法律渊源同时来自私法与公法领域，以土地整治立法较为完善的德国为例：各类农地整治中的权属调整实施均受到公法的管制与约束，主要包括《土地整治法》、《联邦建筑法》和《农业调整法》；同时，土地自愿交换合并除受公法约束之外，更主要的是受到民法中有关土地租赁、出售、购买、交换、继承和赠与规定的规范。农地整治权属调整，一方面，应当严格遵从财产权等相关法律的规定，不能侵犯私有产权；另一方面，在半强制的或者少数服从多数的农地整治权属调整之中，对部分人的产权的处置，必然会违背少数人的意愿。针对这样的情况，Veršinskas 等（2020）认为，一方面，农地整治的合法性来源于，即使是那些受到强制的农户，他们的利益也不能受损；另一方面，很多国家的法律将实施农地整治归于公共利益的范畴，因此参与到农地整治权属调整之中是农户的义务。

（二）国内权属调整的立法状况及改进

立法对于农地整治权属调整的正当性只是一个中间答案，其立法的价值取向必须是经过充分论证的，并且具备相应的宪法依据（Thomas，2006a；赵谦，2010）。如前所述，有学者认为，产权稳定是提高农民生产积极性的保障，也是目前我国农地产权改革的方向，农地整治权属调整有违产权稳定的宗旨，因而应当立法禁止（朱广新，2014），或者从保护私有财产的角度，建立对农地整治权属调整过程中因公共利益而受损的财产利益的补偿机制（崔梦溪，2016）。然而，来自社会学和政治经济学的研究却认为，片面强调产权保护和稳定违背了农民和农业生产的实际需求，对真正从事农业生产的农民来说，相较于所谓的财产利益，他们更关心生产的便利性，而农地整治权属调整缓解了农地细碎化问题，更符合农民的实际需求（张路雄，2012；贺雪峰，2011）。他们认为，农地整治权属调整的正当性根植于宪法所确立的土地公有制之中，对承包经营权的空间调整是集体所有权行使的固有内涵（王海娟，2016a；赵谦，2014a）。

我国农地整治权属调整立法缺失是学界的普遍共识（胡丕勇等，2011；赵宇宁、王占岐，2005）。目前，虽然地方政府开始制定地方性法规，但是全国性权属调整规范仍然极度缺乏且立法碎片化明显，相关规定散见于国土资源部的部门规章和规范性文件之中（赵谦，2014b）。此外，有关农地整治权属调整的地方性法规或部门规章也常常与上位法规定相冲突。例如农地整治权属调整规范中往往涉及有关土地所有权调整的规定，然而我国法律禁止土地所有权买卖、抵押或者以其他形式转让，即禁止土地所有权的处分行为。此外，即使是针对土地承包经营权的调整，《农村土地承包法》也进行了立法禁止。除了完全由农民自愿自发实施的土地互换调整具有《农村土地承包法》第三十三条这一法律渊源之外，其他类型的权属调整规定实际上均与上位法相抵触（高世昌，2010）。

为解决以上问题，学者认为，农地整治权属调整应当建立包含民事、经济法律制度在内的不同层级的系统性法律框架，以授权性法律为主，同时涵盖原则化的内容和科学的工作程序与标准（胡昱东、吴次芳，2009；孟宪素、高世昌，2008；郭洪泉，2001）。具体而言，综合性农地整治权属调整应当留予《土地管理法》专门规范，以明确农地整治权属调整的正当性，改变公众对其的认知（崔梦溪，2016）；将农地整治权属调整作为承包经营权调整的法定事由，明确权属调整的合法性，同时建立集体土地所有权的流转规则（韩立达、王艳西，2016；张路雄，2012）；针对半强制实施的权属调整，应当基于准征收规则平衡少数权利人的正当权益（崔梦溪，2016）。

（三）农地整治权属调整的实施机构

农地整治权属调整不仅需要相关的法律政策保证其实施正当性，还需要权责匹配的实施机构与组织在法律的框架内确保其顺利实施。作为农地整治的一部分，权属调整的实施多数基于行政决策，一般由包含地方、区域和中央三个层级的行政机构负责，具体最终由哪一层级负责，各国采取的策略不同。德国的负责主体为联邦州（Federal States），西班牙由自治大区（Autonomous Communities）负责组织实施，这两个国家是欧洲地区，地方政府负责实施农地整治的代表性国家。其他国家如立陶宛、土耳其、塞尔维亚、丹麦等，都是由中央政府负责实施（Veršinskas et al.，2020）。

负责实施农地整治的具体机构也有所不同。在芬兰，主导机构是隶属于农业与林业部的国家土地测绘局（National Land Survey）；在丹麦，负责实施农地整治的是隶属于环境与食品部的丹麦农业局（Danish Agricultural Agency）；在西班牙的加利西亚大区，则由农村事务部（Regional Ministry of Rural Affairs）负责实施农地整治；在荷兰，各省级政府作为主导机构履行相关职责（Veršinskas et al.，2020）。国外农地整治实施的组织模式主要分为两类：测量师模式和委员会模式。测量师模式主要适用于澳大利亚、芬兰和瑞典等国，在该模式中，一般由土地整治机构指派一名测量师对农地整治的全过程负责；委员会模式适用于法国、荷兰和葡萄牙等国，在该模式中，一般由土地整治机构任命的包含所有权人代表在内的小组委员会负责农地整治全过程（Demetriou，2014；Vitikainen，2004）。农地整治，尤其是农地整治权属调整的实施也并不是由相关主导机构一个部门所负责，而是需要多个政府机构相互配合。实施组织体系中往往也涉及行政系统以外的机构，例如针对农地整治中权属纠纷的终局性处理机构，往往是设立于各地区法院中专门的土地整治法庭（魏斯，1999）；同时，也常常涉及政府以外的主体，如公司或者公众。（Veršinskas et al.，2020）。表 2-2 展示了一个典型的农地整治项目全流程所涉及的环节，以及不同环节所涉及的部门。从中可以看到，农地整治权属调整环节涉及的部门众多，其中地方政府和主导机构发挥主要作用。

表 2-2　欧洲农地整治中不同部门所负责的任务

任务	主导机构	主导机构的分支机构	地籍管理部门	地方政府	咨询公司	农地整治委员会	地方社区	其他
规划层级								
监督各参与方	主导	辅助						

续表

任务	主导机构	主导机构的分支机构	地籍管理部门	地方政府	咨询公司	农地整治委员会	地方社区	其他
制定、更新法律和指南	主导					辅助（例如其他部门）		
制定规划和预算	主导							
与其他机构协调	主导							
监督与评估	主导							
规划层级的沟通、宣传	主导							
项目层面								
准备项目征集	主导							
宣传项目征集	主导	辅助			辅助	辅助		
项目申请		辅助			主导		主导/辅助	
项目筛选	主导							
委托制定可行性研究	主导							
绘制所有权/使用权地图		辅助		主导		辅助		
征询所有权人/使用权人意见				主导		辅助		
绘制土地权属流转图		辅助		主导		辅助		
社区发展规划			辅助	主导		辅助	辅助	
可行性报告				主导		辅助		
评估可行性报告	主导							
建立地方执行机构		辅助		辅助		主导		
解决权属纠纷/确权		辅助		辅助		主导		
委托农地整治设计研究	主导							
准备土地估价和权属调整规划	主导					辅助（例如专家机构）		

续表

任务	主导机构	主导机构的分支机构	地籍管理部门	地方政府	咨询公司	农地整治委员会	地方社区	其他
土地估价		辅助		主导		辅助（例如专家机构）		
权属调整规划		辅助		主导		辅助		
农地整治工程设计		辅助		主导		辅助（例如设计公司）		
环境影响评估		辅助		主导				
最终提交项目规划设计报告		辅助		辅助		主导		
评估规划设计报告	主导						辅助（环境部）	
农地整治规划设计审批		辅助		辅助		主导		
项目招标	主导							
基础设施建设		辅助		辅助		辅助	主导（承包商）	
地块边界划定		辅助		辅助		辅助	主导	辅助
权属登记				主导	辅助		辅助	
财务结算	主导				辅助		辅助	

资料来源：Veršinskas 等（2020）。

我国农地整治实践中，权属调整的实施主体多样化，主要包括行政村、乡镇政府、县政府、村民小组以及项目承担单位（国土资源部地籍管理司、国土资源部土地整理中心，2010；王长江，2011；叶艳妹，2014）。但总体上，我国权属调整的责任立法欠缺，参与实施农地整治权属调整的机构职责分工不明，项目区农地整治权属调整可能涉及多种权属、多个管理部门，部门之间协调难（高世昌，2010）。另外，农地整治权属调整争议处置机构设置不明确，对争议的处理机制无明确的法律定位，缺少严格合法、行之有效的农地整治权属调整争议处理的办事机构及工作程序（余振国、吴次芳，2003）。目前，学者提出的健全我国权属调整实施组织体系的建议主要有两点：一是明确农地整治权属调整过程中各组织机构的职责分工，尤其要发挥我国土地集体所有制的制度优势，恢复集体组织在农地权利配置中的作用，赋予其对农地产权进行空间调整的权力（田孟、贺雪峰，2015；王海娟，2016a）；二是建立包含协商解决、行政裁决和司法裁决的逐级递进的权属纠纷解决体系（王长江，2011）。

三　农地整治权属调整的可行性：实施模式

法律基础与制度环境一方面保证了权属调整实施的正当性，另一方面为农地整治权属调整的具体实施提供了框架。在具体农地整治权属调整情境之中的治理机制则决定了权属调整的可行性。针对这一内容，学界主要开展了两方面的研究：一是关注权属调整参与主体的个体激励与行为特征，识别其参与权属调整的影响因素及意愿；二是关注权属调整过程中的实施模式与利益分配，探讨有效实施农地整治权属调整的方式。

（一）农地整治权属调整过程中主体的行为特征

现阶段的研究主要集中在农户上，主要可以分为两类。一类研究关注农民参与农地整治权属调整的意愿与行为特征。学者认为，影响农民参与农地整治权属调整意愿的因素，在宏观上包括自然条件、区域经济条件、交通状况、农田规模和劳动力流动因素；在微观上则主要受农民对土地的依赖程度、承包权的落实情况、农地整治权属调整的具体方式、灌排设施和农民的个体与家庭特征因素的影响（Cay et al.，2010；Thapa and Niroula，2008；关江华、张术，

2010；田云，2015；王志炜，2013；曹海涛等，2011）。另外，汪文雄和杨海霞（2017）基于计划行为理论对农户参与农地整治权属调整的行为特征进行分析，认为农民除了受自身以及外界客观条件的影响外，还受到主观规范，即他人评价的显著影响。另一类研究探讨农民在农地整治权属调整过程中对地块位置选择的具体意愿及其影响因素。例如，Cay 和 Uyan（2013）基于问卷调查发现，农户面积最大地块的位置、自建基础设施的位置、地块密度和高程是影响农户地块位置选择最显著的因素，并通过层次分析法确定了其相对重要性；刘雪冉（2013）的研究则运用 Logistic 回归模型，对影响农民选择地块等级的因素进行了探讨。

（二）农地整治权属调整过程中的利益分配与实施模式

目前，也有少数研究对农地整治权属调整过程中的主体互动与利益分配问题进行探讨。例如，欧雪娇（2013）将权属调整中所涉及的利益主体按照重要程度分为首要利益相关者、次要利益相关者和一般利益相关者，并对包括农民、集体经济组织和乡级政府在内的首要利益相关者的利益诉求进行了简要归纳。也有学者比较了国内外农地整治权属调整的利益均衡机制，认为国外完善的土地权能和土地登记制度、有效的农民参与和合理的价值评定手段是保证利益均衡的重要因素，而国内农地整治权属调整由于缺乏有效的制度协调政府与农民利益取向的差异，导致农民利益受损和权属调整难以实施（曾艳等，2015；吴诗嫚等，2016）。在农地整治权属调整中引入市场机制（陈晓军，2012；胡丕勇等，2011；余振国、吴次芳，2003；吴诗嫚等，2016）和加强公众参与（赵宇宁、王占岐，2005；石峡等，2014）是常被学者提及的建议。

已经有部分学者开始关注农地整治权属调整过程中政府与农民

的参与模式。研究认为，发展中国家普遍不具备农地市场有效运行的条件，而政府引导、鼓励农民自主开展农地整治权属调整则不失为一种有效的替代方式（Thapa and Niroula，2008）。目前的权属调整运行机制主要包括“政府主导、农民参与”“农民自愿、政府引导、企业介入”“村社主导、农民主体、政府引导，企业推动”“种植大户/合作社+农户”等几种类型（张蚌蚌，2017；贺斐等，2013；魏程琳，2015）。张蚌蚌（2017）、张蚌蚌和王数（2013）在比较了广西龙州县和扶绥县、新疆玛纳斯县和河南太康县的互换并地实践后，认为根据不同地区耕地资源禀赋状况与地形条件，我国互换并地的实践可以分为四种模式——耕地资源紧张丘陵区农民主导型“小块并大块”模式、耕地资源紧张丘陵区合作社主导型“小块并大块”模式、耕地资源丰富平原区群众自主型“互换并地”模式、耕地资源紧张平原区“地块调整”模式，并认为各类农地互换实践均能够显著改善农地细碎化问题，提高农业生产效率。学者认为，政府主导的农地整治权属调整常常由于交易成本过高以及农民对政府缺乏信任而显示出低效特征（Ónega-López et al.，2010）。对于政府治理能力较弱的、缺乏社会资本的国家或地区，以农民自愿为基础，辅以政府的支持与引导，一方面能够弥补政府治理能力上的不足，另一方面能够通过这一互动过程培育社会资本，形成示范效应，进而扩大权属调整的实施范围（Haldrup，2015；葛新爱，2016）。而有学者从社会学角度出发，对农民自发的农地整治权属调整全过程进行了深描，并识别出村社能人动员机制、村社公共话语和权力强制机制、公平的利益分配机制是保证农地整治权属调整集体行动形成的关键机制（蒋永甫、张小英，2017，2016；魏程琳，2015）。

Hartvigsen（2015b）在其探讨中东欧国家细碎化治理及农地整

治的研究中，将西欧国家以权属调整为核心的农地整治运行机制概括为两种：综合型强制土地整治（Comprehensive and Compulsory Land Consolidation）和简化型自愿土地整治（Simple and Voluntary Land Consolidation）。在比较两种运行机制优缺点的基础之上（见表2-3），他认为，两种根植于西欧土地资源状况的农地整治机制都无法很好地适应中东欧国家特殊的社会经济条件，因此他提出综合型自愿土地整治（Integrated Voluntary Land Consolidation），认为应当在保证权属调整过程自愿的条件下，将土地整治纳入地方规划之中，以服务地方发展的整体目标，并通过区分核心项目区和边缘项目区增加农地整治权属调整过程中地块的流动性。

表 2-3 两种农地整治运行机制的优劣势比较

	综合型强制土地整治	简化型自愿土地整治
优势	• 在缓解土地细碎化问题方面作用明显 • 土地整治与农业和乡村规划的结合 • 地籍与土地登记信息的更新	• 节省时间 • 需要较低的技术与管理能力，也无需在不同的组织之间进行协调 • 成本低 • 全自愿
劣势	• 时间长（5~8 年），见效慢 • 成本高 • 需要较强的技术、管理与协调能力 • 由于对政府缺乏信任，因此在土地产权方面有一定不确定性 • 项目区农民要么全部参与，要么全部不参与 • 家庭经营的总面积不会增加	• 改善农地细碎的效果有限 • 仅仅涉及权属调整 • 对于大农场或者投资商更为有利，对小农户的作用有限 • 受到土地流动性的严重限制 • 受到当前土地权属状态的严重限制 • 没有外界推动权属调整过程

Sulonena 等（2017）和 Leenen（2014）基于对芬兰和荷兰的农地整治研究，认为农地整治权属调整自愿性程度的加深，一般能够促进权属调整的实施，但是运行过程中必须谨慎对待“自愿性”规则，尤其是应当限制参与者的中途退出行为，而基于有约束力协议的自愿型农地整治可能是一个较好的选择。

四　农地整治权属调整的有效性：技术方法

农地整治权属调整过程涉及七大类30多项因素，是农地整治过程中最为复杂的环节（Demetriou，2014）。一方面，技术支撑的缺乏造成农地整治权属调整实施效率低下；另一方面，农地整治权属调整中，尤其是在农地相对价值评定环节，统一的技术标准与操作流程的欠缺，使得农地整治权属调整的公平性存疑（Demetriou，2017）。因此，有大量研究在提高农地整治权属调整实施过程的标准化程度、提高其操作过程的自动化程度以及借助GIS技术和运筹学方法优化调整方案方面做出了有益的探索。为对农地整治权属调整进行系统的分析与建模，从20世纪70年代起，就有学者开始探索权属调整过程的技术框架，将这一复杂过程分解为几个可分析的独立部分，分而治之。例如，荷兰最早的专门用于处理农地整治权属调整的系统INOK将农地整治权属调整分为价值分配、空间分配以及地块边界设计3个阶段（Rosman and Sonnenberg，1998）。后续研究所提出的框架与此大同小异，只是针对每一阶段明确区分出了设计与评价环节（Demetriou et al.，2012b；Essadik et al.，2003；Semlali，2001）。下文沿用Demetriou所提出的框架，从地块再分配（land redistribution）和地块分割（land partitioning）两个部分，梳理农地整治权属调整的技术方法研究。

（一）地块再分配

地块再分配指的是确定农地整治权属调整后农户所应当分配的土地面积，并基于这一面积确定调整后的地块数量、各地块的面积以及地块大致位置的过程（Demetriou et al.，2012a）。根据相关研究的侧重点不同，这一过程的研究可以分为地块价值再分配和地块位置再分配两部分。

（1）地块价值再分配

关于地块价值再分配的研究往往旨在构建一个合理的耕地相对价值体系，从而方便不同位置地块之间的交换。从农地价值法角度，土壤条件、地形地质条件、耕作便利程度、基础设施条件和生态景观条件五类因素是常见的用于构建耕地相对价值体系的指标（Uyan，2016；关江华，2008；连子康，2007），其中土壤条件是权属调整中确定耕地相对价值最重要的因素。因此，Uyan（2016）的研究特别强调了如何采用普通克里金插值法（Ordinary Kriging）准确地呈现农地整治项目区土壤质量状况。不过，不同地形条件下所采用的指标体系应当不同，例如在平原地区，应当更加注重田块规格的影响；而在丘陵地区，地形坡度和土层厚度则更为重要（刘雪冉，2013）。另外，随着农地整治内涵的丰富，一些非功利主义的指标如文化、历史等维度的因素也逐渐被要求纳入价值体系之中（Kupidura et al.，2014）。在选定的指标体系之下，目前研究多采用常规的指标综合评价法确定最终的耕地价值折算系数，区别仅在于确定权重的方法不同，如特尔斐法或层次分析法等。

从市场价值法的角度，为了克服以人力和主观经验为主的传统价值评估方式的弊端，有研究开始尝试将国际估价员协会（International Association of Assessing Officers，IAAO）所制定的自动化估价模型（Automated Valuation Models，AVMs）标准（IAAO，2003）应用到农地整治权属调整的耕地价值评估过程中，结合人工神经网络方法构建自动化的权属调整耕地价值评估程序（Demetriou，2017）。该研究发现，相较于传统估价方法，自动化评估不仅能显著提高效率，而且能使结果更具有透明性、一致性、可靠性，但是该估价方法仅适用于农地市场较为发达的地区。Ertunç 等（2021）则运用聚类算法计算农地整治权属调整前的地块价值。在该聚类方法中，他们纳入了农用地地块价值评估中最常见的 9 个因素，即地块的大小、地块的土壤肥力、地块坡度、地块公允价值变化、地块到村庄中心的距离、地块到水源的距离、地块到主要道路的距离、地块对主要道路的可达性以及地块是否靠近河岸。他们的研究采用并比较了 K-均值、K-质心、模糊 C-均值以及加权差分演化（Weighted Differential Evolution）的聚类算法，根据参数值将具有共同特征的地块进行聚类以进行价值评估。最终研究发现，采用聚类方法进行价值评估比传统方法要更准确，并且采用加权差分演化算法的结果最好。

（2）地块位置再分配

农地整治权属调整过程中的地块位置再分配过程实际上是一个空间资源配置与优化的过程。现有研究大致可以分为基于优化方法（Optimization Approach）的研究和基于启发式方法（Heuristic Approach）的研究两大类（Lemmen et al.，2012）。

基于优化方法的农地整治权属调整的思路是，首先确定农地整治权属调整的优化目标或约束条件，例如减少地块数量（Bui，2015）、缩短同一农户承包地块之间距离（Ayranci，2007；Kik，1990）、缩短地块与居住地距离（Ayranci，2007；Harasimowicz et al.，2017）、减少调整前后地块位置变动（Avci，1999；Cay and Iscan，2011a），以及满足农民对地块位置的直接需求（Aslan et al.，2018；Lemmen and Sonnenberg，1986；Rosman and Sonnenberg，1998）。此外，保证自建农业设施所在地块的位置不变也往往作为一项硬约束条件被纳入模型中（Ayranci，2007）。确定优化目标或约束条件之后，通过特定算法寻求最优解。其中，线性规划法是最为常用的建模方法，问题的求解尤以单纯形算法应用最广（Avci，1999；Ayranci，2007；Cay and Iscan，2011a）。但上述算法仅能处理连续变量问题，优化目标中一旦纳入地块数量，便会使变量离散化，因而有研究采用组合优化方法解决农地整治权属调整建模中的离散变量问题，如通过混合整数规划方法对农地整治权属调整问题进行建模，采用分支切割算法、踏脚石算法等对问题进行求解，并得到了明显优于传统人工调整方法的结果（Bui，2015；Harasimowicz et al.，2017；Kik，1990；Lemmen and Sonnenberg，1986）。但随着农地整治项目规模的扩大，模型的变量和约束条件显著增加，此类算法在这样的条件下是否仍然能够有效获得最优解是有待检验的。

优化方法处理农地整治权属调整问题的能力着实有限，尤其是在大规模的农地整治项目中，地块位置再分配过程中涉及的复杂空间配置问题使得对最优解的求取难以实现。因此，研究多转向启发式方法，并借助 GIS 技术，在对人工处理方法的总结与改进基础上，提高处理位置再分配问题的自动化程度，最终获得这一问题的满意解（Hiller and Lieberman，2015）。其中，专家系统（Expert System）（Cay and Iscan，2011a；Demetriou，2014；Demetriou et al.，2011）、空间决策支持系统（Spatial Decision Support System，SDSS）（Uyan et al.，2013）、遗传算法（Genetic Algorithm，GA）（Çay et al.，2015；Uyan et al.，2015；Akkus et al.，2012；Inceyol and Cay，2022）是较为常见的应用于该阶段的启发式方法。有研究将农户之间对地块位置的需求竞争和互动纳入考量，采用基于智能体的方法（Agent-based Modeling），对伊朗的农地整治权属调整中的位置分配进行了研究（Bijandi et al.，2021）。在该方法中，土地所有者通过竞争选择效用最大的田块位置。一个田块的效用取决于以下因素：田块对土地所有者的优先级、地块在该田块中的排序、土地所有者在该田块内是否有固定设施，以及与该田块相邻接的田块的结构。为了提高模型实现最优解的能力，定义一个规划代理，负责控制并引导过程朝着最优的土地再分配方向发展。结果表明，与传统方法相比，该方法制定的再分配方案在土地所有者优先级的满足百分比、土地所有者的满意度、土地细碎化的减少程度以及土地价值的平衡等方面表现更优。

除此之外，为了提高位置再分配过程的自动化程度，也有研究探索了针对这一过程的农地整治软件开发。不过，单纯的软件开发仅能借助于 GIS 技术提高位置再分配过程的可视化程度（Martínez et al.，2013；唐秀美等，2015），从而在一定程度上提高调整效率，而只有当这类研究与以上基于优化或基于启发式的方法相结合时，才能为农地整治权属调整的位置再分配问题提供完整的决策支持（Cay and Iscan，2011b）。

（二）地块分割

地块分割是在地块再分配形成的地块位置的基础之上，确定地块的最终位置、边界与形状的过程。

农地整治权属调整中的地块分割研究可以分为评价与设计两个部分。有研究构建了用于评价最优地块形状的综合地块形状指数（Parcel Shape Index，PSI），该指数包含边长、反射角个数、锐角个数、边界点个数、紧凑性与整齐性等六项指标，并通过加权平均得到综合分值（Demetriou et al.，2013a）。另外，在实际应用于地块分割时，除 PSI 之外，还需考虑分割所形成的地块与农户应得地块之间的面积、价值差异，以及每一个地块与基础设施的邻接情况

(Demetriou et al.，2013b)；同时，地块是否最优也取决于农业生产中所应用的机械。因此，Gonzalez 等（2004，2007）构建了一个包含地块形状和地块面积的评价指标，其中不同形状与面积所应得的分值，都是在给定机械的耕作效率下通过模拟和回归分析得到的。在此基础上，他们给出了36种常见的基准地块形状的指标分值，并提供了针对实际地块形状、面积的修正系数的计算方式。

地块分割设计研究旨在通过各类程序与算法协助农地整治权属调整的实施者实现地块形状自动优化的目标。早期的研究往往通过简化的程序设计为地块分割提供原则性的指导（Buis and Vingerhoeds，1996；Rosman，2016），后期研究则在地块的自动设计与优化上有所突破。例如，Kwinta 和 Gniadek（2017）基于上述评价指标，构建了等效矩形概念，并通过算法自动将原有不规则地块替换为对应等效矩形，实现地块形状的优化；Touriño 等（2003）的研究通过结合区域增长算法（Regional Growing Algorithm）和模拟退火算法（Simulated Annealing Algorithm）完成地块分割和形状优化。除此之外，遗传算法（Genetic Algorithm）、德洛内三角剖分法（Delaunay Triangulation）等也被应用于地块边界自动设计与优化的过程（Demetriou et al.，2013b；Hakli and Uğuz，2017；Hakli et al.，2016）。

目前也有学者将地块再分配和地块分割两个阶段合并进行研究，其中的代表是 Harasimowicz 等（2021）。其在地块再分配的过程中，同时考虑了地块与农居点的距离以及地块形状和面积因素，通过一个单一的无量纲参数（地块形状和面积相关成本与运输成本的比值）来优化地块再分配和地块分割过程，并通过线性规划方法来求取最优解。其认为，仅需对这样一个比值进行优化，即可在给定的经济条件和区域内制定一个最优的边界安排方案。

第四节　研究述评

以上内容梳理了学界目前对于农地整治权属调整概念内涵、实施原则与实践类型的认识，探究了农地整治权属调整与农地整治本身的历史发展关系，对目前农地整治权属调整总体上存在的问题进行识别，并分析了从制度设置、实施模式以及技术方法上所做的改进研究。现有研究发现我国农地整治权属调整立法及制度设置存在严重不足，展示了农地整治权属调整在世界范围内多样化的实践模式和实施方法，并且尝试给出改进农地整治权属调整的具体建议，为后续的研究奠定了良好的基础。但是本书认为，目前研究总体而言仍然存在以下几个问题。

一是研究内容零散割裂，有待用统一的框架进行整合。已经提到目前的研究涉及从制度设置、实施模式和技术方法层面对农地整治权属调整进行分析并提供改良方法，但是可以看到研究之间存在明显的割裂。国外研究更多地集中于农地整治权属调整技术方法的改进，而国内目前很少有针对技术方法的研究，更多的是涉及立法和机构设置的不同以及实施模式比较的研究，而这部分国外的研究又相对较少。这样的研究现状本身也与国内外不同的社会现实有关：对于国外尤其是西欧国家而言，农地整治权属调整的立法与制度已经比较完善，而我国的农地整治权属调整制度建设仍然处在起步阶段。但是，这种研究内容的割裂也是概念内涵混乱造成的。此外，不同研究内容之间缺乏逻辑关联，例如个体层次的行为机制如何反映在不同的农地整治权属调整实施模式之中，农地整治权属调整的制度设置如何影响实施模式的选择以及农户个体的决策等，因此对于农地整治权属调整而言，急需统一的概念与框架，以对其进行系统研究。

二是缺乏对农地整治权属调整行动者行为与合作机制的深入研究。目前相关研究虽然对农地整治权属调整的各类实践模式的特征进行了总结与对比，但是本书发现，从行动者视角，深入探究个体行为机制与行动者之间互动合作机制的研究相对较为缺乏。对农地整治权属调整个体参与行为的系统量化研究相对较少，目前仅有的几篇研究，仅探讨了农户参与的动机而忽略了其他的因素；更重要的是，农地整治权属调整的实现有赖于不同类型的行动者之间的相互合作才能够实现。而在这一过程中，行动者之间策略性互动的相互影响不可避免，而行动者之间的这种互动又显著受到不同实施模式背后所蕴含的互动结构的影响。但是，目前相关研究总的来说还停留在对不同实施模式的特征总结与对比上，对不同实施模式背后所蕴含的互动结构对行动者之间博弈互动、合作达成影响的一般性规律的探究很少。而实际上，互动结构如何影响行动者之间的互动博弈，哪种互动结构更能促成农地整治权属调整的行动者达成合作，是农地整治权属调整实施需要解决的关键问题。

三是缺乏对我国农地整治权属调整中，主体之间长时序合作的研究。目前已有的研究都是对农地整治权属调整不同模式的共时对比，还没有对一个区域内农地整治权属调整在长时序如何演变的研究。这种历时性的比较研究至少可以填补以下两项知识空白：第一，一种农地整治权属调整的实施模式可能在一段时间或在一个项目中取得良好的效果，但是无法在长期内持续，因此这种历时性的对比研究可以发现何种治理结构能够在长期内取得可持续的良好效果；第二，这种历时性的对比研究能够发现农地整治权属调整外部制度环境变化带来的影响，而针对制度环境变化影响的研究，能够为我国农地整治权属调整的立法提供可行建议，为相关的制度变迁提供方向。

第三章

制度梳理、理论基础与分析框架

本章的主要目的是对我国农地整治权属调整的相关制度进行梳理，从而界定农地整治权属调整的相关行动者，并厘清其在现行制度之下的策略可选集。下文的分析显示，农地整治正式制度强调耕地补充和工程建设，忽视权属调整，同时权属调整本身的法律规则模糊，与农地产权与交易制度的冲突，使农地整治权属调整的合法性仍然有待构建。农地整治权属调整的顺利实施，有赖于在现行模糊制度给定的行动可选集中，行动者之间的策略性互动最终达到有效的均衡，即对农地整治权属调整的合法性达成共识，以及在农地整治权属调整实施中达成集体行动。因此，在制度梳理的基础上，本书结合集体行动的相关理论，建立农地整治权属调整中行动者之间策略性互动的分析框架，为后续的分析提供逻辑一致的指引。

第一节　农地整治权属调整相关制度梳理

制度的定义多种多样，其既可以被视作外生于行动者行为、对行为产生决定作用的规则（诺思，2014），也可以被视作内生于行动者行为、行动者互动的结果或均衡（Bowles，2004）。同时，根据制度的正式程度的不同，其定义可以囊括信念、习俗、规范等在内的一切决定行动者互动结构的规则（Aoki，2001；Ostrom，2005），也可以仅仅包含成文的、正式的或者法定的规则（Batterbury，2006；Ribot et al.，2006），制度的定义视角的不同主要取决于分析的目的（董志强，2008）。制度能够为人们的决策减少不确定性，通过限制行动者行动可选集，帮助行动者快速做出决策（诺思，2014）。此处主要梳理与农地整治权属调整相关的正式法律与政策规定，并以全国层面的制度为主，揭示我国农地整治权属调整相关的正式法律制度为相关行动者所界定的特殊的行动框架。

与农地整治权属调整相关的制度有很多，包括空间规划、土地产权、土地整治等。Veršinskas 等（2020）认为，由于农地整治权属调整涉及产权关系的变动，因此一些人权法案、国际法也与农地整治权属调整相关，农地整治权属调整的实施必须符合其中的原则。这里梳理农地整治权属调整制度以及与农地整治权属调整密切相关的两项制度：农地整治制度与农地产权制度。农地整治权属调整制度由以上两项制度共同界定（见图 3-1）。

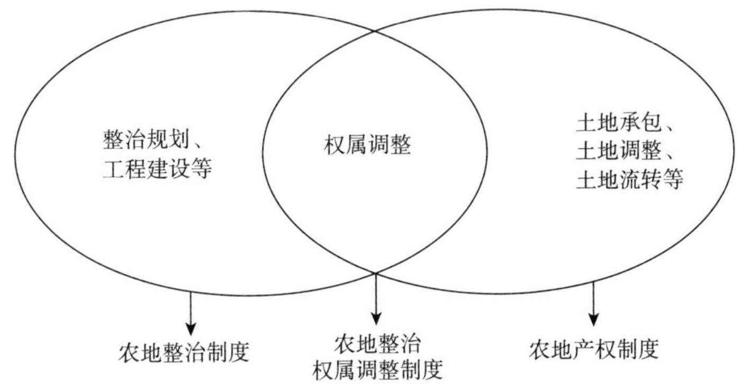

图 3-1　农地整治制度、农地产权制度与农地整治权属调整制度的关系

一　农地整治制度

我国的现代农地整治从 20 世纪 80 年代开始以试点项目的形式引入（国土资源部土地整治中心，2014）。在试点项目顺利实施的基础上，1997 年中共中央、国务院发布《关于进一步加强土地管理切实保护耕地的通知》，明确提出“实行占用耕地与开发、复垦挂钩政策”，“积极推进土地整理，搞好土地建设”；1998 年修订的《土地管理法》第一次以法律形式规定“国家实行占用耕地补偿制度”、各省区市政府负责本行政辖区内的耕地总量动态平衡，提出“国家鼓励土地整理。县、乡（镇）人民政府应当组织农村集体经济组织，按照土地利用总体规划，对田、水、路、林、村综合整治，提高耕地质量，增加有效耕地面积，改善农业生产条件和生态环境”。这开启了我国农地整治的正式制度化。2001 年首批国家级土地整理项目下达；2003 年全国性的土地整治规划《全国土地开发整理规划》发布实施；2008 年党的十七届三中全会要求“大规模实施土地整治”，首次在中央层面采用更为综合性的“土地整治”的概念取代原先的“土地开发整理”表述。目前，我国各级政府每年投到土地整治上的资金总额达数千亿，是新中国成立以来政府对农业和农村最大额的无偿投资（毛志红，2016）。

虽然目前我国还没有一部综合性的土地整治立法，但是通过行政法规、部门规章、地方性法规以及行业标准和规范等各类政策文件的制定，我国农地整治已经逐步建立一套具有鲜明特色的制度。本节将从三个方面对我国的农地整治制度进行梳理。

（一）自上而下的四级规划体系

我国农地整治的项目安排必须基于事先编制的土地整治规划，

没有编制土地整治规划的区域一律不得安排农地整治项目。土地整治规划属于土地利用专项规划之一，其编制以土地利用总体规划为基础，并为其服务。自2003年第一轮全国性的土地整治规划《全国土地开发整理规划》发布以来，我国已经建立了包含国家、省、市、县四级的土地整治规划体系。其中，全国土地整治规划是土地整治的战略部署，为其他层级的土地整治规划及其实施提供基本的依据和行动指南，同时也具有确定规划期内土地整治的目标任务和方针政策、明确土地整治重点区域和重大工程的具体功能；省级土地整治规划作为一个过渡层级的规划，主要用于承接全国土地整治规划所分配的目标任务，并为市、县级的土地整治规划提供依据和指引；市、县级土地整治规划是操作性规划，从规划体系上来讲是对上层规划所确定的土地整治目标的具体落实，从土地整治实践活动的角度讲是具体土地整治项目安排的直接依据（国土资源部土地整治中心，2014）。

不论是土地整治规划编制还是年度计划的下达，都通过运用行政力量、借助科层制，将农村土地整治任务以指标形式逐级分解到地方政府（刘新卫、赵崔莉，2017），地方政府成为全国土地整治规划指标任务的执行者。

（二）与耕地占补平衡挂钩，通过考核、资金支持和经济激励推动地方政府实施农地整治

农地整治的内涵丰富，近年来我国农地整治在增加耕地面积、提升耕地质量的基础上，开始兼具促进农业现代化、保护生态环境、助力扶贫等功能（Liu et al.，2017；王军，2011；王军、钟莉娜，2017），成为一项服务于城乡统筹发展和乡村振兴的综合性政策工具（Liu，2018），但从农地整治的制度建设来看，农地整治的最基本与

最主要的制度功能仍然是耕地（包括面积和质量）的供给（黄雪飞等，2019）。地方政府的农地整治行为，则通过考核、资金支持和经济激励三项机制得以促成。

中央政府通过耕地占补平衡和土地整治规划与土地利用年度计划两项制度来实现对地方政府农地整治的任务考核。通过与耕地占补平衡挂钩，地方政府需要在农地整治补充耕地面积方面完成考核任务。2006 年出台的《耕地占补平衡考核办法》（已于 2019 年 7 月废止）规定，省、自治区、直辖市国土资源管理部门根据国土资源部的部署，对市、县耕地占补平衡考核工作提出具体要求。市或者县国土资源管理部门根据上级国土资源管理部门的工作部署和要求，确定本行政区域内应列为本年度考核范围的建设用地项目，并组织实施考核工作。中央政府主要通过自上而下的土地整治规划和土地利用年度计划层级体系为地方政府分派任务。2024 年，中共中央办公厅、国务院办公厅出台《关于加强耕地保护提升耕地质量完善占补平衡的意见》，自然资源部、农业农村部发布《关于改革完善耕地占补平衡管理的通知》，标志着“大占补”制度的确立。该项制度规定将非农建设、造林种树、种果种茶等各类占用耕地行为统一纳入耕地占补平衡管理。这意味着地方政府不仅要补充建设工程占用的耕地，同时也要补充造林种树、种果种茶等占用的耕地，而耕地补充必须通过农地整治的手段。《关于加强耕地保护提升耕地质量完善占补平衡的意见》中提到，必须全面压实耕地保护责任，“各地要结合第三次全国土壤普查，开展土壤农业利用适宜性评价，通过实施全域土地综合整治、高标准农田建设、优质耕地恢复补充等措施，统筹耕地和林地、草地等其他农用地保护”。《省级政府耕地保护责任目标考核办法》规定，国务院对各省、自治区、直辖市人民政府耕地占补平衡、高标准农田建设、耕地质量保护与提升实施年度考核，而这些必须通过农地整治项目来完成。《土地利用年度计划管理办法》也规定，上级国土资源管理部门应当对下级国土资源管理部门土地利用年度计划的执行情况进行年度评估考核。以上考核作为地方以及省级官员的政绩表现，是官员晋升的重要依据。

在资金支持方面，《土地整治工作专项资金管理办法》《新增建设用地土地有偿使用费资金使用管理办法》两个有关土地整治资金分配的政策文件都规定，土地整治资金向地方分配的一个重要依据便是土地整治项目的多少、规模等。《土地整治工作专项资金管理办法》中规定的土地整治资金分配按如下公式测算：某地分配资金数额=本年度专项资金补助规模×［（某地本年度资金需求/各地本年度资金需求之和）×50%+（某地上年度任务完成数量/各地上年度任务完成数量之和）×30%+（某地贫困县永久基本农田面积/各地贫困县永久基本农田面积之和）×20%］。从这一测算公式中可以看到，上一年地方政府实施的农地整治项目是中央向地方分配资金的重要依据，这也激励了地方政府积极实施农地整治项目。因此，出于对政绩的追求，加上资金支持，各级地方政府一般都会努力争取农村土地整治项目（刘新卫、赵崔莉，2017）。

除政绩考核和资金支持之外，建设用地指标也是激励地方政府实施农地整治的重要手段。2004 年国务院发布的《关于深化改革严格土地管理的决定》，提出建立城乡建设用地增减挂钩制度，地方政府为了获得更多的城市建设用地指标，而具有了更强的动力进行农地整治。2017 年中央一号文件正式允许通过土地整治增加的耕地作为占补平衡补充耕地的指标在省域内调剂（国土资源部土地整治中心，2018）。2018 年出台的《跨省域补充耕地国家统筹管理办法》和《城乡建设用地增减挂钩节余指标跨省域调剂管理办法》，为农地整治潜力大、发展较为落后的地区提供了更为直接的农地整治经济激励。在现行制度下，地方政府的农地整治行为主要是通过政绩考核、资金支持和经济激励这三项机制推动的。

（三）农地整治以项目形式实施，并重点关注农地整治工程建设

为了提高农地整治工作效率，1998年国土资源部出台《关于进一步加强土地开发整理管理工作的通知》，规定我国采用项目管理模式实施农地整治，自上而下的财政资金也主要依靠项目制度输入到基层（桂华，2014）。此后，国土资源部出台了一系列的政策文件和技术标准与规范，农地整治的项目管理制度逐渐建立健全。2001年财政部、国土资源部印发《新增建设用地土地有偿使用费财务管理暂行办法》，确立了农地整治预算管理制度，规定农地整治项目承担单位必须严格按照批准的预算执行，超预算支出一律不予补助；2002年国土资源部出台《国家投资土地开发整理项目实施管理暂行办法》，规定我国农地整治实施推行项目法人制、招投标制、监理制、合同制、公告制五项制度；2006年国土资源部又出台《关于适应新形势切实搞好土地开发整理有关工作的通知》，要求对项目承担单位的目标管理和绩效考核实行以审计为主、监督检查并行的监管制度，决算审计因此也成为我国农地整治项目管理的一项制度。我国农地整治项目管理制度日益健全，在提高农地整治效率、规范农地整治行为的同时，也提高了农地整治的准入门槛，逐渐将农民以及农村集体组织排除在农地整治主体之外（刘新卫、赵崔莉，2017）。

在农地整治项目管理制度的建设过程中，我国也逐渐确立起了独具特色的以工程建设任务为核心的农地整治模式。我国农地整治

项目管理的主要内容便是工程建设。国土资源部通过一系列政策文件和技术标准的出台，如《土地开发整理项目资金管理暂行办法》、《新增建设用地土地有偿使用费财务管理暂行办法》和《土地整理开发项目预算定额标准》等，将土地整治划分为土地平整、田间道路、农田水利和农田防护四大工程，在实践中农地整治逐渐与工程建设等同。同时，《土地整治工程质量检验与评定规程》《高标准农田建设 通则》等文件也对农地整治工程建设的质量提出了明确的要求，针对农地整治工程建设形成了相对完善的管控制度体系。

二　农地产权制度

新中国成立后的农地产权制度主要经历了以下几个阶段。①1949～1952 年土地私有阶段，该阶段废除了封建土地制度，土地归农民私有，农民自主经营。②1953～1977 年农业集体经营阶段，该阶段农民土地所有权收归集体，并且经历了从互助社、初级社到高级社这一不断强化的集体经营过程，农民没有农业经营的自主权，对农地也不拥有产权处置的自由。1962 年之后，基于对人民公社化运动的反思，确立了“三级所有、队为基础”的农地集体所有制，但农业仍然采用集体经营的制度。③1978 年至今，农地产权制度在保证农地集体所有的基础上，充分赋予农民经营自主权，并不断强化农民的产权稳定性。这一时期的农地制度改革以农地权利财产化为指向，主要经历了家庭联产承包责任制的建立、农地调整实践的禁止、农村土地承包经营权确权登记颁证，以及 2014 年开始的所有权、承包权、经营权“三权分置”几项改革。我国的农地产权制度改革在中央、地方和农民三者的互动中不断演进（丰雷等，2019），走过了一条从主要服务于实现政治理想到关注提高农业生产效率、从注重农地产权的社会属性到重视其经济属性的道路（蔡立东、姜楠，2017）。

改革开放后，在农地产权制度的改革过程中，集体所有权权能不断收缩，农民的产权权能不断扩大（叶兴庆，2018）。其中，与农地整治权属调整密切相关的有以下两点。一是农民的产权稳定性以及个体产权的排他能力增强。其中关键的象征便是2003年施行的《农村土地承包法》禁止了土地调整。根据《农村土地承包法》的规定，“承包期内，发包方不得调整承包地。承包期内，因自然灾害严重毁损承包地等特殊情形对个别农户之间承包的耕地和草地需要适当调整的，必须经本集体经济组织成员的村民会议三分之二以上成员或者三分之二以上村民代表的同意，并报乡（镇）人民政府和县级人民政府农业等行政主管部门批准。承包合同中约定不得调整的，按照其约定”。因此，仅在承包地因自然灾害严重毁损等特殊情形下，发包方才可以对农民的承包地进行调整，并需征得村民会议2/3以上成员或者2/3以上村民代表的同意。虽然此后各地仍然有农地调整的实践，但是随着时间的推移，对土地权属进行调整的实践越来越少。尤其是2014年以来，以大规模的土地承包经营权确权和“三权分置”改革为核心的新一轮农地产权改革，进一步确立、深化了“现有土地承包关系要保持稳定并长久不变”的理念。因此，地方政府在进行各类涉及产权变动的土地政策实践时都变得尤为谨慎，农地调整在实践中已日渐减少（Zhao，2020；丰雷等，2013）。二是农民对农地承包经营权的交易权能不断扩大。2005年农业部审议通过的《农村土地承包经营权流转管理办法》规定，农民在征得发包方同意的情况下可以转让承包经营权，而以转包、出租、互换或者转让的方式流转承包经营权，仅需向发包方备案。其中，农地互换这一流转形式是与农地整治权属调整密切相关的。2013 年、2016 年和 2017 年中央一号文件均鼓励农民采取互利互换方式互换承包地块，“通过村组内互换并地等方式”实现按户连片耕种，解决土地细碎化问题。《全国农业现代化规划（2016—2020 年）》中也表示，要“引导农户依法自愿有序流转土地经营权，鼓励农户通过互换承包地、联耕联种等多种方式，实现打掉田埂、连片耕种，解决农村土地细碎化问题，提高机械化水平和生产效率”。新修订的《农村土地承包法》也规定农民具有“依法互换、转让土地承包经营权”“依法流转土地经营权”的权利。

由此可见，我国现阶段的农地产权与流转制度，在限制政府以及集体组织介入农民承包地调整的同时，赋予了农民充分的自发流转与互换并地的权利。

三　农地整治权属调整制度

我国最早的专门针对农地整治权属调整的政策性文件为 2003 年国土资源部发布的《关于做好土地开发整理权属管理工作的意见》。该意见对农地整治权属调整的原则、内容和程序做了一般性规定，并于 2012 年国土资源部发布《关于加强农村土地整治权属管理的通知》后停止实施。国土资源部地籍管理司和土地整理中心于 2005 年发布了《农村土地开发整理权属管理操作手册》，总结了权属调整的类型及方式和权属管理方法，对权属调整实践予以全国性的指导。

2016 年国土资源部出台了正式的《土地整治权属调整规范》，对权属调整的目标、原则、主体、类型、内容和方式进行了系统规定。根据该规范，权属调整应当以项目为单位，因地制宜选择村民小组、村民委员会、乡镇政府或其他组织机构以及上述主体的联合体作为权属调整工作的承担主体，在遵循依法依规、确权在先、公开公正和自愿协商原则的基础之上，尽量减少飞地、插花地和宗地数量，同一权属主体的土地尽量集中连片，为土地规模经营和现代农业发展创造条件。该规范还规定，对于土地承包经营权的调整，项目区内 2/3 以上权利人同意，便可在全项目范围内展开权属调整；如果不足 2/3 以上权利人而仅有部分区域的农民同意，则可在项目的部分区域开展权属调整。同时，该规范给出了权属调整的程序要求和方法建议。《农业农村部关于稳妥开展解决承包地细碎化试点工作的指导意见》提出，采取“承包权不动、经营权连片”方式解决承包地细碎化问题，鼓励各地采取这一方式结合农田建设、土地整治等项目组织实施。

以上政策性文件，包括《土地整治权属调整规范》在实践中更多起到的是指导性的作用，很难对权属调整实践产生实际的约束力。当然，规范要求权属调整承担主体尊重权利人意愿以及保证项目区内权属无争议。这一规定可以防止主体侵犯农民权益，但无法改变地方政府回避权属调整的行为，同时更加没有赋予地方政府强行调整少部分农民土地位置的权利。这与欧洲国家截然相反，前文已经提及，许多欧洲国家在法律层面确立了土地权利人必须参与农地整治权属调整，赋予了政府实施农地整治权属调整的合法性。在中国，虽然相关规范也要求权属调整要遵循适度集中的原则，从而为土地规模经营和现代农业发展创造条件，但权属调整并非农地整治项目实施的必须内容。部分地方性法规甚至提出了与之内涵相悖的规定，如《湖北省土地整治项目土地权属调整管理办法》提出，在权属调整过程中应遵循参与土地整治各方原有位置基本不变的原则。同时，关于权属调整也缺乏配套的硬性规定。例如，虽然《土地整治项目验收规程》规定将权属调整作为验收内容，但其验收依据为项目的权属调整方案，对于权属调整方案的编制缺乏硬性的要求。相反，相关文件对权属调整常常采用“农地整治项目涉及权属调整的……”这一表述，言外之意，农地整治可以不涉及权属调整。实际上，根据国土资源部发布的《关于加强农村土地整治权属管理的通知》的规定，只要在申报项目时出具土地权属不作调整的说明并附项目范围内农村集体经济组织提供的书面证明，农地整治项目就可以不进行权属调整。同时，农地整治的考核体系中，也不涉及任何关于权属调整的内容。

除了没有硬性规定之外，相关政策对农地整治权属调整也缺乏资金方面的支持。在农地整治项目中，权属调整所需的经费约占项目经费的1.5%，但不论是《土地开发整理项目预算定额标准》还是《新增建设用地土地有偿使用费财务管理暂行办法》，都没有把权属调整工作费用列支在内，地方政府也没有专门的、稳定的扶持资金（叶艳妹，2014）。

第二节　现行政策体系下的农地整治权属调整

一　农地整治权属调整的定义

本书第二章比较了目前国内外学者对农地整治权属调整的不同定义（见表2-1）。本书认为，现有的定义存在一定的逻辑问题，在第二章中本书也提及，农地整治权属调整定义的问题也是造成相关研究割裂的一个原因。国内相关的研究，如陈晓军（2012）、崔梦溪（2016）将对权属调整的定义表述为“根据农地整治项目实施中的地块、地类、面积、位置、耕地质量等变化……”同样，伍黎芝（2005）、孟宪素和高世昌（2008）等的定义，也将权属调整表述为“由于土地平整、地块归并和土地重新分配……”这两个定义中，虽然都提及权属调整的必备要素，但是采用上述表述方式，实际上将地块归并、土地重新分配等视作权属调整的原因，而没有将其纳入权属调整的内容中，仅将权属调整视作一个由上述内容引发的确权以及变更登记过程，这显然是不科学的，也与《土地整治权属调整规范》所涉及的内容不符。而 Demetriou（2014）将权属调整定义为产权结构的优化则过于简化，存在一定的同义反复，同时也不完全符合我国的农地整治实践。

农地整治权属调整的主要起因有二：一是田间道路、农田水利和农田防护工程建设占地，以及土地平整工程导致原有的权属界线被打破，因而需要对项目区内农民的利益关系进行统筹协调；二是为了解决农地细碎化问题而进行地块的交换合并。权属调整的核心在于，整个过程都是以农民原有的地块面积（或价值）为基准的，这也是农地整治权属调整与其他政策实践的关键区别。

基于以上事实，针对现有定义中存在的问题，本书将农地整治权属调整重新定义为“在农地整治项目中，因工程建设打破原有权属界限，或为了解决农地细碎化，以项目区内原有土地权属关系为基准而进行地块交换合并，并对因此变化的土地权属变更登记的过程，以协调利益关系、扩大地块规模，从而实现项目区内土地权属结构的优化”。

《土地整治权属调整规范》中规定了土地所有权权属调整、农地使用权权属调整、土地承包经营权权属调整、建设用地使用权权属调整和土地他项权权属调整等多种权属调整类型。不过，据统计，目前农地整治权属调整以土地承包经营权的调整为主（见表3-1），并且相关政策也规定了土地所有权一般不做调整。因此，本书主要以承包经营权的调整为研究对象，不过在农地流转与农地整治权属调整相结合的章节，也涉及一部分经营权调整的内容。另外，本书后续研究会略微涉及工程建设引发的权属调整，因为其并不与为了解决农地细碎化问题而进行的地块归并形式的权属调整完全独立，但是本书仍然是以后者为重点的。

表3-1　1998~2008年新增费安排的土地整治项目涉及权属调整的规模与比例

农地整治权属调整类型	面积（$10^4 hm^2$）	占比（%）
土地所有权调整	23.66	5.47
土地承包经营权调整	64.67	14.92
土地他项权调整	12.27	2.83

资料来源：国土资源部地籍管理司和国土资源部土地整理中心（2010）。

二　农地整治权属调整与相关实践的区别

在整合、明确农地整治权属调整概念的前提下，此处将农地整治权属调整与相关的几个土地利用与管理措施进行区分。农地整治权属调整与农地整治的关系演化已经在文献综述部分进行了详细的梳理，这里对农地整治权属调整与农地流转和土地调整进行区分。

（一）农地整治权属调整与农地流转

根据《农村土地承包经营权流转管理办法》的规定，农地流转指的是在不改变农地用途的前提之下，采取转让、互换、出租、转包等形式转移土地承包经营权的行为。2019年《农村土地承包法》修改之后，我国在土地承包经营权基础之上又增设了土地经营权，该法规定转让与互换是针对土地承包经营权，而出租与转包则是针对土地经营权。当然，广义上农地流转并不限于这几种形式，还包括抵押、入股和信托等方式。

农地整治权属调整与农地流转的区别在于：首先，不论是作为一种农地整治形式的权属调整，还是作为农地整治项目一部分的权属调整，都是与工程措施相关联、相配合的，从而实现项目区权属结构优化，而农地流转则仅涉及产权交易，与工程设施建设相互独立；其次，农地整治权属调整的核心是以原有农地权属关系为基准的地块调整，除工程设施建设所需的公摊扣除的面积之外，总体上项目区内农户所经营的土地面积（或价值）并无变化，但农地流转往往是以扩大流转一方农户的经营规模，而另一方获得产权收益为目的；最后，原则上讲，农地流转应当是基于市场机制的权利转移，而农地整治权属调整本身就是为了克服市场不完善而发展出的一种权属转移机制，也正因如此，本书在第一章中论述了农地整治权属调整有时有促进农地流转的作用。

当然，农地整治权属调整与农地流转的内涵也存在交叉。土地互换作为农地流转的一种形式，也是实现农地整治权属调整的方式之一。土地互换并不等同于农地整治权属调整，而仅仅是其实现方式的一种。因为土地互换更强调的是农户个体之间的自愿产权交换，而农地整治权属调整除了通过农户个体之间的零星交换合并之外，也可以是有组织的、大规模的，并且不一定是基于所有农户的意愿的。这也正是德国《土地整理法》中自愿土地交换合并和快速农地整治两种农地整治形式之间的区别（魏斯，1999）。此外，在一个农地整治项目之中，农地流转也可以与农地整治权属调整相结合，以达到相互促进的目的。

（二）农地整治权属调整与土地调整

土地调整指的是农村土地的发包方，根据承包农户家庭人口数量的增减对农户承包地面积进行调整，以实现农民人均承包地面积的绝对平等（Rozelle and Li，1998；Wang et al.，2011）。这类土地调整，在实施公有产权或者以习俗产权为主导的国家比较普遍（Zhao，2020），存在的目的是保证农民人人都有地种，农民均享有平等的土地使用权。不过，随着对农地利用效率的追求以及对农地个体产权的保护，土地调整已于2003年《农村土地承包法》施行后被禁止。虽然此后一段时间全国各地的农村仍然时有土地调整发生（叶剑平等，2010；郑志浩、高杨，2017），但是随着农村土地产权改革的深入以及人们对法律认知的提升，越来越多的人认识到了土地调整是违法的，土地调整的现象已经明显减少（Zhao，2020）。

由农地整治权属调整与土地调整的定义可知，二者的区别在于：农地整治权属调整强调的是对同一承包农户内部零散地块位置的调整，而土地调整则是根据人口变化调整农户承包面积。当然，土地调整，尤其是所谓的“大调整”可能会涉及地块位置的变动，而如上所述，农地整治权属调整在进行工程设施公摊扣除以及不同位置地块之间的价值折算时，也会引起农户经营面积的部分改变。但是农地整治权属调整是以解决农地细碎化问题、提高农地利用效率为目标的；而土地调整则是以实现农民之间的土地利用公平为目标的。土地调整所依据的“肥瘦搭配”原则造成的细碎化，正是农地整治权属调整所要解决的问题。从这两种实践在不同国家的分布也可以看出其差异：土地调整的实践，只存在于以公有产权或习俗产权为主导的国家；而有农地整治权属调整实践的国家则更广泛。从前文对农地整治权属调整发展历史的梳理可以得知，现代农地整治权属调整实践实际上也是发源于土地私有制国家。

在实践中，将农地整治权属调整与土地调整相结合的状况也有很多。例如，根据孙邦群等（2016）的调研，湖北沙洋县各村在进行农地整治权属调整时采取了不同的面积分配模式，有的村是保持原有面积不变，有的村则选择了“增人增地、减人减地”的分配模式。需要认识到的是，虽然在后一种模式之中，“增人增地、减人减地”与地块的交换合并是同时完成的，但是二者仍然是两种不同治理措施的结合。地块位置的交换合并属于农地整治权属调整，而依据人口增减进行的土地面积增减则属于土地调整，不可将二者混同。

三　我国农地整治权属调整合法性

本书第二章通过文献梳理发现，目前学界对我国农地整治权属调整的合法性及其来源存在争议。农地整治权属调整的合法性问题是确定农地整治权属调整具体实施模式的一个基础性和关键性问题：如果农地整治权属调整从根本上是不合法的，当然其就不应当实施；如果地方政府或村干部的干预是不合法的，则农地整治权属调整仅能通过农户自发的地块互换实现。此处按照以上对相关制度的梳理，以及对农地整治权属调整的定义和与其他土地利用管理实践的区分，对我国农地整治权属调整的合法性状况予以论述。

我国目前不同的农地整治权属调整形式的合法性状况不同。[①] 如上所述，农地整治权属调整实际上与农地流转有重叠的部分，农民自发的土地互换作为农地整治权属调整的一种形式，同时也是农地流转的一种形式，这是我国目前法律明确允许的，因此其合法性并

① 文献综述中已经提及学术界对所有权调整合法性的观点，此处仅论述土地承包经营权的调整。

不存在任何争议。也就是说，农户自发进行地块互换的制度模式与农地整治权属调整的法律制度所确立的合法性是一致的。值得探讨的是，由农村集体组织或地方政府等其他主体组织实施的农地整治权属调整，是否具有违背部分农民意愿开展权属调整的权力，以实现项目区内权属结构的全面优化。也就是说，在农地整治权属调整中能否引入强制或部分强制，适用“多数同意”原则。

农地整治权属调整的相关规定支持“多数同意”的原则，相关政策均规定，农地整治权属调整在全项目范围内实施的要件是土地整治项目区内2/3以上承包经营权权利人表示愿意开展土地使用权或承包经营权权属调整。也就是说，农地整治权属调整实施主体具有违背一部分权利人意愿进行权属调整的权力。然而，将其置于农地产权制度的检视之下，这种合法性就变得模糊了。一方面，由于法律的滞后性，我国的法律体系中并没有明确区分土地调整与农地整治权属调整，那么土地调整在现行产权制度下被禁止，农地整治项目实施也不能作为土地调整实施的法定事由，农地整治权属调整的合法性便会受到普遍质疑。另一方面，最新出台的《农村土地承包法》第六十条明确规定“任何组织和个人强迫进行土地承包经营权互换……该互换……无效”。按照如上的定义，土地承包经营权互换属于农地整治权属调整的一种形式，由此可得在其中引入强制也不具有合法性。但本书认为，农地整治权属调整毕竟与土地调整不同，因此，究竟能否在其中适用“多数同意”原则，仍然是模糊的。

当然，也有学者认为，农地整治权属调整的合法性根植于土地集体所有制的制度设计中：集体虽然将土地承包给农民使用，但土地并不是农民的私人财产，因此集体具有调整承包关系的权力。这是一种将农地整治权属调整等同于土地调整的观点，认为农地整治权属调整和土地调整都应当被合法化，或者根本就是合法的（王海娟，2016b；田孟、贺雪峰，2015；夏柱智，2014a）。本书认为这一观点虽然主张农地整治权属调整的合法性，但是一方面其与目前我国农地产权改革的个体化与财产化导向相违背，另一方面将农地整治权属调整与土地调整等同，认为农地整治权属调整的合法性根植于土地集体所有制之中实际上也并不符合事实。在农地私有制的国家和地区，在德国、荷兰、塞浦路斯和中国台湾等地，都允许在农地整治权属调整中引入强制。实际上，Hartvigsen（2015b）通过比较多个国家的农地整治制度与实施状况后发现，在曾经实施过土地公有制、土地私有制尚未完全建立的前南斯拉夫国家和前社会主义国家，对农地整治权属调整中引入强制的接受度反而比在实施土地私有制的国家更低。因为这些国家的农民更容易基于自身的历史经验，担心农地整治权属调整会使其再次失去土地产权。

基于以上事实，结合上文对农地整治权属调整相关制度的梳理，可以得到如下结论：农地整治权属调整在全国层面的合法性受到历史经验与农地整治权属调整相关制度的影响。而我国集体化大生产时代在农地产权保护方面的历史教训，结合现阶段不完善的法律规则，并没有给出有关农地整治权属调整确定的合法性。农地整治项目实施中，农地整治权属调整的合法性，取决于具体场景之下，相关行动者经由共同博弈最终所获得的共享信念。按照张静（2003）关于土地使用规则不确定性的解释，本书认为，关于农地整治权属调整，我国还不存在一个限定的合法性声称系统，其合法性确定，是在相互竞争的规则间选择的过程，而不是一致性规则的适用过程。张静认为，在限定的合法性声称系统中，政治过程与法律过程分化，首先通过政治过程中的利益博弈获得一些共识性的规则和原则，在其后的法律过程中则对这些已经达成共识的规则进行适用，而无需重复利益博弈过程。在非限定的合法性声称系统中，各方都可能根据利益需要和阐释，对规则进行取舍，而这正是我国农地整治权属调整制度的现状。其合法性是在现有的不确定规则系统之中，通过相关行动者之间“一事一议”式的博弈确定的，而最终的合法性结果受到政策及其变迁、行动者的地位和权力以及历史等因素的影响。农地整治权属调整合法性的构建及其具体实施，是农户与农户、农户与集体组织以及农户与政府通过博弈而达成集体行动的一个过程。

四　农地整治权属调整相关行动者及行动可选集

农地整治权属调整相关制度为农地整治权属调整具体实施时的相关行动者确立了行动框架，并为各类行动者界定了行动可选集。农地整治权属调整相关行动者主要包括中央政府、省级政府、地方政府、村集体以及农民。其中，地方政府以及村集体是农地整治权属调整的承担主体，农民是农地整治权属调整的主要参与者。图 3-2 给出了农地整治权属调整涉及的相关行动者，及相应行动者在现有法律框架下可选择的行动。

由前文可知，虽然地方政府的农地整治行为是通过自上而下的整治规划和土地利用年度计划进行指标分解，与耕地占补平衡和高标准基本农田建设相挂钩进行任务考核，并通过资金支持和经济激励推动，但是以上制度体系主要针对农地整治中的工程建设和耕地补充任务。对于权属调整，在目前的制度体系之中，既没有任务考核，也缺乏资金支持和经济激励。中央以及省级政府并不直接参与农地整治权属调整。中央政府能够采取的主要行动是政策制定和法律制定与修改，例如通过修改农地产权制度明确农地整治权属调整

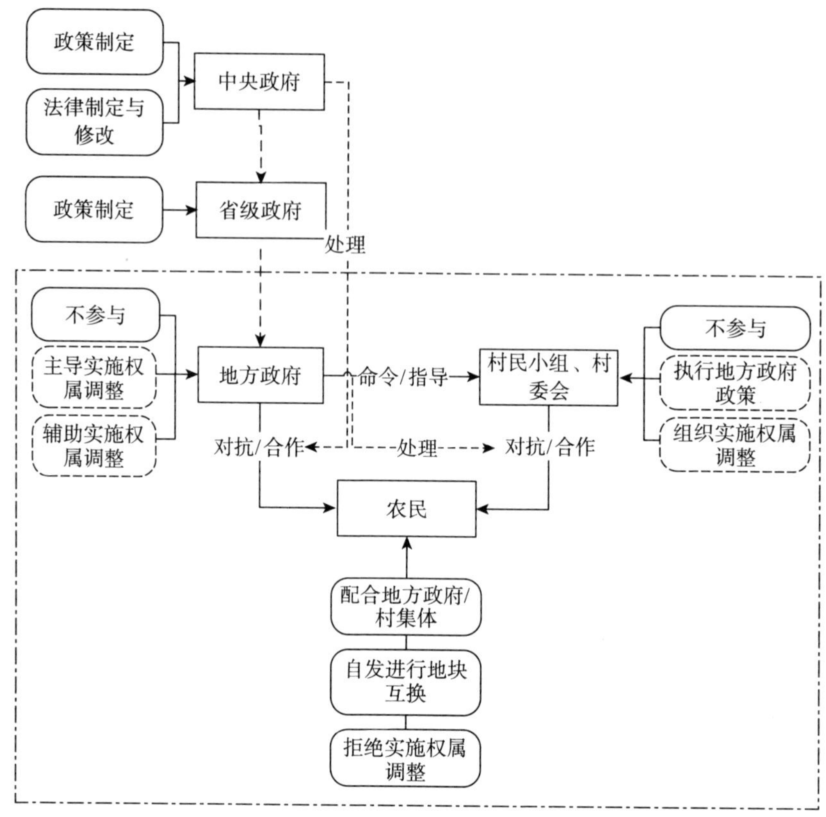

图 3-2　农地整治权属调整相关行动者及其行动可选集

的合法性，以及通过修改农地整治制度将权属调整纳入考核体系等；省级政府的相关行动主要是政策制定。中央以及省级政府可以通过以上行动，修正制度框架，改变其他行动者的行动激励。

本书主要关心的农地整治权属调整相关行动者为地方政府（包括市县政府和乡镇政府）、村民小组/村委会以及农民，因为这三组行动者之间的互动最为直接、频繁，是 Ostrom（2011）所谓的制度分析层级的操作层级和集体选择层级。在我国的农地整治权属调整制度框架之中，地方政府在实施农地整治项目时，可以选择规避、放弃权属调整，也可以选择启动并积极实施权属调整。其中，在实施农地整治权属调整的过程中，可以依据《土地整治权属调整规范》所规定的，违背少部分农民的意愿在全项目范围内实施，也可以基于一致同意的原则，仅对表示同意的农户实施，并以命令的形式，要求村集体完成相应的农地整治权属调整任务。对于村集体而言，在地方政府要求实施农地整治权属调整的情况下，其必须完成地方政府指派的任务；在地方政府没有要求的情况下，村集体可以采取不作为的形式，也可以作为农地整治权属调整的主体，组织实施农地整治权属调整。农民可以依据我国的农地流转制度，自主采用互换的形式实现农地整治权属调整，或者针对村集体或地方政府制定的农地整治权属调整方案，选择积极配合实施，或选择拒不实施，并依据《农村土地承包法》的规定，与地方政府或村集体强制实施进行对抗。

从上述地方政府、村集体和农民的行动可选集可以看出，由于现有农地整治权属调整法律规则体系的开放性，农地整治权属调整既可能通过政府的（部分的）强制力实施，也可能完全依赖于市场机制，通过农民之间的自由土地交换得以实现。然而，以上两种机制在目前的法律制度与自然条件之下又存在着固有的缺陷：法律规则的不确定使得政府强制力在应对农民的反抗时的正当性不足，而农地细碎化带来的巨额交易成本又阻碍着市场机制充分发挥其作用。在这两条路之外，还有一条中间道路可以选择，即所谓的农村自组织的方式，由村集体与农民共同设立治理规则实现农地整治权属调整，而政府所需要做的是承认自主治理的合法地位并提供支持。农地整治权属调整最终的完成度，首先取决于农民个体的行为机制，同时也取决于由操作层级规则组成的个体之间的社会互动结构。行动者之间在既定的社会互动结构之下的博弈均衡，既可能是符合社会效率的，也可能由个体理性导向集体非理性。结合具体实际，影响行动情境中行动者互动的具体社会交往结构是如何变化的也值得探讨。总之，农地整治权属调整的实现，是一个多组行动者基于自身的行为机制，在不同的互动结构之下相互博弈，进而达成集体行动的过程。

第三节　主体间合作、集体行动问题与博弈论

一　主体间合作与集体行动

本书将农地整治权属调整中的合作问题，定义为农地整治权属调整涉及的相关行动者，能够达成增进集体利益的集体行动的问题。集体行动是两个或两个以上的个人为了实现某种结果而进行的努力（Sandler，1992）。早期相关理论对于集体内人与人之间的合作持乐观态度，如 Olson（2009）在其广为引用的著作《集体行动的逻辑》的开篇中概括了此类观点："有共同利益的个人组成的集团通常总是试图增进那些共同利益，这一点至少在涉及经济目标时被视为理所当然。正如单独的个人往往被认为是为他们的个人利益而行事，有共同利益的个人所组成的集团被认为是为他们的共同利益而行事。"亚当·斯密的理论更为乐观，其认为"看不见的手"所促成的集体行动不仅局限于一个集团，而且会引导无数自利的生产者为了所有人的利益而协调现代劳动分工。不过，公地悲剧、囚徒困境以及集体行动的逻辑三大模型的提出，对这种自利行为导向集体行动的乐观主义论调产生了致命的打击。以上模型的核心思想是：如果一个人不论其付出成本与否，都能参与分享集体利益，那么理性自利个

体的最优决策便是搭便车，从而自发的集体行动便不会产生，更难以维持。在 Olson 的理论中，即使集团的规模较小，自发的集体行动仍可能达成；然而，囚徒困境模型给出的答案却更为悲观，即使一个集团内只有两个人，他们也难以通过自发的行为达成合作。这种理论认为，只有通过外部制定的强制规则，或者将公共产品私有化，才能解决集体行动中的搭便车问题。

然而，田野调查得到的是与理论指向完全不同的结果。其中最为著名的案例研究便是 Ostrom（2015）所著的《公共事务的治理之道：集体行动制度的演进》一书，它系统地记录了世界上不同地区的社区在既没有外界强制，也没有私有化财产的情况下，通过主体之间的共同合作，形成良好的公共池塘资源治理的案例。Ostrom 认为，以上三种理论不能解释现实现象的原因在于，那些为了分析而被假设为固定不变的约束条件，在各种实际场景中并不是固定不变的。她认为，并不存在无论任何条件下都能有效促成行动者达成集体行动的万能制度，制度必须与实际情境相匹配。

此后集体行动相关研究致力于对原有的理论进行修正，以使理论预期与现实观察相匹配。相关研究开始考虑更为广泛的集体行动的影响因素。为此，Ostrom（2005）提出了制度分析与发展（Institutional Analysis and Development，IAD）框架（见图 3-3），认为在分析促成分散化个体达成集体行动的制度结构时，应当以由行动者、位置、行动、信息、控制、成本收益和结果七项要素组成的行动情境为分析焦点，同时应当考虑正式规则、社区属性以及自然条件等外部因素的影响，以上因素共同决定行动者之间的互动模式，进而决定集体行动能否达成。

而为了给予资源系统以更多的关注，更好地分析人与生态系统

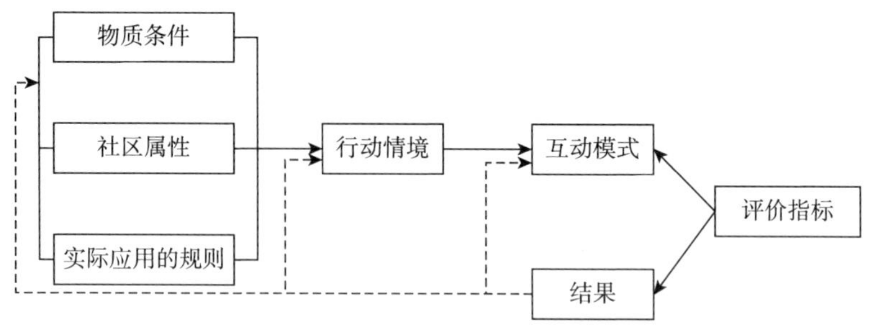

图 3-3　IAD 框架示意

注：在早期版本的 IAD 框架中，框架的核心分析单元被称为行动场景，由行动者和行动情境组成，但是早期版本的逻辑问题在于行动情境的组成部分中同时也包含行动者。因此，Ostrom 在 2011 年发表的一篇论文中，将该框架修改为现在的版本（Ostrom，2011）。

的互动，Ostrom 随后又建立了社会-生态系统（Social-Ecological System，SES）框架，将影响复杂系统内自组织问题的变量归结为资源系统、资源单位、治理系统和行动者四个子系统变量（Ostrom，2009），从而系统地诊断在特定行动场景中导致集体行动失败的限制性变量。同时，大量研究也开始质疑个体理性这一原初假设，认为参与者的决策类型实际上是多种多样的，不同主体在不同自然环境与制度条件下的理性与自私程度不同，理性自我主义者仅仅是其中特定条件下一种类型的参与主体（Ostrom，2000）。

跨学科的研究则开始尝试运用生物演化的理论与基于主体模拟的方法，探寻人类集体行动中达成合作的进化根源。这类研究认为，长期的演化过程赋予人类的亲社会偏好在人与人之间的合作达成方面发挥了关键作用。而关于这一亲社会偏好的形成机制，则有两种不同的解释：一类研究认为，集体行动中的互惠合作达成是在重复博弈的设定之下，对互惠合作理性计算与预期的结果（Trivers，1971）；另一类研究则认为，早期人类社会激烈的群体间斗争为群体内的合作与多层选择提供了基本条件，而正是这种多层选择使得亲社会偏好得以建立并通过遗传传递至下一代（Smith，1964）。

Bowles（2004）认为，人类合作中的集体行动问题可以被总结为，如何构建社会交往，以使得人们既能够自由选择各自的行动，又能够避免那些谁都不愿意出现的结果。所谓市场失灵、政府失灵本质上都是协调个体参与集体行动出了问题。合作的达成和维持的难易程度，取决于隐含的社会互动结构，而解决集体行动问题的关键便在于在正确认知个体决策机制以及在短期内难以改变的宏观制度框架基础之上，制定正确的规则。

二　博弈论及演化博弈论

（一）博弈论

博弈论是于20世纪20~40年代，由冯·诺依曼和摩根斯坦开创的一门专门研究博弈的理论，其中“博弈”一词是指决策者之间的策略性互动。博弈论是模拟决策者之间的冲突和合作，并且通过使用均衡分析为人们提供一种预测参与人之间互动结果的理论和方法（内哈拉里，2017）。

博弈论在分析集体行动问题中的应用非常广泛，Ostrom在构建并应用IAD框架解决集体行动问题时，就将博弈论作为主要的分析工具。该理论在分析集体行动问题时主要有以下两大优点。第一，博弈论在分析问题时，考虑决策者决策之间的相互影响，这也是博弈论与完全竞争微观经济理论的主要区别。在完全竞争微观经济理论中，虽然价格也是由所有的行动者共同决定的，但是价格和其他环境参数一样被认为不受分析对象的单独影响（Osborne and Rubinstein，1994；Ostrom et al.，1994）。然而，在集体行动中，行动者的决策并不能简化成个体在给定的环境参数中寻求最优解的过程，还需要考虑决策者之间的相互影响。因此，需要应用博弈论分析行动者之间的互动模式和结果。第二，对一个博弈的完整描述的必备要素，与对集体行动进行制度分析时需要考虑的因素基本相同。一个完整的博弈描述包括以下要素：博弈的参与者、每一参与者可供选择的策略集、行动的先后顺序、对对手的类型分布的认知构成的参与者信息集以及每一策略所对应的结果。这与 Ostrom 所构建的 IAD 框架中行动情境的组成要素，即行动者、位置、行动、信息、控制、成本收益和结果高度相似。同时，一个博弈模型本身也往往隐含着特定的规则组合。因此，博弈分析能够囊括对集体行动进行制度分析时的必备要素，很适合用于这一问题的分析。

博弈的结果是行动者选择行动的集合，并不能直接从博弈的结构中推导出来，另外需要一种解的概念。目前使用最广泛的博弈解的概念为纳什均衡：它是指这样一种策略组合，在该组合中，所有行动者的策略都是对组合中其他人策略的最优反应。纳什于 1950 年证明，对于一个博弈，如果行动者与其可选择行动都是有限的，那么该博弈必然存在至少一个纳什均衡（罗伯特·吉本斯，1999）。虽然纳什均衡的存在性得到了证明，但是纳什均衡常常具有多重性，从而使其对行动者最终采取行动的预测能力减弱，而均衡的精炼和选择问题也一直是博弈论相关学者所探讨的一个问题。

（二）演化博弈论

经典博弈论对于博弈的均衡解采取的是一种演绎的视角，即行动者在参与博弈时，通过一种前瞻性的演绎推理得到博弈的均衡，从而做出相应的决策。然而，对于很多博弈而言，这一视角对行动者的要求过高，另外，如上所述，对于很多博弈而言，存在多个纳什均衡，因此单纯的演绎推理无法给出确切的预测结果。而对集体的初始组成状态和非均衡行为的分析对于结果究竟导向多重均衡的哪一个至关重要。因此，演化博弈论通过强调经验法则来弥补经典博弈论的缺陷。在演化博弈论中，行动者被认为是有限理性的，他们往往是某种行为规则的承载者，行动者通过后向的学习过程或者他人的近期经验来更新自己的行为，最终达到一种稳定状态，即均衡。在演化博弈论中，均衡策略被称为演化稳定性策略，它是这样一种策略，如果整个群体的每一个成员都采取这种策略，那么这个群体便能够抵抗采取其他策略个体的入侵（Weibull，1996）。在演化博弈论中，均衡状态是通过差异性复制达到的，即按照给定的选择标准，某些策略具有比其他策略更高的概率得到复制和传播，这种选择标准可以但不一定是行为所带来的收益，也可以是行为本身的普遍程度等其他标准。

演化博弈论相较于经典博弈论的另一个重要特征是对非均衡动态的关注（Bowles，2004）。演化是一个历史过程，是一连串事件的唯一结果。而关注动态过程，能够发现演化不相关均衡，并得到现实经济运行中具有相当重要性的非均衡状态，同时也能够将集体初始组成状态对最终均衡走向的影响纳入考虑的范围之内，从而弥补经典博弈论的缺陷。

不过需要注意的是，演化博弈论和经典博弈论虽然采取的视角不同，但是两者并不是相互替代的关系，从演化稳定均衡一定是纳什均衡这一点便可看出。虽然演化博弈论能够提供一些经典博弈论无法得到的见解，但关于某些特定博弈的论断，例如对于单次囚徒困境博弈的均衡解，使用经典博弈论和演化博弈论所得到的结论完全相同，而经典博弈论具有分析简洁的优势。因此，本书将根据行文简洁的需要，交替使用两种博弈论。

第四节　分析框架

本书主要关注在国家层面法律制度所界定的农地整治权属调整行动框架之下，区域性农地整治权属调整的实施及其变化特征。我国不同地区农地整治权属调整中主体之间的合作是否能够达成受到多重因素的影响，最终也形成了不同的参与程度与治理效果。本书分析的核心是在农地整治权属调整中，哪些因素影响了农地整治权属调整的个体行为选择以及主体之间的合作，进而影响农地整治权属调整的最终实施。一方面，在短期内，对区域性项目中的农户互动而言，给定的互动结构作为规则系统，对农地整治权属调整中的主体之间的集体行动和合作的达成产生影响；另一方面，在长期内，具体的治理结构，本身也是由地方政府、村集体、农户等作为行动者所共同选择的，并处于变化之中。于是，本书构建如下分析框架，用以探讨农地整治权属调整中的个体行为选择与主体合作逻辑。该分析框架以行为分析为核心，具体构成如图 3-4 所示。

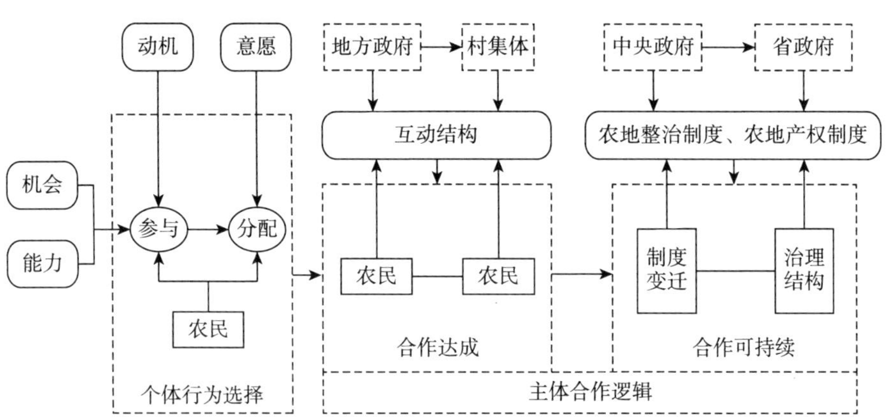

图 3-4　农地整治权属调整分析框架

农地整治权属调整的治理结构是由农户、地方政府以及村集体之间的集体行动塑造的，而在具体的治理结构中权属调整能否顺利实施取决于农户之间能否通过博弈达成合作。行动者的个体行为选择则是分析主体合作逻辑的基础。本书的分析框架将农地整治权属调整分为两个层次：个体的行为选择以及主体的合作逻辑。

个体行为选择分析，是指将农户作为独立的个体，观察其在农地整治权属调整中参与行为的影响因素以及个体意愿。这一层次分析涉及农地整治权属调整的两个不同阶段。一是农地整治权属调整的参与阶段，此处将分析农民个体参与农地整治权属调整的行为模式。本书认为新古典经济学中的“理性人”模型不能对农民的决策特征进行准确的刻画，农民个体参与农地整治权属调整的行为还受到他本身的能力和外界的机会限制。二是地块的分配阶段，主要分析已经参与到农地整治权属调整的农民，在农地整治权属调整核心阶段的意愿，以及如何通过技术手段的改进，有针对性地满足农民意愿，以提高配置效率和农民满意度。

主体合作逻辑分析，是对农民之间在农地整治权属调整中策略性互动的考察，即考量不同互动结构之下农户间的互动博弈和合作达成问题，以及在长时序下的可持续性问题。因此，主体合作逻辑的分析也包含两个方面：一是短期内，给定互动结构的情况下，主体之间的合作是否能达成；二是长期内，在治理结构随制度变化而变化时，主体之间的合作是否可持续。此处的互动结构和治理结构的含义略有不同。互动结构主要指项目层级高度抽象的关于主体之间如何互动的规则，治理结构同样是项目层级的规则，但是包含更多的现实细节。在第六章进行博弈分析时，本书主要采用互动结构的表述；在第七章以现实案例为分析核心的章节中，本书采用治理结构的表述。该层次的研究观察农民如何基于自身的决策机制，在由不同规则构成的互动结构之中进行博弈，产生不同的结果，即不同的博弈均衡，并分析在哪种互动结构之下能够达成合作。在分析完静态的主体合作达成问题之后，本书研究长时序下，尤其是制度变迁的背景之下，主体间合作的可持续性问题。这里的制度与治理结构的区分，主要基于 Williamson（2000）四层次分析体系理论。二者都涉及农地整治权属调整应当如何实施的规则体系，但是如上所述，治理结构是在项目层级，是与农地整治权属调整实施最为直接相关的规则体系；而制度在本书的研究中，则指代上层规则。同时，由于规则层级不同，二者的属性也不同。在这一层次中，本书主要采用历时分析的视角，探讨在我国不同区域，农地整治权属调整治理结构的变化，以及不同治理结构中的主体间合作是否可持续。

第五节　本章小结

本章归纳梳理了我国农地整治权属调整相关制度，并构建了农地整治权属调整的分析框架。通过制度梳理，本书发现地方政府的农地整治行为受到自上而下的科层式的规划、计划体系的控制，上级政府通过将农地整治与耕地占补平衡挂钩对农地整治进行考核，并通过提供资金支持和建设用地指标进行经济激励，推动地方政府的农地整治行为。然而，总体而言我国农地整治更关注工程建设，作为农地整治内容一部分的权属调整，不论从制度建设还是从资金支持上都较为滞后。合法性是决定农地整治权属调整实施模式的关键因素，通过对相关制度的梳理分析，本书发现，基于完全自愿的产权交易式的农地整治权属调整在我国具有公认的合法性；然而，基于“多数同意”原则的半强制式农地整治权属调整的合法性，虽然得到了农地整治相关规定的支持，但是将其置于农地产权制度的检视之下，其合法性仍然是模糊的，有待利益博弈的过程去构建。相关行动者在法律框架为之界定的行动可选集中选择行动，主体间的互动能够达成集体行动是农地整治权属调整顺利实施的关键。

因此，本书构建了一个“个体行为—主体合作”两层次的农地整治权属调整的分析框架。其中，个体行为层次主要分析农民的参与问题和地块空间分配问题，其本质是农户个体在不考虑其他行动者行为影响下的个体行为机制问题；主体合作层次考察不同规则构成的互动结构，如何影响农民间的博弈和合作的达成，以及在长时序下，主体之间的合作在面临制度变迁时，是否能够持续。通过这样一个有层次的分析框架，本书希望能够系统地并且逻辑一致地从行为视角分析农地整治权属调整的实施问题，为今后的农地整治权属调整提供可行的政策建议。

第四章

农地整治权属调整的农民参与行为

本章主要研究农民参与农地整治权属调整的行为受到哪些因素的影响。需要明确的是，本章作为后续研究的基础，分析的是农民的个体行为，即在不考虑其他相关行动者行为影响时的个体行为特征。需要进一步说明的是，这也并不是说本章所考虑的影响因素不包含由其他行动者所决定的因素，而是说不包含各方之间的策略性互动。例如，本章所考虑的影响因素中包含社会规范，其中包括村干部以及农民的亲朋好友的行为和意见等因素对农民参与行为的影响。很显然，村干部以及农民的亲朋好友本身也是农地整治权属调整的相关行动者，但是在这一章的分析中，本书假定社会规范是给定的，正如完全竞争市场中的“价格”，由所有行动者共同决定，行动者个体的行动并不能改变，因此，此类因素也可以被视作“环境参数”。

关于个体决策的一个经典模型是所谓的“理性人”模型，即个体在自利动机的推动之下，既可以无成本地获得完全的信息，又具有无限的计算能力，即完全的理性。不过，经济学的研究也表明，在很多情形下行动者的决策特征并不能由“理性人”模型所刻画，尤其是小农户的行为，更加与“理性人”模型相去甚远（Varian，2010）。本书认为，农民在农地整治权属调整过程中的参与行为与“理性人”模型中的三方面假设均不符合：首先，农民的参与动机并不仅仅包含自利动机，同时还有社会规范动机；其次，农民不具有完全的信息，即农民还受到外界存在的机会约束；最后，农民的参与能力是有限的，农民之间的参与能力也存在差异。

基于这一判断，本章将运用动机—机会—能力（MOA）框架对农民参与农地整治权属调整的行为进行定量分析。该分析所使用的数据是通过在山东省和广西壮族自治区的 4 个农地整治项目区进行问卷调查所获得的。本章将采用多元线性回归模型量化分析动机、机会和能力对行为的影响。此外，Siemsen 等（2008）认为个体的动机、机会和能力三者之间虽然存在一定的互补关系，但是这种互补关系并不是连续的，而是在某一因素成为限制因素时发挥的互补作用最大，他们将其称为极值互补关系，并构建了一个限制因素模型（Constraining Factor Model，CFM）刻画动机、机会和能力与行为的这种极值互补关系。本章也将运用该模型分析农民的行为，并与一般的多元线性回归相比较，探讨动机、机会和能力中的限制因素对农民参与农地整治权属调整所发挥的作用。

第一节 农地整治权属调整中的动机、机会和能力

一 MOA 框架

MOA 框架最早是由 Blumberg 和 Pringle（1982）所提出，他们认为影响工作绩效的所有前置变量可以被归为三类：意愿、机会和能

力。该研究的主要论点是：在以往研究中，机会这一变量被忽略了。Maclnnis 和 Jaworski（1989）随后在一个关于消费行为信息处理过程的研究中正式提出了 MOA 框架，认为影响信息处理的前置变量主要可以分为动机、机会和能力三类。Ölander 和 Thøgersen（1995）的研究则是为该框架的可操作化奠定了基础。

此后，该框架逐渐在个体和公司决策领域得到广泛应用（Hung et al.，2010），主要包括广告与营销领域（Batra and Ray，1986；Clark et al.，2005）、创业领域（Davidsson，1999）、知识管理领域（Siemsen et al.，2008）以及公共管理领域（Hung et al.，2010；Rothschild，1999）。相较于行为分析领域其他较为常用的理论，如理性行为理论和计划行为理论，MOA 框架的主要优势在于可以考虑动机以外的机会和能力等重要的影响因素（Madden et al.，2016）。而且如前文所述，该框架能够有针对性地放松经典的“理性人”模型的三个方面的假定，即自利动机（动机）、完全信息（机会）和完全计算参与能力（能力）。因此，本书认为 MOA 框架适合用于识别农民在农地整治权属调整中的影响因素。

二　动机、机会、能力与行为

（一）动机

动机被定义为一种唤醒的内在状态，其中所唤醒的能量被用于实现特定的实际目标（Hoyer et al.，2012）。一般当个体感到他们的个体利益能够被满足时，他们就会产生行动的动机（Rothschild，1999）。因此，个体利益是组成动机的一个关键成分。除了理性的计算之外，个体的行为动机还建立在被内化了的社会规范之上（Adler and Kwon，2002；Hoyer et al.，2012）。因此，在农地整治权属调整之中，农民参与行为的动机就包括两部分：农民所感受到的成本与收益以及约束其参与行为的社会规范。在一般的 MOA 框架应用研究中，规范都是作为动机的一部分被纳入模型中的。不过在农地整治权属调整问题上，鉴于作为社会规范的一种来源的相关法律的模糊性，本书希望能够单独考察社会规范对农民参与农地整治权属调整的影响。因此，本章将社会规范与自利动机作为两个不同的变量进行处理。

根据叶艳妹（2014）的研究，从农民的角度来看，农地整治权属调整的主要作用是通过地块规模的扩大促进农业机械化生产，同时通过减少在地块间的往返进而减少农业生产的劳动时间和成本，方便管理。另外，通过调研本书还发现，一些农民主动参与农地整治权属调整方案的制定和实施是因为有报酬可拿。农民在农地整治权属调整中承担的成本主要有两项：一是农户担心农地整治权属调整实施以后，地块分配质量不均等，担心自己的地块被分配到质量差的位置；二是由于地块位置变动本身而产生的心理损失。在 MOA 框架的相关应用之中，一般将时间成本视为机会或能力变量中的一个指标（Baumhof et al.，2018）。另外，对于我国大部分农地整治项目而言，农民不需要承担任何的货币成本。因此，本模型没有把时间和货币成本纳入自利动机变量之中。表 4-1 列出了农民参与农地整治权属调整的自利动机变量下的指标。

表 4-1　农民参与农地整治权属调整的自利动机

指标	定义
地块变动（*MO*1）	我会参与农地整治权属调整，因为地块变动本身对我影响不大
地块变差（*MO*2）	我会参与农地整治权属调整，因为调整后地块变差对我影响不大
促进农业机械化（*MO*3）	我会参与农地整治权属调整，因为它能促进农业机械化

续表

指标	定义
方便农业生产管理（*MO*4）	我会参与农地整治权属调整，因为它能方便农业生产管理
有报酬（*MO*5）	我会参与农地整治权属调整，因为有报酬

注：一般认为农地整治权属调整能够增加农业生产产量，并降低生产成本（Hiironen and Riekkinen，2016；刘雪冉，2013）。不过笔者的预调研显示，案例区很少有农民相信单纯的农地整治权属调整能带来产量的增加。而农地整治权属调整所带来的成本降低，主要是地块间往返交通成本的降低以及机械化操作带来的成本降低，而这一成本降低带来的利益已经包含在 *MO*3 和 *MO*4 中了。

社会规范可以进一步分为主观规范（subjective norm）和描述性规范（descriptive norm）。其中，主观规范是指行动者关于参考对象是否赞同行动者实施行为的信念；描述性规范是指行动者关于参考对象本身是否会实施该行为的信念（Montaño and Kasprzyk，2015）。而在社会规范部分中，汪文雄和杨海霞（2017）指出，农民在行动时主要的参考对象有亲戚朋友、村干部和法律法规。同时，本书认为，地方政府对农民参与农地整治权属调整的态度也是农民考虑的重要因素之一。表 4-2 列出了农民参与农地整治权属调整的社会规范变量下的指标。

表 4-2　农民参与农地整治权属调整的社会规范

指标	定义
村干部态度（*SN*1）	我会参与农地整治权属调整，因为村干部希望我参与
村干部行为（*SN*2）	我会参与农地整治权属调整，因为村干部会参与
亲戚朋友态度（*SN*3）	我会参与农地整治权属调整，因为亲戚朋友希望我参与
亲戚朋友行为（*SN*4）	我会参与农地整治权属调整，因为亲戚朋友会参与
地方政府态度（*SN*5）	我会参与农地整治权属调整，因为地方政府希望我参与
法律允许（*SN*6）	我会参与农地整治权属调整，因为法律允许我参与

如果农地整治权属调整的收益大于成本，那么一个相对理性的农民便会参与到农地整治权属调整当中。同时，农民的行为还会受

到农村中其他人的影响。农民希望得到重要他人的赞许，同时也会模仿重要他人的行为。

（二）机会

机会可以被定义为存在的阻碍或便利行动者实施行为的因素（Baumhof et al.，2018）。一般来讲，组织良好的政策交流平台、行动者之间良好的合作氛围（Ostrom，2015）以及充分的信息传播（Ostrom，2005）对地方公共事务治理是有利的条件。对于农地整治权属调整而言，许多相关研究也提及，地块上是否存在农户自建固定设施是影响农地整治权属调整难易程度的一个关键因素（Uyan et al.，2015）。虽然在笔者所调研的案例区中并没有自建的固定设施，但是如果地块上种了树，对农地整治权属调整具有同样的影响。除此之外，项目区内如果有充分的农业基础设施则会便利农民参与农地整治权属调整，因为如果项目区道路或者灌排等基础设施不足，那么农地整治权属调整后形成的大田块将比小田块更加难以管理经营，从而阻碍农民的参与。因此，是否具有足够的农业基础设施也是农地整治权属调整的机会因素。表4-3列出了农民参与农地整治权属调整的机会变量下的指标。

表4-3　农民参与农地整治权属调整的机会

指标	定义
信息传递良好（*OP*1）	因为项目区有充分的信息传递，方便了我参与农地整治权属调整
地块上没有种树（*OP*2）	因为地块上没有种树，方便了我参与农地整治权属调整
基础设施充足（*OP*3）	因为项目区有充分的农业基础设施，方便了我参与农地整治权属调整
项目组织良好（*OP*4）	因为项目区有组织良好的政策交流平台，方便了我参与农地整治权属调整
合作氛围（*OP*5）	因为农民间有良好的合作氛围，方便了我参与农地整治权属调整

农业基础设施不足，会使农地整治权属调整无利可图。农民不

能获得充分的关于农地整治权属调整的信息，或者政府官员处事不公正，也会让他们的参与变得困难。同时，一个良好的交流平台能让农民充分交换信息与观点，这对于农民参与农地整治权属调整，尤其是参与权属调整方案制定非常有利。

（三）能力

只有行动者有行动能力，实施行动才有可能。能力，是一个包含行为习惯、知识以及自我效能等的多因素的复杂现象（Ölander and Thøgersen, 1995）。由于农地整治并不是经常发生的，因此本书所说的能力不包括习惯因素，而仅包括关于农地整治权属调整的知识以及自我效能两部分（Hoyer et al., 2012; Hung et al., 2010）。其中，知识包括农地整治权属调整“是什么”和“如何参与”两部分（Chai and Baudelaire, 2015）：关于农地整治权属调整是什么的知识，包括对农地整治权属调整政策和对最优的农地权属状态的认知；关于“如何参与”的知识则反映农民是否知道参与农地整治权属调整的途径。农民关于农地整治权属调整的自我效能指农民对自身参与重要性的信念，以及农民关于自己有时间和精力参与的信念。表 4-4 列出了农民参与农地整治权属调整的能力变量下的指标。

表 4-4　农民参与农地整治权属调整的能力

指标	定义
政策知识（*AB*1）	我了解农地整治权属调整相关政策
权属状态知识（*AB*2）	我了解怎样的权属状态对农业生产是有利的
途径知识（*AB*3）	我了解如何参与到农地整治权属调整之中
影响力（*AB*4）	我参与农地整治权属调整对结果有影响
时间精力（*AB*5）	我有充足的时间精力参与到农地整治权属调整中

农地整治权属调整的知识对于农民参与其中是非常必要的，尤其

是在编制农地整治权属调整的方案阶段。但是农民对自身影响力的认知也会影响农民的参与程度：如果农民认为自己参与到农地整治权属调整中不会对其结果产生任何影响，那么农民便倾向于不参与农地整治权属调整。同理，时间和精力更充沛的农民更可能参与其中。

（四）行为

本章基于我国农地整治权属调整实践中最为流行的抓阄方法来定义农民的参与行为。在基于抓阄的农地整治权属调整中，农民最终的地块位置是通过抓阄决定的。对于农民参与而言，农民可以仅仅参与抓阄仪式，从而确定自己的地块位置；也可以参与到农地整治权属调整方案的制定中，充分的农民参与往往会涉及村内土地质量等级的评定、权属调整后地块面积的分配方式，以及抓阄顺序的确定等，农民可以参与以上内容的讨论，并提供建议；另外，农民还可以参与到农地整治权属调整的方案实施中，农民出力参与测量和界址划定，并配合完成最后的权属变更登记工作。因此，本书将考察农民参与行为的这三个方面，即参与抓阄、参与权属调整方案的制定和参与权属调整方案的实施的程度。表 4-5 给出了参与行为变量的具体定义。

表 4-5 农民参与农地整治权属调整的行为

变量名	定义
参与抓阄（*Y*1）	我积极参与了农地整治权属调整的抓阄
参与制定方案（*Y*2）	我积极参与了农地整治权属调整方案的制定
参与实施方案（*Y*3）	我积极参与了农地整治权属调整方案的实施

最后，本章关于农地整治权属调整中农民的自利动机、社会规范、机会和能力与农民参与行为的三个方面关系的假设如下。所有假设均指在其他变量控制不变的情况下，相应变量与农民参与行为之间的关系。

假设1：在农地整治权属调整中，农民的自利动机越强，农民参与抓阄水平越高。

假设2：在农地整治权属调整中，社会规范越倾向于支持农地整治权属调整，农民参与抓阄水平越高。

假设3：在农地整治权属调整中，农民参与的机会越多，农民参与抓阄水平越高。

假设4：在农地整治权属调整中，农民的能力越强，农民参与抓阄水平越高。

假设5：在农地整治权属调整中，农民的自利动机越强，农民参与制定方案水平越高。

假设6：在农地整治权属调整中，社会规范越倾向于支持农地整治权属调整，农民参与制定方案水平越高。

假设7：在农地整治权属调整中，农民参与的机会越多，农民参与制定方案水平越高。

假设8：在农地整治权属调整中，农民的能力越强，农民参与制定方案水平越高。

假设9：在农地整治权属调整中，农民的自利动机越强，农民参与实施方案水平越高。

假设10：在农地整治权属调整中，社会规范越倾向于支持农地整治权属调整，农民参与实施方案水平越高。

假设11：在农地整治权属调整中，农民参与的机会越多，农民参与实施方案水平越高。

假设12：在农地整治权属调整中，农民的能力越强，农民参与实施方案水平越高。

第二节　数据来源、变量选择和计量模型

一　数据来源

为检验以上假设，笔者在山东和广西的4个项目区内进行了问卷调查（问卷见附录）。调查时间为2018年5月至2018年7月。表4-6显示了4个项目区的基本信息。本章选择2个广西的项目，因为农地整治权属调整在广西的实施较为活跃，并且广西是唯一出台了鼓励农地整治权属调整的省级政策的省份。广西所选取的2个项目也有所差异：在SL乡的项目中，绝大多数农民是自耕农，而在NM镇的项目中，绝大多数农民把土地租给了农业公司。另外2个项目选自山东WD县。选择这2个项目主要是出于以下原因：首先，山东是我国较早实施现代土地整治的省份，农地整治目前也在山东发挥着重要的作用，但农地整治权属调整的实施在山东却是相对滞后的，这与广西形成鲜明对比；其次，LB镇的项目是WD县最后一个涉及大范围权属调整的农地整治项目，该项目之后，农地整治项目中只涉及零星的地块交换，在CW镇的项目中，农民参与农地整治权属调整的水平就明显很低。

表4-6　项目区基本信息

项目	来源	规模（公顷）	覆盖村庄（个）	主要作物	时间
LB镇项目	山东	1862.09	11	玉米、小麦	2005~2006年
CW镇项目	山东	887.57	17	玉米、小麦	2017~2018年
SL乡项目（SL村BN屯）	广西	85.00	1	甘蔗	2017~2018年

续表

项目	来源	规模（公顷）	覆盖村庄（个）	主要作物	时间
NM镇项目（BG村）	广西	382.04	1	芒果、香蕉	2014~2015年

在实施正式调研前，笔者邀请4位农地整治方面的专家和16位项目区的地方政府官员（每个项目区4位）对问卷进行了评估，评估主要包括语言表述、问题形式以及变量是否充分或者冗余等。在调研村以及农民的选取上，LB镇项目和CW镇项目覆盖了不止1个村，但是只有部分村庄的土地是被全部覆盖的，因此笔者从2个项目中各挑选了2个村进行调研，这2个村的土地全部位于项目区范围内。最终，笔者在4个项目区中共选择了6个村庄进行调研，分别为：LB镇项目中的HL村和DW村；CW镇项目中的HLD村和PYD村；SL乡项目的SL村BN屯以及NM镇项目的BG村。在每个村随机挑选50户农民进行问卷调查。虽然调研时LB镇项目已实施13年，但是由于这是当地实施的一个较为重大的项目，因此被调研者对项目实施当时的相关情况仍然有较为清晰的记忆。因此，可以认为调研所得到的相关答案是可信的。调研的对象是在项目实施时居住在项目区范围内，且其承包地涵盖在项目区范围内的农民。

二　变量选择

（一）核心自变量与因变量

前文给出了本章研究的四个核心自变量，即自利动机、社会规范、机会、能力，以及因变量行为所涉及的指标及其定义。指标数据均是运用李克特7点量表，通过问卷调查获得的。以指标*MO*1为例，“我会参与农地整治权属调整，因为地块变动本身对我影响不大”，从1分到7分表示农民对这一表述的同意程度递增，1分表示“非常不同意”，7分表示“非常同意”。其他指标的得分也通过同样的方式获得。将自变量的多个指标整合为一个综合性的变量可以采用因子分析的方法（李尚蒲、罗必良，2015），也可以采用各指标的平均值（Siemsen et al.，2008）。本章直接采用自变量所包含指标的算术平均值作为自变量的最终得分值。

对于农民参与行为的三个方面，本章保留三个指标作为三个独立的因变量，因为本书希望单独考察四个核心自变量对农民参与行为的每一个方面的影响。

（二）控制变量

除了直接考察农民的自利动机、社会规范、机会和能力对农民参与行为产生的影响之外，本章还需考察控制部分农户家庭特征之后，以上变量对农民参与行为的影响。本章选取农民的年龄、受教育程度、家庭承包面积、家庭承包地块数量以及是否兼业5个变量作为控制变量。其中，预期农民的受教育程度、家庭承包面积和家庭承包地块数量对农民的参与行为有正向影响，因为受教育程度高的农民可能更了解农地整治权属调整的好处，并且知道如何参与；而更大的承包面积意味着农地整治权属调整后地块规模更大，因而农地整治权属调整带来的利益更多；同理，地块数量多意味着土地细碎化问题更为严重，而农地整治权属调整对地块进行合并带来的益处就更多。农民兼业程度与年龄对农民的参与行为的影响可能是双向的。本章设置了NM镇、LB镇和CW镇三个项目的虚拟变量。除此之外，为了应用CFM模型，还设置了另外三个限制因素虚拟变量。表4-7为本书最终使用的变量的描述性统计结果。

表 4-7 变量描述统计

	变量名	取值	平均值	标准差	预期影响方向
因变量	参与抓阄（Y1）	1~7 分	3.757	1.997	
	参与制定方案（Y2）	1~7 分	2.576	2.003	
	参与实施方案（Y3）	1~7 分	1.909	1.471	
自变量	自利动机（MO）	相应变量下指标的平均值，原指标取值范围为 1~7 分	4.434	0.618	+
	社会规范（SN）		4.599	0.986	+
	机会（OP）		3.678	0.944	+
	能力（AB）		3.143	1.286	+
家庭特征变量	年龄（Age）	单位：岁	54.90	6.738	+/-
	受教育程度（Educ）	文盲=0，小学=1，初中=2，高中及以上=3	1.46	0.837	+
	家庭承包面积（Area）	单位：公顷	0.54	0.304	+
	家庭承包地块数量（Num）	单位：块	10.09	4.243	+
	是否兼业（Pluri）	是=1，否=0	0.46	0.499	+/-
项目虚拟变量	LB	农民属于 LB 镇项目=1，否则=0	0.348	0.477	+/-
	CW	农民属于 CW 镇项目=1，否则=0	0.319	0.467	+/-
	NM	农民属于 NM 镇项目=1，否则=0	0.159	0.367	+/-
限制因素虚拟变量	社会规范限制因素（ΘS）	社会规范在四个自变量中取值最小=1，否则=0	0.025	0.158	+/-
	机会限制因素（ΘO）	机会在四个自变量中取值最小=1，否则=0	0.304	0.461	+/-
	能力限制因素（ΘA）	能力在四个自变量中取值最小=1，否则=0	0.634	0.482	+/-

三　计量模型

（一）多元线性回归模型

本书运用多元线性回归模型识别自利动机、社会规范、机会和能力对农民参与农地整治权属调整行为的影响。模型（4-1）、模型（4-2）构建如下：

$$Y = \beta_0 + \beta_j X + u \tag{4-1}$$

$$Y = \beta_0 + \beta_j X + \beta_k C + u \tag{4-2}$$

式（4-1）为不控制其他变量的情况下对4个自变量进行线性回归的模型。Y 为因变量向量，其中 $Y1$ 表示农民参与抓阄的因变量，$Y2$ 表示农民参与制定方案的因变量；$Y3$ 表示农民参与实施方案的因变量；X 为核心自变量，包括自利动机（MO）、社会规范（SN）、机会（OP）和能力（AB），β_0 为截距项，β_j 为相应自变量的待估系数向量。在式（4-2）中增加的 C 为对应的8个控制变量向量，包括农民的年龄（Age）、受教育程度（$Educ$）、家庭承包面积（$Area$）、家庭承包地块数量（Num）、是否兼业（$Pluri$）、LB虚拟变量（LB）、CW虚拟变量（CW）和NM虚拟变量（NM），β_k 为控制变量的对应系数。u 为模型的误差项向量。

除此以外，经典的MOA理论认为影响行为的动机、机会和能力之间存在互补效应，一般通过在模型中纳入交互项来识别变量之间的互补效应（Blumberg and Pringle，1982），因此，本书构建模型（4-3）：

$$Y = \beta_0 + \beta_j X + \beta_k C + \beta_l D + u \tag{4-3}$$

式（4-3）中 D 为4个自变量构成的交互项，包括自利动机与社会规范的交互项 MO_SN、自利动机与机会的交互项 MO_OP 以及自利动机与能力的交互项 MO_AB；社会规范分别与机会和能力的交互项 SN_OP 和 SN_AB；机会与能力的交互项 OP_AB。β_l 为相应的待估系数，其他项含义与式（4-2）相同。

（二）CFM 模型

如上所述，在应用 MOA 框架时，学者往往通过在多元线性回归模型中添加交互项来识别动机、机会和能力之间的互补作用。不过 Siemsen 等（2008）发现，虽然交互项在实证研究中被广泛使用，但是添加交互项并没有让模型增加多少解释力。他们认为，变量之间的这种互补作用并不是连续的，而是在某一变量成为限制变量的时候达到最强。因此，他们构建了 CFM 模型来识别这一效应，并认为 CFM 模型相比简单的多元线性回归模型以及增加交互项的多元线性回归模型，能够更好地解释在知识分享问题上，动机、机会和能力对公司职员行为的影响。本章将运用这一模型，检验在农地整治权属调整领域，农民的自利动机、社会规范、机会和能力是不是也存在着这样的极值互补关系。CFM 模型如下：

$$Y = \beta_0 + \beta_j X + \beta_k C + \Theta S \times (\alpha_0 + \alpha_j X) + \Theta O \times (\gamma_0 + \gamma_j X) + \Theta A \times (\mu_0 + \mu_j X) + u \tag{4-4}$$

式（4-4）中的 ΘS 、ΘO 和 ΘA 分别表示社会规范、机会和能力为限制因素时的虚拟变量。α_0 和 α_j 表示社会规范为限制因素时，核心自变量的待估系数，γ_0 和 γ_j 表示机会为限制因素时，核心自变量的待估系数；μ_0 和 μ_j 表示能力为限制因素时，核心自变量的待估系数。例如，自利动机是 4 个核心自变量中最小的变量时，ΘS 、ΘO 和 ΘA 均为 0，因此截距项为 β_0，核心自变量的系数为 β_j ；但如果能力是限制变量，那么模型的截距项便为 $\beta_0 + \mu_0$，相应核心自变量对行为的影响系数为 $\beta_j + \mu_j$ 。其他系数的含义与前述模型一致。

第三节　动机、机会和能力影响农民参与行为的实证结果

一　问卷的信度与效度检验

问卷的信度是指采用相同的方法对同一问题进行测度时，得出结果的稳定性或一致性程度。最常见的信度检验指标为克朗巴赫 α 系数。本书研究所用问卷 4 个变量下指标的克朗巴赫 α 系数见表 4-8。一般认为，克朗巴赫 α 系数大于 0.7 时，表明问卷具有良好的信度，但根据 George 和 Mallery（2003）的研究，只要克朗巴赫 α 系数值大于 0.5，就是可接受的信度。从表 4-8 中可以看出，自利动机、社会规范、机会和能力的信度系数分别为 0.578、0.778、0.663 和 0.895，社会规范和能力具有良好的信度系数，自利动机和机会的信度系数也是可接受的。因此，问卷的信度通过了检验。

表 4-8　问卷信度及结构效度和因子分析检验

变量	克朗巴赫 α 系数	平均提炼方差（AVE）	组合信度（CR）	KMO	Bartlett 球形检验
自利动机（*MO*）	0.578	0.4855	0.789	0.535	230.174（$p<0.001$）
社会规范（*SN*）	0.778	0.5939	0.8971	0.740	830.467（$p<0.001$）
机会（*OP*）	0.663	0.6575	0.9035	0.694	300.589（$p<0.001$）
能力（*AB*）	0.895	0.7142	0.9258	0.786	976.948（$p<0.001$）

问卷的效度是指问卷能够准确、真实地测出所需测量的事物的程度，即问卷的有效性。本章从结构效度和区分效度两个方面测度

问卷的效度。其中，结构效度是指问卷能够测量到理论上的构思或者特质的程度，一般通过因子分析方法检验。表 4-8 中的 KMO 值（一般认为 KMO 大于 0.5 适宜做因子分析）和 Bartlett 球形检验（在 0.001 水平下显著）均显示，4 个变量下的指标确实可以进行因子分析。本书利用平均提炼方差（AVE）和组合信度（CR）两个指标来检验问卷的结构效度。当 AVE>0.5，并且 CR>0.7 时，认为问卷具有较为良好的结构效度。从表 4-8 中可以看出，除了自利动机的 AVE 值略低于 0.5 之外，其他几个变量的 AVE 值和 CR 值均满足条件，因此除自利动机之外的其他量表均具有良好的结构效度。对于自利动机而言，其结构效度低于建议值，说明动机的确难以测度（Mitchell and Daniels，2003）。鉴于结构效度值接近建议值，因此本书认为对自利动机的测度方式仍然是可接受的。

区分效度是用来测量变量之间是否存在明显的差异。一般通过比较 AVE 的平方根和变量之间相关系数的大小来检验区分效度。如果变量之间的相关系数均小于相应的 AVE 的平方根，则具有较好的区分效度。表 4-9 显示了问卷的区分效度。表 4-9 中对角线的值为 AVE 的平方根，可以看出，所有变量之间的相关系数均小于 AVE 的平方根。因此，问卷具有较好的区分效度。从以上信度和效度检验指标得到，总体上问卷质量没有太大问题。

表 4-9　问卷区分效度检验

变量	自利动机（*MO*）	社会规范（*SN*）	机会（*OP*）	能力（*AB*）
自利动机（*MO*）	（0.697）			
社会规范（*SN*）	0.329	（0.770）		
机会（*OP*）	0.321	0.657	（0.811）	
能力（*AB*）	0.505	0.331	0.551	（0.845）

二　计量结果分析

本书研究采用 Stata 15.1 运行上述计量模型，估计方法采用的是普通最小二乘法，为了避免异方差对模型估计结果的影响，在估计过程中使用了稳健标准误。4 个计量模型运行的结果见表 4-10 和表 4-11。

从表 4-10 中可以看出，在模型（4-1）中，除了假设 10 未得到支持，即社会规范对农民参与实施方案水平影响不显著外，其他假设均得到了支持。在模型（4-2）中，除了假设 5 和假设 9 之外，其余假设全部得到了支持。综合以上 2 个模型，本书所提出的假设基本得到了支持。

具体而言，从基本回归模型（4-1）中可以看出，对于参与抓阄（*Y*1）而言，社会规范的影响最大，而对于参与制定方案（*Y*2）和参与实施方案（*Y*3）而言，农民的参与能力是最重要的影响因素。在加入农民家庭特征变量和项目虚拟变量等控制变量的模型（4-2）中，这一结论基本保持不变。比较模型（4-2）中 4 个核心自变量对农民参与行为三个方面的影响系数的大小可以发现，自利动机的系数最小。针对给出的 8 个控制变量，家庭承包面积和家庭承包地块数量对农民参与抓阄行为有显著的正向影响，家庭承包地块数量对农民参与农地整治权属调整方案的实施有显著的正向影响。农民的年龄、受教育程度对农民参与农地整治权属调整的行为均没有显著的影响，说明这些农民的个体特征主要还是通过其自利动机、社会规范、机会和能力最终作用于其参与行为。另外，表征项目的 3 个虚拟变量基本上对农民参与行为的三个方面都有显著的影响，即农民的参与行为在不同项目中有着明显的区别。

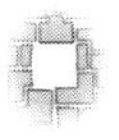

表 4-10　模型（4-1）和模型（4-2）运行结果

变量	模型（4-1）						模型（4-2）					
	Y1		*Y2*		*Y3*		*Y1*		*Y2*		*Y3*	
	系数	标准误	系数	标准误	系数	标准误	系数	标准误	系数	标准误	系数	标准误
截距	-5.46***	0.49	-4.83***	0.5	-2.16***	0.45	-6.63***	1.44	-3.49	1.12	-4.39***	1.083
MO	0.45***	0.12	0.42***	0.12	0.20*	0.11	0.34*	0.18	0.172	0.14	0.22	0.142
SN	1.05***	0.09	0.32***	0.08	-0.01	0.06	0.81***	0.19	0.83***	0.14	0.36***	0.126
OP	0.42***	0.12	0.24**	0.11	0.18**	0.09	0.37***	0.13	0.32***	0.11	0.25***	0.092
AB	0.26***	0.07	1.00***	0.6	0.81***	0.05	0.42***	0.10	0.56***	0.10	0.67***	0.092
Age							-0.01	0.0	-0.02	0.01	-0.02	0.01
Educ							0.08	0.10	-0.04	0.08	0.03	0.066
Area							0.81**	0.37	0.04	0.29	-0.33	0.319
Num							0.09**	0.04	0.02	0.03	0.09***	0.028
Pluri							0.187	0.16	0.21*	0.11	-0.07	0.113
LB							1.98***	0.47	-1.21***	0.34	0.54*	0.295
CW							1.42**	0.64	-0.147	0.49	1.54***	0.412
NM							1.96***	0.51	-2.27***	0.39	0.62*	0.359
样本量	276		276		276		276		276		276	
R^2	0.67		0.75		0.67		0.709		0.829		0.714	
F 值	289.48		201.44		88.46		131.763		215.848		46.714	
Prob>F	0.000		0.000		0.000		0.000		0.000		0.000	

注：*** $p<0.01$，** $p<0.05$，* $p<0.1$。

表 4-11　模型（4-3）和模型（4-4）运行结果

变量	模型（4-3）						模型（4-4）					
	Y1		Y2		Y3		Y1		Y2		Y3	
	系数	标准误	系数	标准误	系数	标准误	系数	标准误	系数	标准误	系数	标准误
截距	-7.83***	1.31	-4.67***	1.02	-4.64***	0.95	-4.04*	2.41	-0.70	1.68	-4.71***	1.48
MO	0.45**	0.18	0.27*	0.14	0.36***	0.12	0.51	0.78	0.24	0.53	0.79*	0.45
SN	0.79***	0.17	0.79***	0.13	0.31**	0.13	0.27	0.44	0.36	0.32	-0.21	0.29
OP	0.38***	0.14	0.33***	0.11	0.23**	0.09	0.77*	0.44	0.10	0.45	0.54	0.5
AB	0.73***	0.14	0.85***	0.11	0.62***	0.1	-0.12	0.31	0.63*	0.35	0.48	0.39
MO_SN	-0.77***	0.22	-0.52***	0.17	-0.54***	0.14						
MO_OP	0.09	0.24	0.06	0.2	0.26	0.17						
MO_AB	0.01	0.11	-0.16	0.1	-0.09	0.12						
SN_OP	-0.23**	0.11	-0.16**	0.08	-0.31***	0.07						
SN_AB	-0.17	0.12	-0.13	0.11	-0.06	0.09						
OP_AB	-0.06	0.11	0.01	0.1	0.31***	0.09						
Θ*S*							-7.83	9.47	-9.33	6.94	-10.84**	4.36
Θ*S*×*MO*							0.85	2.96	1.71	2.16	2.09	1.31
Θ*S*×*SN*							8.59	5.7	6.98*	4.13	6.32**	2.93
Θ*S*×*OP*							-3.56	4.02	-2.03	2.92	-2.58	1.83
Θ*S*×*AB*							-3.43	2.46	-4.08*	1.80	-3.04**	1.45
Θ*O*							-2.16	2.4	-1.66	1.69	0.49	1.28
Θ*O*×*MO*							-0.38	0.86	-0.37	0.58	-0.88*	0.47
Θ*O*×*SN*							0.67	0.42	0.54*	0.29	0.94***	0.27

续表

变量	模型（4-3）						模型（4-4）					
	Y1		Y2		Y3		Y1		Y2		Y3	
	系数	标准误	系数	标准误	系数	标准误	系数	标准误	系数	标准误	系数	标准误
$\Theta O\times OP$							0. 27	0. 52	0. 94*	0. 54	0. 35	0. 55
$\Theta O\times AB$							-0. 12	0. 46	-0. 70	0. 48	-0. 57	0. 49
ΘA							-4. 6*	2. 54	-4. 16**	1. 84	-0. 23	1. 44
$\Theta A\times MO$							-0. 2	0. 81	-0. 01	0. 54	-0. 51	0. 45
$\Theta A\times SN$							0. 66	0. 42	0. 53*	0. 31	0. 52*	0. 27
$\Theta A\times OP$							-0. 68	0. 44	0. 07	0. 45	-0. 47	0. 50
$\Theta A\times AB$							1. 4***	0. 37	0. 38	0. 39	0. 41	0. 43
Age	-0. 02	0. 01	-0. 02**	0. 01	-0. 02*	0. 01	-0. 01	0. 01	-0. 02*	0. 01	-0. 02	0. 01
Educ	0. 08	0. 09	-0. 04	0. 07	0. 03	0. 06	0. 09	0. 10	-0. 03	0. 08	0. 02	0. 07
Area	1. 32***	0. 33	0. 49**	0. 24	-0. 08	0. 27	1. 26***	0. 37	0. 31	0. 29	-0. 10	0. 30
Num	0. 08**	0. 03	0. 02	0. 02	0. 07***	0. 03	0. 09**	0. 04	0. 03	0. 03	0. 10***	0. 03
Pluri	0. 11	0. 15	0. 15	0. 11	-0. 10	0. 10	0. 17	0. 17	0. 21	0. 13	-0. 06	0. 12
LB	2. 35***	0. 45	-0. 75**	0. 32	0. 88***	0. 31	2. 37***	0. 53	-0. 80	0. 37	0. 97***	0. 36
CW	2. 34***	0. 64	0. 71	0. 49	2. 11***	0. 47	1. 89***	0. 67	0. 25**	0. 50	1. 95***	0. 46
NM	1. 97***	0. 56	-1. 88***	0. 42	0. 94**	0. 40	2. 46***	0. 61	-1. 75***	0. 41	1. 23***	0. 40
样本量	276		276		276		276		276		276	
R^2	0. 766		0. 863		0. 767		0. 745		0. 849		0. 76	
F 值	89. 897		217. 139		44. 495		152. 378		463. 345		411. 151	
Prob>F	0. 000		0. 000		0. 000		0. 000		0. 000		0. 000	

注：*** p<0. 01，** p<0. 05，* p<0. 1。

模型（4-3）和模型（4-4）加入了不同类型的交互项，以考察4个核心自变量之间的相互作用对农民参与农地整治权属调整行为的影响。将模型（4-2）作为受限模型，与加入交互项的模型（4-3）和模型（4-4）进行联合分布检验，*Y*1、*Y*2 和 *Y*3 的多元交互模型的 F 检验值分别为 10.43、10.63 和 9.74，明显大于 1%水平下的 F（6，257）值（2.87）；*Y*1、*Y*2 和 *Y*3 的 CFM 模型的 F 检验值分别为 2.39、2.19 和 3.17，均大于 1%水平下的 F（15，248）值（2.11）。也就是说，两个加入交互项的模型，交互项系数的联合检验都是显著的，自利动机、社会规范、机会和能力之间确实存在显著的交互效应。不过，比较两个模型可以看出，模型（4-3）明显优于模型（4-4），因为模型（4-3）虽然引入了较少的交互项，但是 R^2 值要高于模型（4-4），引入 4 个变量之间的交互项比引入限制因素变量更多地解释了因变量的变动。另外，可以看出在模型（4-4）中，本章所考察的核心自变量对农民参与行为的影响几乎都不再显著。很显然，这是由于引入过多的交互项，引发了多重共线性问题，使得系数不再显著。计算两个模型的方差膨胀系数（VIF），发现模型（4-3）的平均 VIF 值为 5.58，而模型（4-4）的平均 VIF 值高达 470，也说明模型（4-3）确实优于模型（4-4）。因此，加入一般交互项的模型（4-3）能够更好地刻画自变量之间的关系。

对于模型（4-3）而言，*MO_SN* 和 *SN_OP* 在对三个因变量的回归中均有显著的负系数。*MO_SN* 系数为负意味着，当自利动机增强时，社会规范对农民参与行为的影响将会减弱。这也比较容易理解，当一个农民有强烈的权属调整的自利动机时，他对社会规范的考虑可能会减少。*SN_OP* 系数为负意味着，社会规范更倾向于支持农地整治权属调整时，机会对农民参与行为的影响会减弱。也就是说，当社会规范一致认同实施农地整治权属调整时，克服不利条件的可能性会变高，机会缺乏的影响将变小。

第四节　讨论

以上的计量分析基本支持了本书的假设，即农民的自利动机、社会规范、机会和能力显著影响农民参与农地整治权属调整的各个方面。其中，能力和社会规范的影响尤为显著，而自利动机的影响在加入控制变量的模型中显著性变低。本书认为，自利动机的影响较弱的可能解释是，农民已经认识到了农地整治权属调整是一件利大于弊的事情。由于上一节的计量模型显示，不同的项目中农民的行为模式有着比较显著的差异，因此表 4-12 比较了不同项目中农民的行为以及自利动机、社会规范、机会和能力。可以看出，CW 镇项目的农民，参与行为的三个方面的得分都明显较低，但是其参与的自利动机并没有明显比其他项目的农民低。实际上，在调研过程中笔者发现，CW 镇项目中 PYD 村的村民，包括村委会书记，都有着强烈的实施农地整治权属调整的动机。然而，从表 4-12 中可以看出，相比于其他几个项目，该项目农民的社会规范得分较低。在调研中笔者发现，该村的村民，包括村委会书记，都认为农地整治权属调整不符合现行政策，因此想调整而不敢调整。当然，社会规范只是限制 CW 镇项目中农民参与农地整治权属调整的一个因素。

表 4-12　各项目中农民参与农地整治权属调整行为及影响因素水平差异

单位：分

项目	*Y1*	*Y2*	*Y3*	*MO*	*SN*	*OP*	*AB*
SL 乡项目	5.48	5.88	3.94	4.85	5.31	4.81	5.26

续表

项目	Y1	Y2	Y3	MO	SN	OP	AB
NM 镇项目	4.00	1.00	1.00	3.66	5.16	4.00	2.31
LB 镇项目	4.49	2.35	1.58	4.77	5.04	3.73	2.85
CW 镇项目	1.89	1.74	1.59	4.22	3.45	2.84	2.73

从表 4-12 可以看出，只有 SL 乡项目中的农民在方案制定环节和方案实施环节有较高的参与水平，LB 镇项目和 NM 镇项目的农民在抓阄阶段的参与程度虽然并不低，但是在方案制定和实施方面的参与程度明显低于 SL 乡项目的农民。SL 乡项目的农民在能力方面的得分要远高于其他三个项目，在机会方面的得分也高于其他三个项目。笔者在调研中发现，除 SL 乡项目以外的三个项目中，很多农民在谈论到农地整治权属调整的方案制定和实施时，认为自己不了解相关政策、不懂行、没有参与制定方案的能力。如计量结果所显示的，这显然是限制农民实质性参与到农地整治权属调整中的一项因素。另外，在这些项目中，农民也抱怨相互之间不团结、各自为政，“只考虑自己的利益”。也就是说，缺乏合作氛围、缺乏良好的项目组织成为农民参与行为的重要限制因素。而农民之间这种“不合作”的互动模式，将是第六章重点分析的内容。

第五节 本章小结

本章主要分析了在不考虑行动者互动的情况下，农民参与农地整治权属调整的行为特征。借助 MOA 框架，本书认为，农民的自利动机、社会规范、机会和能力对农民参与农地整治权属调整的行为具有显著的正向影响。通过对山东和广西的 4 个农地整治项目中 6 个村的 300 户农民的问卷调查，并运用多元线性回归模型进行定量分析，本书得到以下结论。

农民的自利动机、社会规范、机会和能力对农民在农地整治权属调整中参与抓阄、参与制定方案和参与实施方案均具有显著的正向影响，其中社会规范对农民参与抓阄行为影响最大，能力对农民参与制定方案和实施方案行为的影响最大，自利动机对农民参与行为的影响较小。

农民家庭承包面积和家庭承包地块数量对农民参与行为有显著的正向影响：承包面积越大，地块数量越多，农民越倾向于参与农地整治权属调整。同时，不同项目中农民的参与程度具有显著差异，其中 SL 乡项目的农民在参与抓阄、参与制定方案和参与实施方案三个方面的参与程度都较高；CW 镇项目的农民在以上三个方面的参与程度都较低；NM 镇项目和 LB 镇项目的农民在抓阄阶段的参与程度相对较高，但是在方案制定和方案实施阶段的参与程度较低。

自利动机与社会规范、社会规范与机会之间存在显著的负向交互效应。自利动机的增强将减弱社会规范的影响，社会规范的增强也将减弱机会的作用。

法律的模糊可能限制了具有较强自利动机的农民参与农地整治权属调整；农民能力的差异、农民之间合作氛围的差异以及项目组织良好程度的差异也对农民参与农地整治权属调整的行为具有重要影响。

相较于以往的研究，本章研究的主要贡献在于系统分析了农民参与农地整治权属调整的影响因素。已有研究主要关注了参与动机的影响，但是本书研究发现，实际上农民整体上具有比较强的参与动机，因此，动机反而不是最重要的影响因素。社会规范和参与机会可能具有更加重要的作用。

第五章

农地整治权属调整的地块空间分配

第四章探讨了农地整治权属调整个体行为层次的农民“参与行为”问题。在给定农民参与的前提下，农地整治权属调整最重要的阶段，即地块分配，是一个涉及空间属性的复杂问题：在这一阶段既要考虑资源配置的效率，更要满足农民对地块分配的意愿。针对这一问题，本书研究不考虑农民之间的策略性互动，而将农地整治权属调整的地块空间分配视为一个人在给定环境参数下的资源配置与意愿满足的问题。首先，总结国内外农地整治权属调整实践中最常使用的地块分配方法，针对传统方法中存在的问题，为了在地块分配阶段有针对性地满足农户意愿，构造一个基于农户意愿的线性规划运输模型。其次，以江西省 HL 乡的一个农地整治项目为例，运用所构建的模型对该项目进行地块分配，并与运用传统抓阄方法所得到的结果进行对比。

第一节　农地整治权属调整实践中的地块分配方法

一　基于意愿调查的农地整治权属调整方法

各国在长期实践中形成了不同的农地整治权属调整方法。其中，国外比较流行的农地整治权属调整的传统方法为基于意愿调查的方法（Cay et al.，2010，2006），土耳其、塞浦路斯、荷兰和德国等国家在实践中均采用这种方法（张晓滨等，2018）。该方法可以分为4步：①实施者在拟定地块分配方案之前对农户的意愿进行调研，主要涉及调整后农户期望获得地块数量、质量、具体位置以及是否希望保留特定地块位置不变等方面，农户往往会在这一阶段给出关于耕作田块（由路、沟、渠等工程设施围成的大块土地，以下简称田块）的意愿排序；②基于农户对田块的意愿排序，结合耕地相对价值体系，初步将农户的地块在各田块内进行分配，并计算各田块内地块的面积；③根据地块面积与田块面积的匹配状况，结合农户对田块的意愿排序，反复调整地块在田块间的分配，直至面积匹配误差落在允许的范围内；④确定地块最终的具体位置、边界与形状，完成权属调整过程（Demetriou，2014）。国外农地整治权属调整总体按该方法实施，仅在地块分配过程中考虑的因素、权重和步骤顺序上有所不同。以上所有程序的完成，主要依赖于农地整治权属调整实施者的经验。

二　基于抓阄的农地整治权属调整方法

国内农地整治权属调整的地块分配主要是通过抓阄实现的。基于抓阄的权属调整过程可以被概括为3个阶段：调整后耕地面积计算；地块分配顺序的确定；最终地块位置确定与边界的划定。农地整治权属调整前后农户承包耕地面积会因为新增耕地的分配、路沟渠等工程设施占地的分摊，以及不同价值土地之间地块面积的折算而有所变化。当然，具体如何分配新增耕地、是否考虑地块的价值因素和工程设施占地公摊，则通过村民协商或者由农地整治权属调整的实施主体决定。同理，地块抓阄分配的顺序也通过村民协商或由实施主体决定。另外，在抓阄过程中也会在一定程度上考虑农民的意愿，例如在有些项目中，部分农民希望权属调整后的地块能够与其亲戚朋友的土地相邻接，那么在抓阄时可以采用几户共用一个阄的方式实现这一目的；又如，为了保证农户抓阄后土地尽可能与居住地相邻近，会根据居民点的位置将项目区划分为几个不同的区域，不同的农户只在相应的区域内进行抓阄。但总体而言，基于抓阄的农地整治权属调整的核心在于，通过抓阄这一随机过程决定地块的位置。具体的实现方式是，通过抓阄决定农户地块的安排顺序，然后依据抓阄得到的顺序，根据农户应得的土地面积，在田块内依次划定地块边界。根据笔者的调研发现，某些项目实施过程中会抓两次阄：第一次抓阄用于决定第二次抓阄的顺序，第二次抓阄则用于决定地块的安排顺序。

三 实践中存在的问题

由于农地整治权属调整涉及的因素复杂，数据量大且类型多样（Essadik et al.，2003），受人力计算能力的限制，采用基于农户偏好的农地整治权属调整方法时，实施者往往需要反复试错（Cay et al.，2010），易造成权属调整的效率低下，且难以保证土地利用的优化

(Demetriou et al.，2012a)；另外，这种方法在处理农户意愿时，依赖于执行者本身的经验与能力。因此，在地块价值评定、位置确定等过程中，其评价与调整结果的透明性、可靠性、一致性和公平性均存疑，会导致农民对最终方案的接受度降低（Demetriou，2016；Rosman，2012）。我国农地整治权属调整采用的抓阄方法虽然具有高效和程序公平的优点，但是由于资源配置的过程是随机的，几乎不能纳入农户的意愿因素，因此，往往存在农户对抓阄后得到的结果十分不满意的情况。另外，随机的地块配置过程也远谈不上资源的优化配置。于是，通过方法创新来解决如上问题便显得尤为必要。本书接下来将构造一个以满足农民特定意愿为目标的线性规划运输模型，通过将这一模型运用到地块分配中来解决以上问题。

第二节　数据来源

本章选取了江西省九江市PZ县农地整治项目的HL片区作为研究区域。选取该项目的主要原因在于，涉及农地权属的空间数据获取难度大，而该项目农地整治权属调整前后的土地利用数据、农地权属空间属性数据最为完整，能够进行完整的农地整治权属调整空间分析。

该项目区位于九江市PZ县HL乡，其地理位置位于116°33′09″~116°35′08″E，29°49′50″~29°51′00″N，总规模183.49公顷，涉及FR和JH两个村，其中涉及FR村农民265户，土地面积59.93公顷；JH村农民440户，土地面积123.56公顷。该地区属湿润季风气候，四季分明，雨量充沛，日照充足。区域内土壤基础条件较好，成土母质较优，耕作层厚，肥力中上，适宜耕作。但区域内耕地支离破碎、分割严重，灌溉与排水设施严重老化，难以实现区域内灌溉与排水的有效调配，农田路网混乱，地块与居民点之间的连通性差，急需农地整治改善生产条件。

研究涉及资料主要包括农地整治前项目区内土地利用现状数据、农地整治后项目区内田块规划图以及土地承包经营权登记数据。以上资料由九江市自然资源局以及 PZ 县农业农村局提供。土地利用现状数据以及项目区内田块规划的原始数据为 MapGIS 格式，土地承包经营权登记原始数据为 AutoCAD 格式，本书将以上数据格式均转换为 ArcGIS 格式。此外，项目区土地利用数据与权属登记数据来源于不同单位，误差的存在导致部分数据无法匹配，本书以项目区土地利用现状为基准，结合 Google 遥感影像对数据进行了一定的修正。

第三节　基于农户意愿的线性规划运输模型构建

一　农户意愿分析

本章将构建一个基于农户意愿的线性规划运输模型，用以进行农地整治权属调整中的地块分配。目前，研究中反映出的以及走访调研发现的农户意愿主要包括：①减少地块位置变动（Avci, 1999; Ayranci, 2007; Cay et al. , 2010; Cay and Iscan, 2011a; Cay and Uyan, 2013; Demetriou, 2014），尤其是原面积最大（或价值最高）地块的位置变动；②缩短农户地块与居住地的距离（Ayranci, 2007; 胡兴定、白中科, 2016; 李赞红等, 2014）；③有自建基础设施的地块位置不变（Cay and Iscan，2011a；Demetriou，2014；Demetriou et al.，2011；Uyan et al.，2015）；④与亲戚朋友地块相邻近（Cay et al.，2010）；⑤减少地块数量；⑥地块区位条件要好；⑦权属调整过程要公平。该项目区内并无自建基础设施，也没有种树，因此意愿③不纳入考虑范围，同时持有意愿④的农户也较少，出于简化研究的考虑将其忽略。基于线性规划运输模型的调整方法能够有针对性地满足意愿①、②、⑤、⑥。其中，意愿①可以通过以田块为单元，使调整后的地块所在的田块尽量集中于调整前多数地块所在的田块附近实现。意愿②可以通过将缩短地块与居住地间距离直接设定为优化目标来实现。意愿⑤是农民反映出的主要意愿之一，也是权属调整的目标。不过出于模型简化的考虑，本书认为可以将该意愿与意愿①相结合，因为使调整后地块尽量集中于同一位置，也意味着地块数量的减少，从而可以简化模型。而满足意愿①、②本身也在一定程度上满足了意愿⑥，因为地块原有的位置、距离居住地较近的位置常常被农民认为是区位条件较好的位置。当然，还有一些其他条件决定了地块位置的好坏，如基础设施配置是否充足、土地质量是否较好等，但项目区内所有农户都希望得到此类区位条件较好的地块，因此不可能通过模型优化实现这一意愿。最简单便捷的调整方式便是随机调整以充分保证程序公平，因此相较于基于线性规划运输模型的调整方法，抓阄方法能够更好地处理意愿⑦。

二　调整后承包地面积计算

农地整治权属调整前后农户承包地面积变化主要有 3 个来源：新增耕地的分配、路沟渠等工程设施的分摊，以及根据不同位置的土地相对价值差异进行的地块面积折算。

因而农地整治权属调整后农户应得的承包地面积计算公式如下：

$$S'_{ai} = S_a \cdot \frac{\sum_{i=1}^{n'} R'_i S'_i}{\sum_{i=1}^{n} R_i S_i} \cdot R'_i \tag{5-1}$$

$$S'_a = \sum_{i=1}^{n} S'_{ai} \tag{5-2}$$

其中，S'_a 表示农地整治权属调整后农户 a 应得的承包地面积；S'_{ai} 表示农地整治权属调整后农户 a 位于评价单元 i 的承包地面积；S_a 表示农地整治权属调整前农户 a 的承包地面积；S_i 和 R_i 分别表示农地整治前区域内评价单元 i 的面积以及评价单元 i 与基准评价单元之间的地块面积折算系数；S'_i 和 R'_i 表示农地整治后区域内评价单元 i 的面积以及评价单元 i 与基准评价单元之间的地块面积折算系数。由于农地整治后，区域内耕地异质性较小，此次调整过程 R_i 和 R'_i 值均为 1。

三　农地整治权属调整的线性规划运输模型

线性规划运输模型是用于解决资源分配问题的常用模型，其核心思想可以被表述为，将一定数量的资源从 m 个供给点运输至 n 个需求点处，并使运输的总成本最小（Hiller and Lieberman，2015）。而农地整治权属调整的地块分配过程也是一个空间土地资源的分配过程（Essadik and Ettarid，2002），它可以被表述为，为满足一定目标而对项目区内 n 户农户的土地在农地整治后形成的 m 个田块内进行分配（Cay and Iscan，2011a）。其中，田块对应运输模型中的“供给点”，田块中土地面积代表供给量；而农户则对应运输模型中的“需求点”，调整后的土地面积代表农户需求量；对农户意愿的偏离程度则为地块分配的“成本”。

（一）目标函数

基于上述农户意愿分析，将其整合为两项模型优化目标：①减少调整前后地块位置变动；②缩短地块与农居点间距离。针对目标①，模型采取地块在调整前后是否位于同一田块内表征地块位置变动（Avci，1999；Ayranci，2007；Akkus et al.，2012）。具体而言，本书首先测算按照调整前的地块位置，农户各地块占调整后田块总面积的比例，然后使调整后的地块能够集中至比例最大田块之中。针对目标②，由于地块最终位置确定前无法计算地块与农居点的距离，因此采用地块所在田块质心与农居点质心的距离对地块到农居点距离进行简化。项目区内田块规模较小，采用这一简化值，可实现地块向农居点附近集中的目标。最终的目标函数的数学表达式如下：

$$\text{Min } cost = \sum_{i=1}^{m} \sum_{j=1}^{n} (D_{ij} - F_{ij}) \times X_{ij} \tag{5-3}$$

$$F_{ij} = S_{ij} / S_i \tag{5-4}$$

其中，D_{ij} 表示田块 i 质心与农户 j 所在农居点质心的距离；F_{ij} 表示调整前农户 j 位于田块 i 的地块面积占田块 i 总面积的比例；X_{ij} 表示调整后农户 j 位于田块 i 的地块面积；S_{ij} 表示调整前农户 j 位于田块 i 的地块面积；S_i 表示田块 i 的面积；m 表示项目区内田块数；n 表示项目区内农户数。

（二）约束条件及最终模型

模型中的约束条件可概括为农户 j 位于各田块内的地块面积之和等于农户 j 调整后的承包面积；各农户分配于田块 i 内的地块面积之和等于田块 i 的面积。其数学表达式如下：

$$\sum_{i=1}^{m} X_{ij} = PA_j \tag{5-5}$$

$$\sum_{j=1}^{n} X_{ij} = S_i \tag{5-6}$$

其中，PA_j 表示调整后农户 j 承包地的面积；其余项的含义与以上各式相同。

综合优化目标和约束条件，基于农户意愿的农地整治权属调整地块分配的线性规划运输模型如下：

$$\text{Min } cost = \sum_{i=1}^{m} \sum_{j=1}^{n} (D_{ij} - F_{ij}) \times X_{ij} \tag{5-7}$$

$$\text{s.t. } \sum_{i=1}^{m} X_{ij} = PA_j \tag{5-8}$$

$$\sum_{j=1}^{n} X_{ij} = S_i \tag{5-9}$$

四　地块划界程序

地块划界是在确定地块所坐落的田块情况下，对地块在田块中的具体位置和形状边界进行确定的过程。目前我国农地整治权属调整中的地块划界是在抓阄确定地块分配的顺序之后，直接人工实地实施的。本书结合上述线性规划运输模型本身的特点，设计了一个地块划界的程序，用以实现自动化的地块划界过程。本书选取了与ArcGIS 平台结合较好的 Python 编程语言，设计了地块自动形成的简易算法，其具体思路为，在田块内按照地块面积从大到小的顺序安排地块，根据田块的方向及基础设施确定横纵 2 条分割线，通过纵向分割线的移动确定地块宽长比在一定范围内（本书根据实践经验选择地块宽长比范围为 1∶8 至 1∶2），通过横向分割线的移动确定图形面积。当分割线与田块边界所围成的图形面积与地块面积差值的绝对值不超过 10 平方米时，便进入下一地块的划界。当所有田块完成分割后，整个程序终止，农地整治权属调整方案形成。地块划界程序见图 5-1。

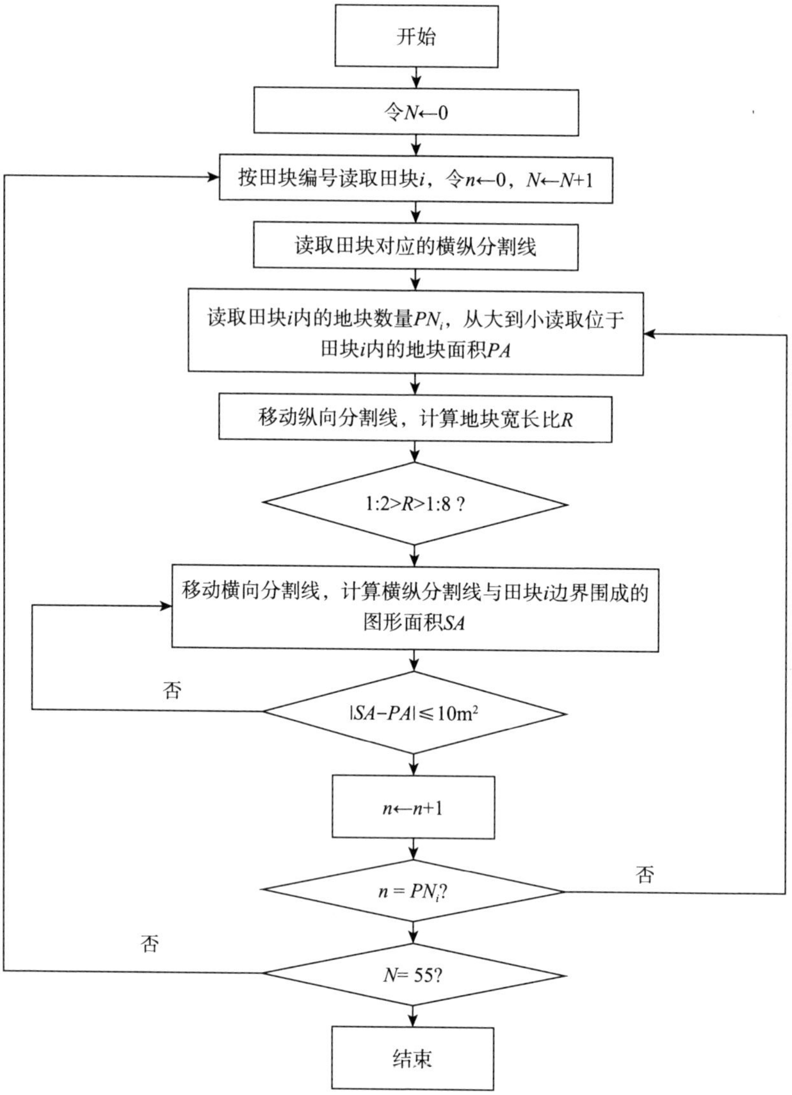

开始

令$N \leftarrow 0$

按田块编号读取田块i，令$n \leftarrow 0$，$N \leftarrow N+1$

读取田块对应的横纵分割线

读取田块i内的地块数量PN_i，从大到小读取位于田块i内的地块面积PA

移动纵向分割线，计算地块宽长比R

$1:2>R>1:8$？

移动横向分割线，计算横纵分割线与田块i边界围成的图形面积SA

$|SA-PA| \leqslant 10m^2$

否

$n \leftarrow n+1$

$n = PN_i$?

否

$N = 55$?

否

结束

图 5-1　地块划界程序

该程序通过自动化的实现，大大提高了地块划界的效率，但是该程序并不具有地块形状优化的功能。不过，该程序也对地块的形状施加了一条约束：地块宽长比范围为 1∶8 至 1∶2。该程序除可以提高地块划界的效率外，还可以通过调整、添加不同的约束，产生不同的地块划界方案，并对其进行比较选择，避免实践中一次性地块划界带来的地块设计不良的问题。

第四节　基于线性规划运输模型的地块分配结果

一　土地利用与权属状况分析

（一）农地整治前土地利用及权属

该农地整治项目位于 HL 乡 FR 村和 JH 村，土地总面积为 183.49 公顷，其中整治前耕地面积为 139.75 公顷，是项目区内主导的土地利用类型（见图 5-2）。同时由表 5-1 可知，项目区内农地细碎化现

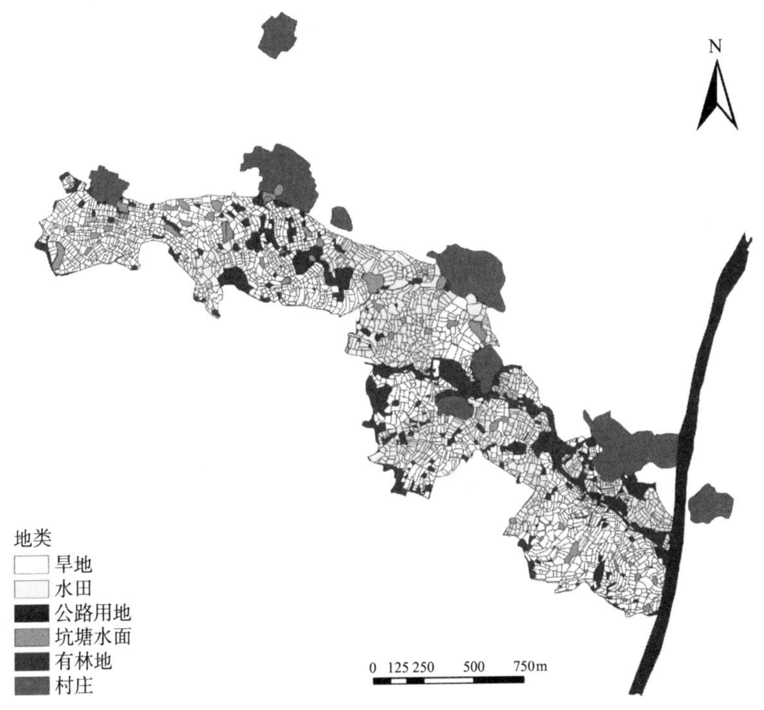

图 5-2　农地整治前项目区土地利用状况

象极其严重，在户均耕地面积仅为0.197公顷的情况下，每户平均地块数量达到3.81块，平均地块面积仅为0.051公顷。此外，项目区内承包地块形状极不规则且同一农户承包的地块空间分布极为分散，加剧了农地细碎化问题。

表5-1 农地整治前项目区承包地权属状况

	FR村	JH村	合计
农户数（户）	265	440	705
地块数（块）	1030	1653	2683
户均耕地面积（公顷）	0.165	0.218	0.197
户均地块数量（块）	3.89	3.76	3.81
平均地块面积（公顷）	0.042	0.058	0.051

（二）农地整治后的耕作田块规划

该项目区在承包经营权权属调整开始前，通过协商对两村的不规则边界以及位于JH村域内的FR村的飞地进行了集体土地所有权调整，形成了规则的村界，在此基础上完成了项目区田块的规划（见图5-3）。由表5-2可知，通过对部分零星坑塘的填埋、部分废弃园和林地的复垦等，项目区内耕地面积得到了有效增加，扣除项目区内新增的工程设施用地，耕地面积共增加了28.72公顷。同时，由于路沟渠等农业基础设施的配套，区域内农业生产条件得到改善，旱地均改为水田，项目区耕地异质性减小。然而，实施权属调整前，农户承包地块的空间分布仍然十分分散，细碎化问题未得到实质性解决。只有通过大规模的农地整治权属调整，才能实现区域内的农业规模化生产。

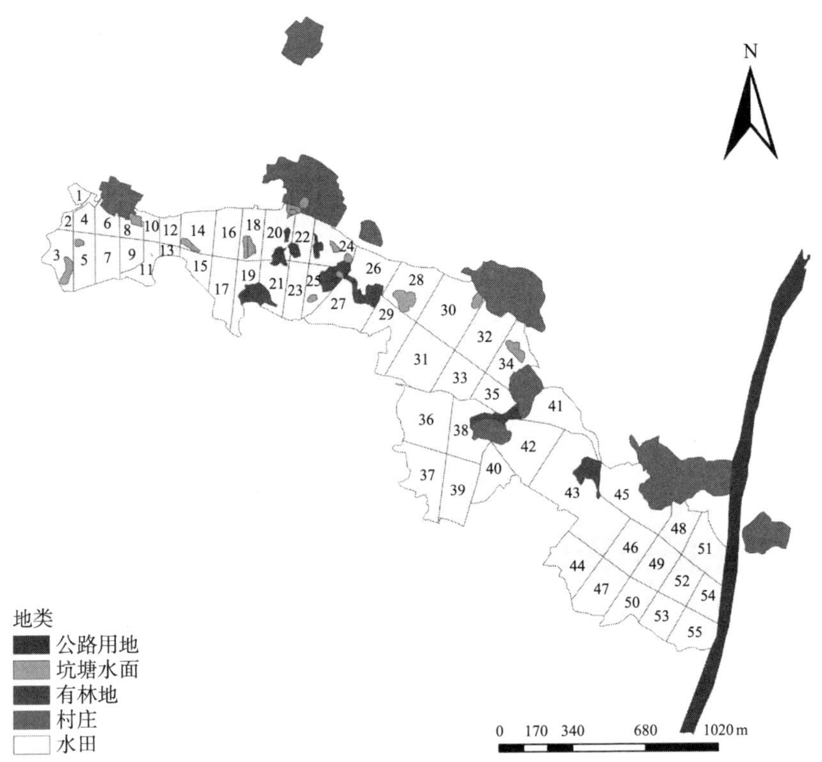

图 5-3　农地整治前项目区田块规划

表 5-2　农地整治前后主要土地利用类型面积变化

单位：公顷

土地利用类型		FR 村		JH 村		总净变化
		整治前	整治后	整治前	整治后	
耕地		44.96	59.15	94.79	109.32	28.72
其中	水田	5.13	59.15	45	109.32	118.34
	旱地	39.83	0.00	49.79	0.00	-89.62
有林地		9.51	1.82	22.28	4.27	-25.7
农村道路用地		1.17	1.62	1.77	2.46	1.14
水域及水利设施用地		4.29	1.34	4.72	3.23	-4.44
其中	坑塘水面	4.18	1.18	3.09	0.88	-5.21
	沟渠	0.11	0.16	1.63	2.35	0.77
合计		59.93	63.93	123.56	119.28	-0.28

二　农地整治权属调整结果比较分析

下面对应用本书所构建的基于农户意愿的线性规划运输模型所得到的调整结果进行评价，并将其与采用抓阄方法所得到的调整结果进行比较。本书研究主要从农地细碎化问题的缓解程度、农户承包地块调整前后地块位置变动程度两个方面，比较两种不同方法的调整结果。以下模拟结果，均非项目区实际实施的方案。最终项目区采用的是农地流转与农地整治权属调整相结合的方式实施的权属调整，这一实际实施的方案将在第六章的案例分析中展开介绍。

（一）农地细碎化问题缓解程度

（1）地块数量变化

通过运用线性规划运输模型进行地块分配，项目区地块数量减少了 71.71%，户均地块数量减至 1.08 块，平均地块规模扩大至 0.223 公顷；经过抓阄方法调整后，项目区地块数量减少了 70.00%，户均地块数量减至 1.14 块，平均地块规模增加至 0.210 公顷（见表 5-3）。两种方法均可以减少项目区内地块的数量，从而改善项目区内的农地细碎化问题。从地块数量减少的比例来看，基于线性规划运输模型的调整略优于抓阄。经过线性规划运输模型调整后，项目区 92.91%的农户承包地块数减至 1 块，且承包地块数为 2 块的有 46 户，3 块的仅 4 户；而经过抓阄方法调整后，项目区有 89.08%的农户承包地块数减至 1 块，仍有 54 户农户承包地块数为 2 块，23 户农户承包地块数为 3 块（见表 5-4）。显然，向原地块位置集中的目标函数的确很好地实现了减少地块数量这一目标，表明基于线性规划运输模型的权属调整方法在缓解农地细碎化问题方面具有较强优势。

表 5-3　地块数量变化比较

	调整前	线性规划运输模型		抓阄方法	
		调整后	变化（%）	调整后	变化（%）
地块数（块）	2683	759	-71.71	805	-70.00
户均耕地面积（公顷）	0.197	0.239	21.32	0.239	21.32
户均地块数量（块）	3.81	1.08	-71.65	1.14	-70.08
平均地块面积（公顷）	0.051	0.223	337.25	0.210	311.76

表 5-4　地块数量分布变化比较

单位：户，%

农户承包地块数量	调整前		线性规划运输模型		抓阄方法	
			调整后		调整后	
	数量	比例	数量	比例	数量	比例
1 块	152	21.56	655	92.91	628	89.08
2 块	120	17.02	46	6.52	54	7.66
3 块	112	15.89	4	0.57	23	3.26
>3 块	321	45.53	0	0	0	0

（2）地块分散程度

在承包地块数仍然多于 1 块的农户的地块分散状况方面，抓阄方法的表现相对好于基于线性规划运输模型的调整方法。从图 5-4 中可以看出，在基于抓阄方法的调整中，农户 B、E 调整后地块虽然多于 1 块，但是各地块间均相互邻接；而基于农户意愿的线性规划运输模型中，农户 D 调整后的地块数为 3 块，且分布相对较为分散。分析两村所有承包地块数多于 1 块的农户，发现抓阄方法调整后，同一农户的不同地块之间均相互毗邻，而基于线性规划运输模型调整后，50 户农户中，有 24 户承包的地块被分配在了不相邻的田块中，对后续的农业生产会带来不利的影响。不过，由于项目区总体规模较小，这一问题可以通过一定的人工修正得以快速解决。当项

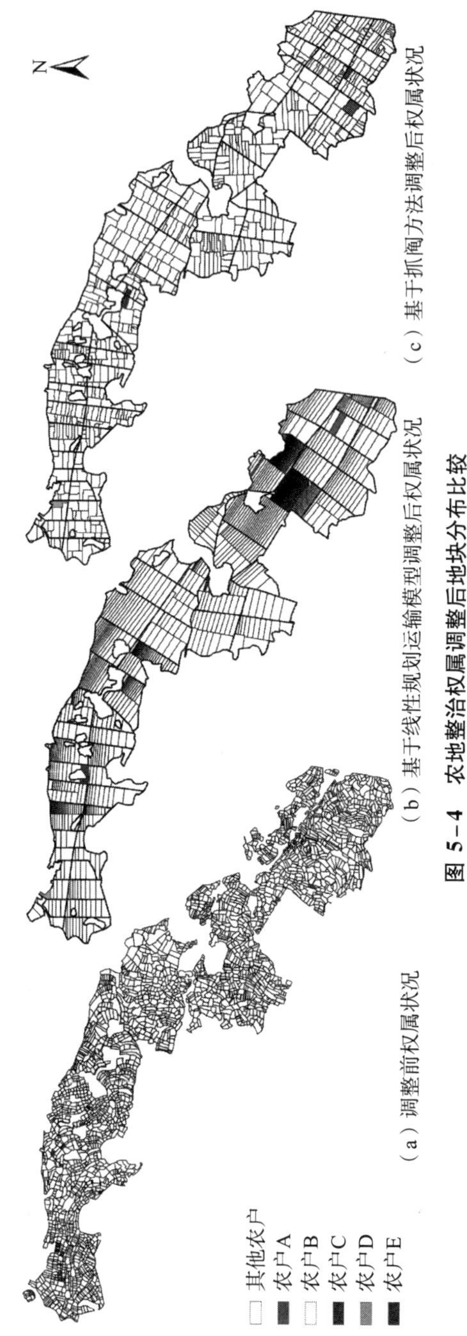

图 5-4　农地整治权属调整后地块分布比较

目规模较大、涉及农户过多时，这一模型的效果则会受到明显影响，反映了该模型主要适用于小规模农地整治项目。

（3）地块与农居点距离

本书研究求取了调整后每一地块质心到农居点质心的距离。由这一方法得到的距离并不能完全真实呈现农业生产过程中农民的往返距离，但基本可以反映两种不同方法在缩短地块与农居点距离上的优劣。地块到农居点平均距离比较结果见表5-5。

表5-5　地块到农居点平均距离比较

单位：米，%

方法	调整前	调整后	变化
线性规划运输模型	479.71	445.39	-7.15
抓阄方法	479.71	556.04	15.91

由表5-5可知，基于线性规划运输模型调整后，项目区地块与农居点的平均距离相较于调整前减少了34.32米。而经过抓阄方法调整后，项目区地块到农居点的平均距离反而比原来增加了76.33米。可见，虽然抓阄时地块的分配是以村组为单位的，也考虑了尽量缩短农居点与地块的距离，但是由于地块位置确定的随机性以及人力处理这类问题的局限性，线性规划运输模型的处理结果明显更优。

（二）地块位置变动程度

针对尽量保留地块原位置这一目标，从图5-4可以直观看出，基于农户意愿的线性规划运输模型完成度较高，给出的5户农户中，3户农户新地块的位置均位于其原地块所在的田块；而对于基于抓阄方法的调整而言，由于地块位置确定具有随机性，新地块的位置距原地块位置较远。

总体来看，线性规划运输模型调整后，有 529 户（75.04%）农民的地块位于其原地块所在田块，而经抓阄方法调整后，仅有 219 户（31.06%）农民的地块位于其原地块所在田块。可见，该新模型能够在减少地块数量的同时，针对性地满足农民的意愿，有利于权属调整工作的顺利推进。

第五节　讨论

以上以江西省 PZ 县 HL 乡的农地整治项目为例，比较了本章所构建的基于农户意愿的线性规划运输模型和抓阄方法在农地整治权属调整地块分配中应用的不同结果。总的来说，线性规划运输模型和抓阄方法都能够显著改善农地细碎化问题，大幅度地减少地块数量。不过，两种方法在缓解农地细碎化方面也存在差异：线性规划运输模型调整后的地块数量相对更少，但是调整后少量地块数量多于 1 块的农户的地块位置仍然较为分散；而对于抓阄方法而言，由于是按照“一户一地块”的原则，根据抓阄得到的顺序依次安排地块，因此，即使工程设施将农户的承包地切割为多于 1 块，这几块土地也是相互毗邻的。线性规划运输模型在缓解农地细碎化问题的同时，还能满足农户普遍反映出的两项意愿：一是尽量减少地块位置的变动；二是缩短地块与农居点的距离。可以发现，这里的尽量减少地块位置的变动，实际上与第四章中农户参与影响因素中，自利动机变量中的“地块变动”指标相对应。也就是说，使用线性规划运输模型进行地块分配，能够减少地块位置的变动，不仅能够提高农民的事后满意度，还可以增强农民的参与动机，使更多的农民参与到农地整治权属调整中。但是通过抓阄方法实施的农地整治权属调整并不能解决地块位置变动大的问题。

对农民在农地整治权属调整中的意愿分析显示，很多农民希望在权属调整过程中尽量减少地块位置的变动、尽量缩短地块与居住地的距离，或者希望在权属调整后保留特定位置的地块。但是在运用抓阄方法实施地块分配时，这些意愿都是无法满足的。笔者在调研中发现，很多农民对此表示无能为力，虽然他们承认确实有此类意愿，但是在他们的认知中，抓阄是分配地块的唯一方法。由于相关的意愿无法被满足，农民有时不得不接受最终结果，最终造成满意度较低，或者一些农民因此选择不参与农地整治权属调整，从而造成农地整治权属调整的参与率较低。这也是能力因素影响农民农地整治权属调整参与行为的一种途径。

运用上述线性规划运输模型进行地块分配，可以针对性满足农民减少地块位置变动和缩短地块与居住地间距离的意愿。实际上，通过对该模型施加更多的目标和约束，或者采用其他模型如整数规划模型等，还可以有针对性地满足更多的农民意愿。在实践中，可以对农民进行相关的培训，使其认识到，除抓阄以外还有其他的方式，针对性满足其意愿。通过优化农地整治权属调整地块分配的方法并将其引介给农民，提高农民参与农地整治权属调整的能力，既可以提高农民的参与程度，同时也能通过优化方法的应用，提高资源的配置效率。

当然，具体方法的选择取决于农民哪种意愿更强。抓阄方法虽然无法满足农民对地块位置的具体意愿，但抓阄这一随机过程具有程序公平的优点，同时也有实施快速简便的优点。例如，与国外农地整治权属调整实施动辄好几年相比，我国采用抓阄方法进行地块分配的农地整治权属调整过程往往仅需几个月，其优势非常明显；

又如，采用上述线性规划运输模型分配地块后，虽然地块数仍然多于1块的农户很少，但是对于这部分农民而言，分配结果是否公平是一个问题，而在抓阄方法中，即使有农户被分配到了田块的边界处，导致其承包地被工程设施切割成多个地块，但是由于抓阄的程序公平，农民也更容易接受这一结果。因此，抓阄方法也有其适用的场景。关键在于，只有具有了多样化的方法，才能够有针对性地满足农民多样化的意愿和需求。

第六节　本章小结

本章依旧在个体行为层次研究农地整治权属调整，重点关注的是这一过程中的地块空间分配问题。在总结实践中常用的农地整治权属调整地块分配方法的基础上，本章构建了一个基于农户意愿的线性规划运输模型，用于农地整治权属调整中的地块空间分配，并以江西省 PZ 县 HL 乡的农地整治项目为例，对该方法进行了实地应用，从农地细碎化问题的缓解程度、调整后地块位置的变动程度两个方面对该模型进行了系统性评价。研究发现，经过该模型调整，项目区内地块数量可以减少 71.71%，地块与农居点间平均距离减少 34.32 米，同时保证 75.04%的农户的地块位置保留在其原地块集中所在的田块，证明该模型能在缓解农地细碎化问题的同时，最大限度地满足农户的意愿，具有较高的应用价值。

同时，本章还将该模型与抓阄方法进行了对比。对两种方法调整结果的系统比较显示，通过线性规划运输模型调整后的地块数量比通过抓阄方法调整后地块数量少 46 块、地块与农居点间距离比通过抓阄方法调整后得到的结果少 110.65 米、地块仍位于其原地块所在田块的农户数量比通过抓阄方法调整后的农户数量多 310 户。不过在调整后地块分散程度上，抓阄方法调整后同一农户承包地块全部相邻接，但线性规划运输模型调整后仍有 24 户农户地块处于分散状态。而且，抓阄方法更能满足农户对程序公平的要求。

本章认为，在农地整治权属调整过程中，运用线性规划运输模型分配地块，一方面可以提高农户对最终结果的满意度，另一方面可以通过减少地块位置变动增强农户动机、提高农户实现其意愿的能力，从而促进农户参与农地整治权属调整。因此，基于线性规划运输模型的权属调整能够在缓解农地细碎化问题的同时，最大限度地满足农户的意愿，具有较高的应用价值。因此，本书认为，农地整治权属调整实施过程中要开发抓阄以外的新方法，并通过针对性培训将其引介给农户，提高农户参与能力，最终促进农户参与农地整治权属调整。当然，本书也认为，传统的抓阄方法具有程序公平和简便高效的优点，因而也有其适用的场景。关键在于，需要构建多样化的方法来针对性满足农户多样化的意愿和需求，根据项目条件和农民偏好选择合适的方法，才能够促进农地整治权属调整的大规模推广。

第六章

农地整治权属调整中的主体合作逻辑

本章主要探讨农户在农地整治权属调整中的合作达成问题。首先，农户之间互动博弈的基础是农户的个体行为机制，即互动博弈的结果本身会受到农民自身的自利动机、机会和能力结构以及对社会规范的敏感性的影响。其次，互动博弈的过程与结果具有情境依赖性，是否能达成合作，取决于互动本身所处的互动结构，互动结构是由规则所建构的。具体的调整规则可以由地方政府、村集体制定，也可以由农户与以上行动者相互协商制定，在本章中，地方政府和村集体主要作为规则的提供者、项目的组织和实施者引入农地整治权属调整，农户的行动本身也会对地方政府以及村集体的选择产生影响，本章对此有所考虑，但不在博弈模型中进行正式分析。

本章的结构安排如下。首先，将农户之间无组织的自由谈判作为农地整治权属调整的基本互动结构，运用博弈模型对无法达成农地整治权属调整的原因进行分析，给出集体行动失败的理论解释。之所以将其作为基本互动结构，是因为这是最简单的互动结构，是无需“组织”的，同时也是因为我国农地整治权属调整的实施率低，即集体行动失败是常态。其次，农户之间的博弈具有情境依赖性，改变农地整治权属调整的互动结构会显著影响行动者之间的互动博弈状况。本章将分析另外三种改进的互动结构下，农户互动博弈过程以及结果的变化。最后，基于调研所得案例，通过多案例比较的方法，验证以上的理论分析。

第一节　农地整治权属调整中的互动结构与合作达成

一　互动结构一：无组织的自由谈判

（一）规则

在该互动结构中，本书假设农地整治权属调整过程中农户之间的互动处在一种无组织的状态。首先，在这样的互动结构中，本书假设采取不同策略的农户是根据其在集体中所占比例随机匹配进行博弈的。其次，互动的无组织状态可以是指，整个过程不涉及具有权威性的行动者如村集体和地方政府，完全通过农户之间的谈判完成。在这样的情境中，农地整治权属调整即农地互换，是通过市场机制实现的，只不过交易的过程是以物易物。互动的无组织状态也可以是有地方政府和村集体参与的：例如可以由地方政府或村集体来制定具体的农地整治权属调整方案，而由农户决定是否接受该方案；但农地整治权属调整必须是完全自愿的，即使愿意参与农地整治权属调整的农户占多数，少数不愿意参与农地整治权属调整的群体也可以保留其原有地块的位置。也就是说，在此种互动结构中并不引入任何的强制手段。

（二）策略与收益

按照一般博弈分析的简化方法，本书假设农户之间的博弈是两两进行的，且每个农户有三种策略[①]可以选择，分别为积极参与策略、争抢策略和不参与策略。

积极参与策略：在这种策略中，农户采取一种互惠合作的态度，主动参与到农地整治权属调整的全过程，如果没有机会参与到农地整治权属调整的方案制定中，也会采取信任、配合的态度，只要调整后的收益是大于调整前的，就会接受调整方案而不去争抢额外的利益。采取这种策略的农户需要具有较高水平的自利动机、社会规范、机会和能力，即农地整治权属调整本身是有利可图的，农户认为农地整治权属调整是被社会规范所接受的，同时其本身也采取一种互惠合作、信任配合的态度，并且自身也有一定的参与能力。

争抢策略：在该策略中，农户必须争抢农地整治权属调整中的一切可得利益。例如，在实践中比较常见的做法是要求自己的地块必须调整到项目区内较好的位置；认为自己的地块质量是最好的而其他农户的地块质量较差，因此要求用较小的面积换取其他农户较大面积的土地；也有农户要求只要实施权属调整，就必须给予其一定货币补偿；等等。采取这种策略的农户可能自利动机较弱，认为农地整治权属调整本身能够带来的利益不多；也可能机会较少，即其对其他农户、村集体以及地方政府都采取一种怀疑态度，认为自己会被不公平对待，因而会主动争抢，防止自己的利益受损；还可能对农地整治权属调整本身也采取一种不认可态度。当然，由于其能在农地整治权属调整中为自己争抢利益，因此其具有一定的参与能力。

---

① 在演化博弈中，三种策略可以被认为是一个人具有三种策略可以选择，也可以视作每一种类型的农户根据其自身状况和决策机制，只选择一种策略，但是在参与农地整治权属调整的农户群体中存在三种不同类型的农户。

不参与策略：本书认为采取这种策略的农户，虽然具有参与的自利动机，但是由于对农地整治权属调整缺乏充分了解，或者认为社会规范对农地整治权属调整缺乏支持，因此选择不参与农地整治权属调整，即要求其地块原地保留；当然，还有一种可能是，农地整治权属调整的确无法为其带来任何利益，即从自利动机的角度讲，其最优决策就是不参与农地整治权属调整。如果是因为农地整治权属调整无利可图，那么虽然这一决策也会影响其他农户的决策，但是对于这些无利可图的农户而言，并不能通过改变社会交往结构来改变其决策，除非他们愿意做出牺牲，或者对其进行补偿。本书后续也会提及此类农户对农地整治权属调整的影响，但只进行简略分析。本书主要分析采取三种不同策略的农户随其认知转变，能够相互转化的情形。

另外，在本书的第三章已经说明，经典博弈在分析博弈均衡的达成时比较简洁，尤其是博弈只有一个纳什均衡时，利用经典博弈的分析范式能够快速得到均衡，并且唯一的纳什均衡也是演化稳定的；而演化博弈则可以关注非均衡状态，能够分析初始条件对于均衡选择的影响。因此，本书将在下文同时使用演化博弈与经典博弈分析农地整治权属调整中农户之间的互动问题。

表 6-1 给出了采取积极参与策略与采取争抢策略的农户互动博弈时的收益状况。如果采取积极参与策略的农户与同类型农户进行博弈，预期收益为 a；如果采取积极参与策略的农户与采取争抢策略的农户进行博弈，其获得的收益为 b，而采取争抢策略的农户获得的收益为 c；如果两个人都是争抢农户，那么由于农户都要争抢好处，如都要争抢项目区内位置较好、质量较高的地块，不肯合作，农地整治权属调整无法实施，因而其收益为 0。

表 6-1　博弈一：积极参与农户与争抢农户博弈收益矩阵

	积极参与	争抢
积极参与	a，a	b，c
争抢	c，b	0，0

此处分析 a、b、c 与 0 之间的大小关系。首先，本书主要考虑如果农户都能积极配合参与农地整治权属调整，其获得的收益 a 应当大于 0 的情形。如上所述，对于个别农户，即使积极参与，其收益 a 可能也小于 0，此类农户的决策不能通过改变互动结构而改变。其次，采取争抢策略的农户如果成功，那么必然能够从该策略中获得额外的利益，而采取积极参与策略的农户的利益必然受损，因而有 $c>a>b$；最后，b 可能大于 0，也可能小于 0，因而最终的收益关系为 $c>a>b>0$ 或 $c>a>0>b$。

表 6-2 给出了采取积极参与策略与采取不参与策略的农户互动博弈时的收益状况。其中，积极参与农户之间的博弈收益不变，为 a；而积极参与农户与不参与农户进行互动博弈时的博弈收益为 d，不参与农户的收益为 e；不参与农户之间互动博弈的收益同样为 0，因为双方都不参与，因此农地整治权属调整不会实施。根据上述对策略的描述，有 d 和 e 均小于 a，因为对于不参与农户而言，参与实际上是有利的，但是其自身能力或者是对其他农户行为的（错误）预期，导致其没有参与，因而其自身利益也是受损的。关于 d 和 e 与 0 之间的大小关系，主要有两种情况：采取不参与策略的农户由于不参与，因而没有任何的成本和收益，于是 $e=0$，而采取积极参与策略的农户在遭遇不参与策略时的收益 d 则为负，因为其积极参与付出了时间和劳动力成本，但是没有获得任何的收益，此时有 $a>e=0>d$；或者农地整治权属调整的收益足够大，使得采取积极参

与策略的农户即使在遭遇不参与策略带来的外部性时，收益仍然为正，并且积极参与农户还能为不参与农户带来正的外部性，即有 $a>d$，$e>0$。

表 6-2　博弈二：积极参与农户与不参与农户博弈收益矩阵

	积极参与	不参与
积极参与	a，a	d，e
不参与	e，d	0，0

当采取争抢策略的农户与采取不参与策略的农户进行互动时，其结果只能是不实施农地整治权属调整，因而其收益为 0。另外，本书认为，争抢农户给积极参与农户带来的负外部性要大于不参与农户，因而有 $d>b$。

（三）均衡分析

本书首先分析在 b 和 d 均小于 0 而 $e=0$ 情形下的博弈一和博弈二，也就是说，在两个博弈中，采取争抢策略和不参与策略的农户对采取积极参与策略的农户造成的负外部性使得积极参与农户的收益小于不进行农地整治权属调整的收益。在这一互动结构中，农户之间的博弈是随机匹配的，并且只进行一个阶段，因而博弈一是囚徒困境博弈，即博弈唯一的纳什均衡是博弈的双方都采取争抢策略。由于农户都要为自己争抢利益，针对农地整治权属调整的方案无法达成一致意见，农地整治权属调整不能顺利进行，所有农户的收益均为 0。但是，由于博弈各方均积极参与农地整治权属调整所能得到的收益 $a>0$，因此博弈均衡（争抢，争抢）是一个帕累托劣势解。由于演化稳定均衡属于纳什均衡的一种，而博弈只有一个纳什均衡，因此该纳什均衡便是演化稳定的。而争抢是唯一的演化稳定均衡意味着，集体的初始构成里即使仅有少量的采取争抢策略的农户，集体内的农户最终也都会采取争抢策略。

对于博弈二，由于有 $a>e=0>d$，因此该博弈是一个信任博弈（或协调博弈），该博弈有两个纳什均衡，即双方都采取积极参与策略，或者双方都采取不参与策略，根据对角线原则①求解演化稳定均衡，可知这两个纳什均衡均为演化稳定均衡，而最终的均衡为哪一个策略，则取决于集体内农户类型的初始构成。此外，该博弈还有一个混合策略纳什均衡，即在最终的均衡中有 p^* 比例的农户采取积极参与的策略，而 $1-p^*$ 比例的农户采取不参与策略。其中 p^* 的计算公式如下：

$$p^* = \frac{-d}{-d+a} \tag{6-1}$$

注意，从经典博弈的角度分析，p^* 值的含义实际上表明的是在该博弈中有一个混合策略纳什均衡，即当所有农户都以 p^* 的概率采取积极参与策略时，博弈达到均衡。但是，此处采取演化博弈的视角能够得到更多的启示。由于 $d<0$，且 $a>0$，因此 $0<p^*<1$。但是从演化博弈的角度讲，该均衡不是演化稳定的，因此 p^* 实际上是上述两个演化稳定均衡的吸引盆②的边界。图 6-1 给出了采取积极参与策略、采取不参与策略农户的期望收益与集体初始组成中采取积极参与策略农户的比例 p 之间的关系。如果集体初始组成中采取积极参与策略农户的比例超过 p^*，那么整个集体都将采取积极参与的策

① 通过收益矩阵判定演化稳定均衡的方法是，如果收益矩阵中对角线上行动者的收益是该列收益中的最大值，那么对角线所处的策略即为演化稳定均衡，本书将其称为对角线原则。

② 某个演化稳定均衡的吸引盆是指这样的一个区域，在这个区域里所有的农户最终都将采取相应的演化稳定均衡策略。

略；如果集体初始组成中采取积极参与策略农户的比例不足p^*，那么所有的农户都会采取不参与的策略。

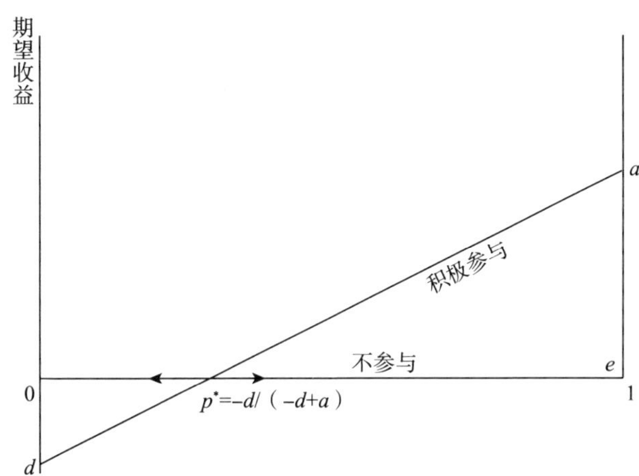

图 6-1　博弈二中期望收益与初始采取积极参与策略农户比例 p 的关系

也就是说，在由积极参与农户和不参与农户组成的集体中，最终的博弈均衡是都积极参与，还是都不参与，取决于以下两点：一是由收益关系决定的吸引盆边界 p^*，二是集体中初始采取积极参与策略农户的比例 p。在给定 d 的大小的情况下，如果 a 和 e（即 0）的差值不够大（积极参与和不参与的收益差值不大），那么 p^* 的值接近于 1，也就是说，当积极参与和不参与的收益值差别不大时，只有几乎所有人都愿意积极参与农地整治权属调整时，农地整治权属调整才能顺利实施，而如果此时集体内采取积极参与策略的农户比例 p 不够高，农地整治权属调整便不能实施。由此可知，虽然法律规定了农地整治项目中项目区内超过 2/3 的农户同意便可以实施权属调整，但是如果由收益关系决定的 p^* 值过高（如大于 2/3），那么即使 2/3 的农户同意，在不使用强制手段的情况下，农地整治权属调整也很难实施下去；相反，如果 p^* 值足够低，那么即使初始构成中积极参与的农户比例较低，农地整治权属调整也可以顺利开展。

集体中初始采取积极参与策略农户的比例 p，取决于社会规范、机会和能力等因素。农户对于农地整治权属调整的接受度、合法性认知，农户对于其他农户的合作态度的预期等，均会影响 p。例如，如果大部分农户认为其他农户会采取互惠合作的态度，那么 p 值就大；而如果大部分农户认为其他农户不会参与农地整治权属调整，或认为农地整治权属调整是违法的，那么 p 值就很小；如果农户认为其他农户对参与农地整治权属调整采取的是一种随机的态度，那么 $p=1/2$。总之，如果农户预期其他农户对农地整治权属调整的接受度高，而由农地整治权属调整带来的利益所决定的 p^* 较小，那么最终的均衡将是全部农户积极参与农地整治权属调整。

如果集体中同时存在以上三种类型的农户，根据上文的收益分析，博弈的收益矩阵如表 6-3 所示。由于 $b<d<0$，因此（争抢，争抢）和（不参与，不参与）都是该博弈的演化稳定均衡。也就是说，如同博弈一，一旦集体里存在采取争抢策略的农户，那么采取积极参与策略的农户将会被同化，最终的集体里不会存在积极参与的农户，而只有一定比例的争抢农户和一定比例的不参与农户。但是，在只有这两种类型农户的集体中，其表现是一样的，最终的农地整治权属调整是不能实施的。

表 6-3　博弈三：积极参与农户、争抢农户、不参与农户博弈收益矩阵

	积极参与	争抢	不参与
积极参与	a，a	b，c	d，e
争抢	c，b	0，0	0，0
不参与	e，d	0，0	0，0

图 6-2 给出了随时间推移三种不同类型农户占集体总人数比例变化的情况，其中横轴 t 代表时间，纵轴 p 代表采取各类策略农户的比例（后文中数值模拟图的横纵坐标含义均与此处相同）。图 6-2 中给出的是模拟迭代 1000 次的结果。按照 $c>a>e=0>d>b$ 的数量关系，假定 $c=4$，$a=3$，$e=0$，$d=-1$，$b=-2$。假定集体中最初主要由积极参与农户和不参与农户组成，其比例分别为 $p_1=0.5$ 和 $p_2=0.45$，而采取争抢策略的农户比例只有 0.05。如图 6-2 所示，经过一段时间之后，集体内采取争抢策略的农户同化了采取积极参与策略的农户，最终集体将由采取争抢策略和采取不参与策略的农户组成，不会有农户积极参与农地整治权属调整。

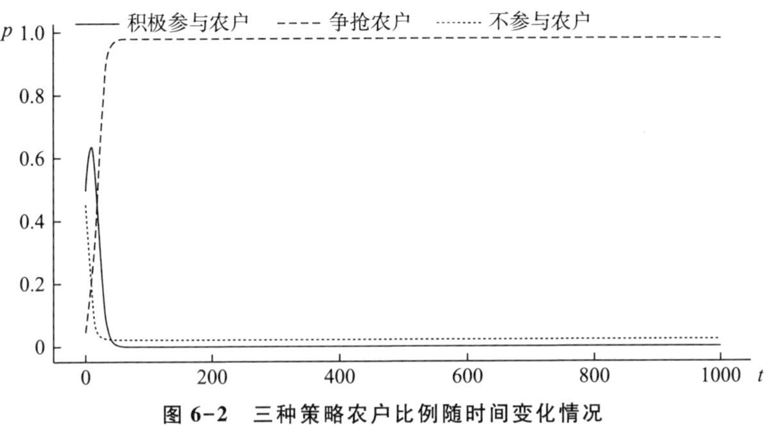

图 6-2　三种策略农户比例随时间变化情况

以上考察了 b 和 d 均小于 0 的情形。如果有 b 或 d 大于 0，那么博弈的均衡也比较容易得到：在博弈一中，博弈的均衡将会是（积极参与，争抢）；在博弈二中，博弈的均衡将会是（积极参与，积极参与）。也就是说，如果考虑争抢农户和不参与农户采取的策略对积极参与农户所造成的负外部性之后，积极参与农户仍然能够得到正的收益，那么农户之间的博弈结果就会比较乐观，其最终的结果是部分农户通过让利，让积极参与农户和争抢农户的利益都得到满足，从而实现农地整治权属调整的实施。但是对于绝大多数农户而言，农地整治权属调整带来的利益不足以弥补争抢农户给其带来的负外部性。因此，预测只有少数农户之间的互动能够通过这样的一种博弈达到均衡。

在基本互动结构之中，农户的互动处于无组织状态，农地整治权属调整依赖农户之间的自由谈判，在这样的情况下，农地整治权属调整能够顺利实施的概率不高。因为对于参与农地整治权属调整的小农户而言，权属调整带来的利益不足以弥补争抢农户给其带来的利益损失。只要集体中存在一定数量的争抢农户，那么积极参与农户的策略就会被同化。如果集体由积极参与农户和不参与农户两种农户组成，不存在争抢农户，那么最终的农地整治权属调整能否实施则取决于两个方面：由收益关系决定的吸引盆边界 p^* 和集体内初始采取积极参与策略农户的比例 p。如果 $p>p^*$，那么除了参与农地整治权属调整收益 a 的确小于 0 的农户以外，其他的农户都会选择参与农地整治权属调整。相反，如果 $p<p^*$，农地整治权属调整很难实施。

二　互动结构二：引入强制

（一）规则

在这一互动结构中，本书引入在第三章讨论过的强制机制，也就是说，当表示愿意进行农地整治权属调整的农户超过一定比例（第三章讨论的相关政策规定的比例为 2/3，实践中也有采用 3/4 这一比例的）时，权威性的行动者如地方政府就可以强制剩下的农户也参与农地整治权属调整。具体的调整规则为，地方政府首先召集项目区农户对是否同意进行农地整治权属调整进行表态，如果表示同意参与农地整治权属调整的农户超过一定比例，那么开始农地整治权属调整。农地整治权属调整过程中，首先由农户自由谈判制定农地整治权属调整方案。仍然如前文中的假设，谈判是随机匹配且两两进行的。如果在给定的时间内能够达成一致，那么就按照农户协商确定的方案进行权属调整。如果在给定的时间内无法达成一致，那么就强制按照地方政府所制定的方案进行权属调整。为了简化分析，本书假定允许农户进行一轮自由谈判。

（二）策略与收益

在表决阶段，农户可选的策略包括同意进行农地整治权属调整和否决农地整治权属调整。

在自由谈判阶段，农户能够采用的策略仍然沿用上一节的设定。

首先分析在表决阶段的收益状况（见表6-4）。如果农户都采取否决策略，那么农地整治权属调整不进行，因而收益为0；如果农户都采取同意策略，那么其所获得的收益取决于在谈判阶段的利益分配结果，此处设为 x，x 的值取决于最终实施农地整治权属调整的收益；如果一个农户采取否决策略，而一个农户采取同意策略，由于实施是半强制的，要么实施，要么不实施，因此二者的预期收益仍然是相同的，为 $q\times x$，其中 q（$0<q<1$）表示有人采取否决策略后农地整治权属调整能够通过表决的概率。

表 6-4　农户在表决阶段的博弈收益矩阵

	同意	否决
同意	x，x	$q\times x$，$q\times x$
否决	$q\times x$，$q\times x$	0，0

在谈判阶段，农户可采取的策略仍然为积极参与、争抢和不参

与，其中农户同时采取积极参与策略的收益不变，为 a；积极参与农户与争抢农户、不参与农户进行博弈的收益同样不变，分别为 b、d（见表 6-5）。但是，由于已经进入谈判阶段，农地整治权属调整必然会实施下去，按照上述的规则设定，如果所有农户都采取争抢策略或者都采取不参与策略，那么最终就由地方政府来进行裁决，由地方政府来进行方案的制定和实施。这里假设地方政府能够制定一份公平合理的方案，使得每个农户获得的收益等于每个农户都积极参与时的收益，即 a。但是同时，本书假设谈判本身是有成本的，如果农户之间本身没有通过谈判达成协议，而是在谈判期结束之后由地方政府执行其方案，那么其所得收益为 $\delta\times a$，其中 δ 为一个小于 1 的折现系数。

表 6-5　农户在谈判阶段的博弈收益矩阵

	积极参与	争抢	不参与
积极参与	a，a	b，c	d，e
争抢	c，b	$\delta\times a$，$\delta\times a$	$\delta\times a$，$\delta\times a$
不参与	e，d	$\delta\times a$，$\delta\times a$	$\delta\times a$，$\delta\times a$

（三）均衡分析

以上引入强制的农地整治权属调整的农户互动是一个两阶段的不完美信息动态博弈，可以采用逆向归纳法求解该博弈。首先分析谈判阶段的博弈均衡。该阶段的博弈与上一小节相似，区别仅是由 $\delta\times a$ 取代了 0。博弈收益的大小关系为 $c>a>\delta\times a>d>b$。根据对角线原则，博弈的演化稳定均衡为（争抢，争抢）以及（不参与，不参与）。也就是说，在农地整治权属调整的谈判阶段，谈判仍然是无法达成的，由于已经进入农地整治权属调整阶段，农地整治权属调整仍然能够实施，但是必须依赖于地方政府强制实现，最终的均衡收益为 $\delta\times a$。

将谈判阶段得到的博弈收益代入表决阶段（见表 6-6）。此时，农户知道自己将在农地整治权属调整阶段的博弈中得到$\delta \times a$的收益，因而有$\delta \times a > q \times \delta \times a$，也就是说，同意策略是占优策略，因此，博弈最终的均衡将是（同意，同意）。只要农地整治权属调整的收益大于不进行农地整治权属调整的收益，农户就会真实表露其意愿，在表决中同意参与农地整治权属调整。

表 6-6　采用逆向归纳法的表决阶段博弈收益矩阵

	同意	否决
同意	$\delta \times a$，$\delta \times a$	$q \times \delta \times a$，$q \times \delta \times a$
否决	$q \times \delta \times a$，$q \times \delta \times a$	0，0

在引入强制之后，在表决阶段，农户会按照其能否从农地整治权属调整中获益，真实表露其偏好，只要项目区内能够从农地整治权属调整中获益的农户的比例超过地方政府设定的启动农地整治权属调整的比例，农地整治权属调整就能够启动。在农地整治权属调整的实施阶段，农户之间的谈判博弈仍然是无法达到有效均衡的，最终必须依赖地方政府来制定和执行农地整治权属调整方案。

另外，此处进一步考察如果集体中只有采用积极参与策略和不参与策略的两种农户①，那么其均衡状态将是怎样的。如上一小节所示，此博弈有两个演化稳定均衡，即所有农户都积极参与，达成协商，以及所有农户都不参与，无法达成协商。而最终均衡的选择，取决于集体内最初的构成状态和两策略吸引盆的边界p^*。而在本节所描绘的情境中，p_1^*的计算公式如下：

$$p_1^* = \frac{-d}{-d + [(1-\delta)a]} \tag{6-2}$$

① 由于在只有采用积极参与策略和争抢策略两种农户的集体中，争抢是占优策略，因而此互动结构与上一互动结构没有任何变化，所以这里不做进一步比较。

由于$\delta<1$，因此有$p_1^*>p^*$，两策略的吸引盆边界右移了，也就意味着，需要初始集体中有更多的农户采取积极参与策略，由积极参与农户和不参与农户组成的集体才会选择积极参与这一均衡。沿用上一小节在进行模拟时所设定的收益参数，使$a=3$，$d=-1$，$e=0$，并使$\delta=0.9$。设定初始状态下采取积极参与策略的农户的比例$p=2/3$。

图6-3给出了引入强制和没有强制措施两种情况下的积极参与农户与不参与农户博弈的均衡状态。在没有引入强制实施方案时，如果初始状态中有2/3的农户能够采取积极参与策略，那么最终整个项目将很好地通过农户之间的协商完成。在引入强制方案之后，

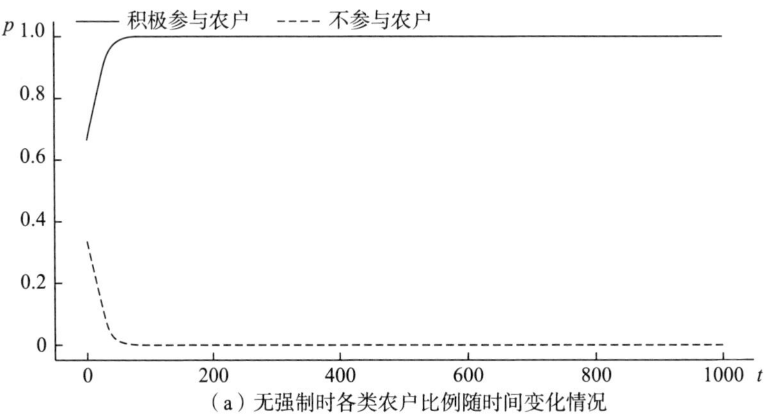

（a）无强制时各类农户比例随时间变化情况

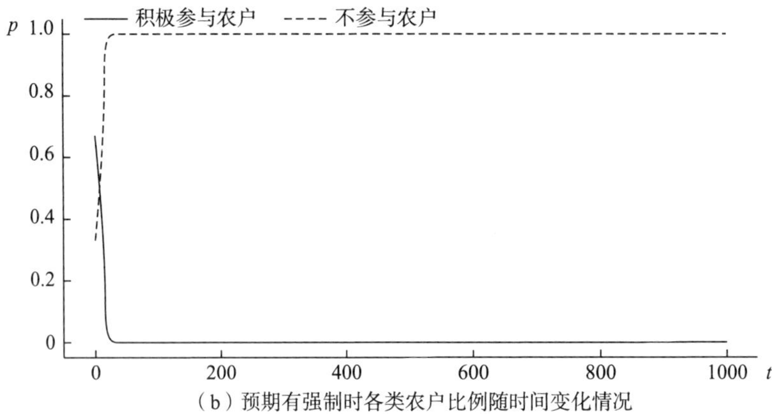

（b）预期有强制时各类农户比例随时间变化情况

图6-3 无强制与预期有强制时农户比例变化

同样是最初集体中有 2/3 的农户采取积极参与的策略，但是最终大家都会采取不参与策略，等待地方政府制定并执行其分配方案。

当然，就单独的项目而言，选择农户自行协商方案还是执行地方政府制定的方案其收益差别不大，仅有一个时间成本的损失。并且，对于没有强制方案的项目而言，不参与均衡意味着收益为0，而对于有强制方案的项目，不参与均衡意味着实施地方政府强制方案，其收益仍然为正，因此引入强制的预期收益应当是大于没有强制的情境的。但是，此处通过上述比较想要说明的一点是，当引入强制机制时，农户有可能会依赖这一机制，从长期来看，其对其他农户会积极参与的预期、其自身参与的积极性和能力都会下降。在第七章中本书将详细探讨这一问题。

另外，相比于在互动结构一中农户之间的无组织互动状态，本书认为半强制毫无疑问有利于农地整治权属调整的顺利实施。不过，就其现实意义而言，关于在这一机制之下只要客观上农地整治能为超过一定比例的农户带来收益，农地整治权属调整就能够实施这一结论，仍然过于乐观。能够得到这一结论，实际上主要依赖于三个假设。第一个假设是，表决是无成本的，这能够让农户依据其实际偏好做出策略选择，如果农户已在外打工，必须返回村内参与表决，则表决本身也是有成本的。第二个假设是，农户能够认识到农地整治权属调整能为其带来正的收益 a，但是该假设可能并不是对所有的农户都成立。如果有部分农户没有认识到农地整治权属调整在客观上能够为其带来收益，那么农地整治权属调整实施的可能性就会降低。第三个假设是，农户接受政府进行强制实施的合法性。这种接受至少包含以下两层含义：一是农户预期地方政府在农户谈判失败的情况下会进行强制的农地整治权属调整；二是农户信任地方政府能够在强制过程中制定公平合理的农地整治权属调整方案。以上两条任意一条不满足，都有让农地整治权属调整陷入囚徒困境的风险。最后，在半强制的情境中，如果有少于设定比例的农户否决了农地整治权属调整，排除认知错误的因素以外，这些农户在农地整治权属调整中的确无法获益，采取强制措施对这些农户进行农地整治权属调整，也可能导致其对农地整治权属调整的反抗。

三　互动结构三：引入流转

农地整治项目以及农地整治权属调整能够通过改善农业生产条件，在一定程度上促进农地流转，部分地区实施农地整治权属调整就是为了后续能够实施农地流转（Ishii，2005；伍振军等，2011）。本小节则反过来，考察在农地整治权属调整中引入流转机制之后，对农地整治权属调整中农户之间博弈的影响。

（一）规则

在这一互动结构中，假设有农户因为预期农地整治项目完成后农业生产的收益会显著增加，而希望转入土地，成为承包大户，由此农户在农地整治权属调整之前首先会进行农地流转。农地流转可以是农户自发的，也可以是由地方政府或者村集体组织的。承包大户既可以是村集体内部的成员，也可以是村集体以外的农户。在此互动结构中，希望成为承包大户的农户首先提出转入土地的诉求，其余农户选择是否转出自己的土地。转出土地的农户退出农地整治权属调整，这种退出既可以是因为土地承包经营权的转让导致不再拥有相关的土地产权，也可以是因为流转了土地经营权，从而不再从事农业生产，因而不再关心农地整治权属调整过程。对于拒绝转出自己土地的小农户，则进入与大农户和其他小农户有关农地整治权属调整的互动博弈之中。

（二）策略与收益

在农地流转阶段，对于想要成为承包大户的农户来说有选择转入和不转入两种策略，但是为了简化分析，假设农户转入土地的诉求是给定的，也就是说，在区域内存在部分农户，不论其他农户后续的博弈中采取怎样的策略，都希望转入土地，成为承包大户。这当然是为了分析的方便而做的简化，但是这一假设也具有一定的合理性，即想要成为承包大户的农户是否转入土地这一决策不太可能受农地整治权属调整阶段农户互动结果的影响。于是，农地流转能否实现就取决于小农户是否愿意转出土地。如果农户转出土地，则农户获得的收益为 g，这一收益 g 主要包含农地的租金，以及从事其他行业与进行农业生产的收益差值。如果农户选择不转出土地，则进入与承包大户以及其他仍然保留土地的小农户的博弈当中。

首先分析小农户与承包大户的互动博弈的策略和收益。图 6-4 给出了小农户与承包大户之间的博弈策略及其相应的收益。相较于前两节，在农地整治权属调整阶段，此处为了简化分析只考虑积极参与和争抢这两种策略，而不再分析不参与策略，因为相对于不参与策略而言，争抢策略是农地整治权属调整中更难解决的一个问题。如果在存在争抢策略的集体中农地整治权属调整能够推行，那么在有不参与农户的集体中农地整治权属调整的推行就不是问题。

假设转出农户的比例是 r，不转出农户的比例为 $1-r$。基于规模效应，相对而言，转出土地的农户越多，承包大户获得的收益也就越多；对于不转出的农户同样如此，因为转出土地的农户越多，对于剩余的农户而言，其选择范围就越广，因而也就能够获得额外的利益。当然，承包大户从农户转出土地这一决策中获得的收益必然

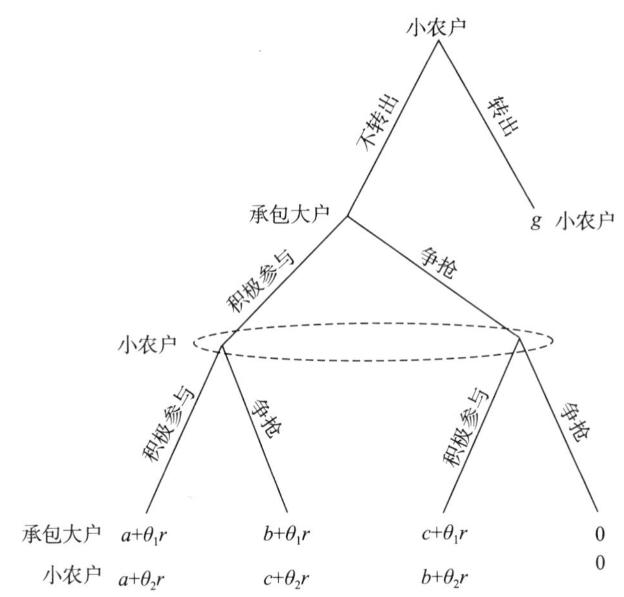

图 6-4　引入流转后的承包大户与小农户之间的博弈策略与收益

要显著高于农户不转出。因此，此处设定如果小农户和承包大户同时采取积极参与策略时，承包大户的收益为 $a+\theta_1 r$，而小农户的收益则为 $a+\theta_2 r$，其中 $\theta_1 \gg \theta_2$。其余策略组合的对应收益如图 6-4 所示。其中 a、b、c 的含义和大小关系仍同前两节。

小农户与小农户的博弈策略与收益状况由表 6-7 给出。该博弈矩阵与互动结构一中博弈一的情况基本相似，不同之处在于，引入流转后所有的收益都会增加，而 b'很可能是大于 0 的。

表 6-7　引入流转后小农户与小农户博弈策略与收益矩阵

	积极参与	不参与
积极参与	a'，a'	b'，c'
不参与	c'，b'	0，0

（三）均衡分析

接下来对该情境中的博弈进行均衡分析。首先分析承包大户与小农户的博弈均衡。该博弈首先是一个两阶段动态博弈，但是其最终阶段的收益同时又依赖于第一阶段不同策略的比例，因此规范的求解较难实现。本书此处仅做简单的分析，然后通过数值模拟给出精确的描述。假设一定比例（r）的农户转出土地后，有 $b+\theta_1 r>0$，但$b+\theta_2 r<0$，此时对于承包大户而言，即使小农户选择争抢策略，承包大户选择积极参与策略的收益也大于其同样采取争抢策略的收益；反过来却不成立，如果承包大户采取争抢策略，但是小农户采取积极参与策略的话，那么小农户将损失惨重。因此，在这样的情况下，农地整治权属调整阶段的博弈均衡将是（积极参与，争抢），也就是承包大户采取积极参与的策略而小农户采取争抢策略。而如上，承包大户的收益 $b+\theta_1 r$ 是否大于 0，则取决于农地流转阶段的小农户选择流转的比例 r。而小农户选择流转的比例 r，取决于农地在农地整治权属调整阶段的收益与农地流转的收益 g 的关系。因此，该博弈可能存在这样一种均衡，即有一定比例（r）的农户转出农地，而 $1-r$ 比例的农户选择不转出农地，这些不转出农地的农户将在农地整治权属调整阶段采取争抢的策略，而承包大户则采取积极参与的策略。

下面对这一博弈进行数值模拟。沿用前文在进行模拟时所设定的收益参数，使 $a=3$，$b=-2$，$c=4$，另外设定承包大户的获益参数 $\theta_1=10$，而小农户的获益参数 $\theta_2=1$。

对设定的不同初始流转比例 r_0 以及流转收益 g 进行模拟。从图 6-5 中可以看出，最终的均衡对于初始流转比例和流转收益都是敏感的。给定初始流转比例 $r_0=0.2$，随着流转收益 g 的增加，均衡中流转的比例也在增加：当 $g=3$ 时［见图 6-5（a）］，即在没有流转情况下小农户积极参与农地整治所能获得的收益为 3，最终，项目区内均衡的流转比例 $r^*=0.2$，没有流转农地的小农户在农地整治权属调整阶段的博弈中将均采取争抢策略，而绝大多数承包大户将采取积极参与策略；当 $g=4.5$ 时［见图 6-5（b）］，均衡的流转比例 $r^*=0.5$，而所有的承包大户都将采取积极参与策略，所有没有转出土地的农户都将采取争抢策略；当 $g=6$ 时［见图 6-5（c）］，转出土地的收益显然已经超出了农业经营的收益，因此转出土地的农户比例为 1，而承包大户此时在农地整治权属调整阶段采取的策略没有实际意义，因为项目区已经没有小农户了。

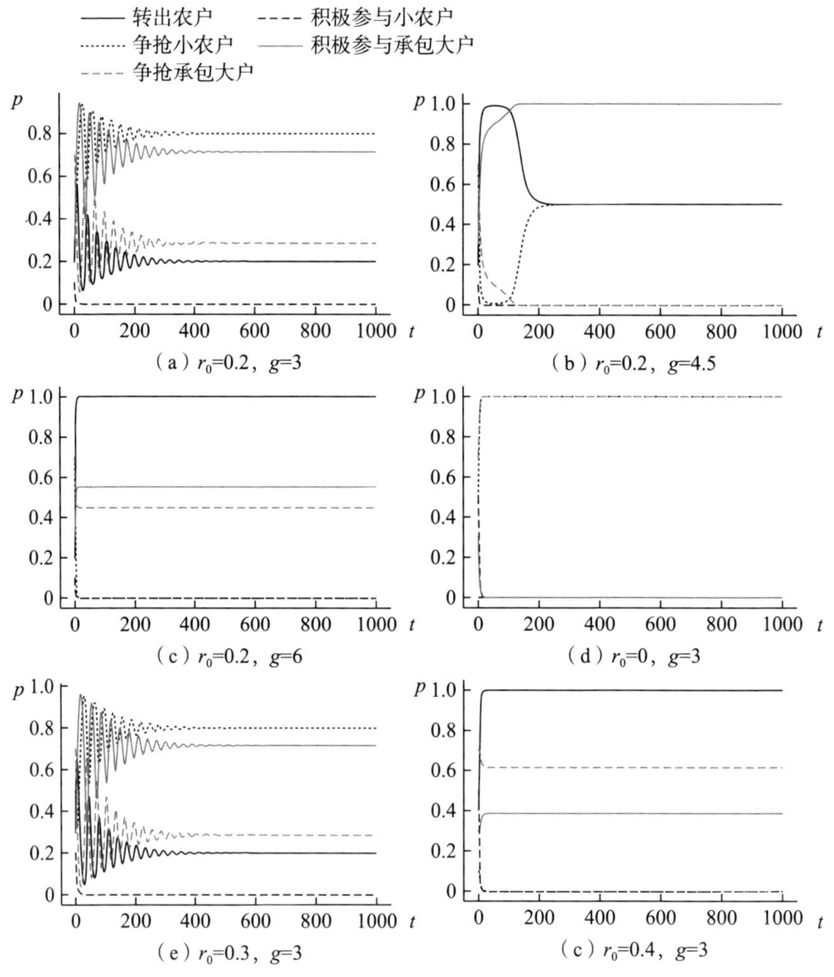

图 6-5　不同初始流转比例及流转收益下承包大户与小农户博弈模拟

给定农地流转收益 $g=3$，如果预期项目区初始参与流转的农户比例 $r_0=0$［见图 6-5（d）］，则流转无法进行，于是小农户都进入农地整治权属调整阶段的互动博弈，此时承包大户的收益与小农户是一样的，从而（争抢，争抢）将成为均衡，农地整治权属调整无法推动；如果预期项目区初始参与流转的农户比例 $r_0=0.3$［见图 6-5（e）］，最终均衡时的流转比例 $r^*=0.2$，该均衡与 $r_0=0.2$，$g=3$ 时相同；当预期项目区初始参与流转的农户比例 $r_0=0.4$ 时，即使流转收益仅为 3，最终的均衡也将是所有的小农户都转出其土地［见图 6-5（f）］。

因此，总体而言，引入流转后项目区的均衡将会是一定比例的农户转出农地，而剩余的未转出土地的小农户在农地整治权属调整阶段与承包大户的博弈中采取争抢策略，而承包大户将采取积极参与策略。农地流转的比例与预期的初始参与流转比例和流转所得的收益均有关。同时，农地全部流转，项目区完全由承包大户来经营也是该博弈的一个均衡；项目区内无人转出土地，所有农户陷入争抢利益的囚徒困境同样也是该博弈的一个均衡。

小农户与小农户之间的均衡，取决于 b' 与 0 的关系，如果 $b'<0$，则博弈等同于互动结构一中的博弈一。不过，本书认为小农户博弈收益矩阵中的 b' 是大于 0 的。由于一部分小农户转出土地，项目区内参与农地整治权属调整农户的数量变少，农户的选择范围增加，从而有助其收益整体提高。更重要的是，在与承包大户的博弈中，小农户能够实现其争抢策略，因而能够得到额外的利益，所以即使在与小农户的争抢中落败，其所得的收益也很可能是大于 0 的。在对方采用争抢策略，小农户采取积极参与策略，小农户的收益 b' 仍然大于 0 时，该博弈就不再是囚徒困境，博弈的均衡将会是（积极

参与，争抢），即一方采用争抢策略而另一方采用积极参与的策略。

从引入流转实现农地整治权属调整中得到的启示是，如 Olson（2009）的集体行动理论所示，集体中成员的数量和偏好的异质性会对集体内集体行动的达成产生显著的影响：在集体成员数量较少，而成员偏好具有异质性的时候，集体行动较容易达成。在本小节探讨的互动结构中，部分农户由于转出土地而退出农地整治权属调整，从而减少了参与农地整治权属调整的集体成员的数量；而部分农户通过转入土地成为承包大户，农地整治权属调整为其带来的收益要显著多于小农户，因而承包大户与小农户的偏好便具有了异质性：承包大户希望农地整治权属调整能够尽快实施尽快完成，而小农户则必须维护自己的利益不在农地整治权属调整中受损。因此，承包大户通过让利，最终实现农地整治权属调整的顺利实施。

关于这一互动结构需要注意的是，在引入流转的互动结构之中，农地整治权属调整同时涉及对承包经营权和对经营权的调整：对于仍然选择不转出承包地的小农户而言，其在后续的农地整治权属调整环节调整的是承包经营权，对于承包大户而言，只要不是完全采用转让的形式转入的土地，就会涉及经营权的调整。于是这一互动结构实际上仍然遗留了如下问题：转出土地的小农户是否也参与了农地整治权属调整之中，以及流转到期之后，后续仍然存在小农户之间的权属调整问题。对于前一个问题，在上文分析时是假设转出农户完全退出了权属调整。在实际中，承包大户在转入土地时，往往也会要求转出农户不得干预后续的经营权调整问题；同时，只要承包大户在经营权调整时不涉及承包经营权的变更登记，那么转出农户一般也不再关心农地整治权属调整的过程。而针对流转到期后调整的问题，一般来说流转到期之后土地仍然会继续流转。而如果到期之后无法继续流转的，农地整治权属调整便又回到小农户之间的承包经营权的调整问题上。但是，引入流转的互动结构至少在一定的流转期限内解决了农地整治权属调整中的集体行动问题。

四　互动结构四：引入隔离

在互动结构一中，农地整治权属调整通过农户之间的自由谈判，无法达成集体行动的一个重要原因在于，互动是无组织的，不同类型的农户之间是随机匹配的，采取积极参与策略的农户无法避免受采取争抢策略的农户和采取不参与策略农户的负外部性影响。如果能够通过一定的组织、采取一定的措施，使得采取不同策略的农户具有更高的频率与采取相同策略的农户相遇，那么采取积极参与策略的农户就能将积极参与的这种正外部性维持在采取积极参与策略农户的小集体内部，而采取争抢策略和采取不参与策略的代价更多由相应的农户自己承担，农地整治权属调整中的集体行动可能就更容易达成。本小节将探讨引入一定程度隔离的互动结构。

（一）规则

在采取不同策略的农户之间进行隔离有各种各样的方法：可以是空间上的隔离，即在农地整治权属调整中，首先在项目区内积极性比较高的小范围内进行农地整治权属调整；也可以是时间上的隔离，即由地方政府或者村集体在项目区范围内，首先组织乐意参与农地整治权属调整的农户进行参与（Sigmund et al.，2010），包括进行农地整治权属调整方案制定、利益分配等的协商，而将表示不参与的农户和采取争抢策略的农户排除出农地整治权属调整的第一阶段。积极参与农户之间的协商和方案实施完成之后，如果采取争抢策略和采取不参与策略农户中的部分成员转化为采取积极参与策略，则继续在这些农户中组织进行农地整治权属调整，直至最终各类农户的行为达到均衡。

（二）策略与收益

此处主要借鉴 Bowles（2004）的分析。在这一互动结构下的博弈策略与在互动结构一下的博弈策略完全一致，但采取各策略的农户之间互动匹配的概率不同，从而导致采取不同策略的农户在各策略组合之下的收益有所变化。假设能够实现的隔离程度为 s，其中 $0 \leqslant s \leqslant 1$。假设集体中的积极参与农户、争抢农户和不参与农户的初始构成比例分别为 p、w、y，其中 $p+w+y=1$，则在引入 s 程度的隔离后，一个积极参与的农户在集体中与积极参与农户匹配的概率就不再是 p，而是 $s+(1-s)\times p$。当 $s=0$ 时，即没有隔离时，该值为 p，仍然是随机匹配的；当 $s=1$ 时，该值为 1，也就是达到了完全隔离，积极参与农户只与积极参与农户进行互动博弈。同理，争抢农户和不参与农户与同类型农户匹配的概率相应也分别为 $s+(1-s)\times w$ 和 $s+(1-s)\times y$。另外，一种农户和另外两种与自己不同类型农户匹配的概率则取决于这两种农户的相对比例大小，即农户与自己相同类型的农户接触概率较高，但是对和自己不同类型的农户则没有特别的偏好。因此，一个积极参与农户与争抢农户和不参与农户匹配的概率分别为 $(1-s)\times(1-p)\times w/(w+y)$、$(1-s)\times(1-p)\times y/(w+y)$；一个争抢农户与一个积极参与农户匹配的概率为 $(1-s)\times(1-w)\times p/(p+y)$，与一个不参与农户匹配的概率为 $(1-s)\times(1-w)\times y/(p+y)$；一个不参与农户与一个积极参与农户匹配的概率为 $(1-s)\times(1-y)\times p/(p+w)$，与一个争抢农户匹配的概率为 $(1-s)\times(1-y)\times w/(p+w)$。不同策略匹配时获得的直接收益及其大小关系仍然沿用前文结论，即有 $c>a>e=0>d>b$（这里仅考虑 $0>d>b$ 的情形）。

（三）均衡分析

为了简便，此处同前文一样，也主要分析由积极参与农户和争抢农户两种农户组成的集体的策略均衡，即 $y=0$。下文仅在数值模拟中对三种类型混合集体的均衡状态做一定展示。均衡时采取积极参与策略的农户的比例为 p^*：

$$p^* = \frac{-b+(b-a)s}{(a-b-c)(1-s)} \tag{6-3}$$

而均衡时采取争抢策略的农户的比例 $w^*=1-p^*$。根据收益的大小不同，这一均衡可能是稳定的，也可能是不稳定的。当均衡不稳定时，如前文所述，积极参与和争抢都是该博弈的演化稳定均衡，而 p^* 表示的是两种策略的吸引盆边界。如果初始 $p_0>p^*$，最终的均衡将是所有农户均采用积极参与的策略；反之，所有的农户都将采用争抢的策略，即农地整治权属调整不能实施。根据 Bowles（2004），p^* 是否为稳定均衡与农地整治权属调整的相关收益（a，b，c）有关。

当（$a-b-c$）<0，p^* 为稳定均衡时，同时有 $\frac{dp^*}{ds}>0$，也就是说，稳定均衡中的积极参与者的比例 p^*，随着隔离程度 s 的增大而增大。当（$a-b-c$）>0，p^* 为不稳定均衡时，有 $\frac{dp^*}{ds}<0$，也就是说，p^* 随着 s 的增大而减小。这一结果意味着，集体内成员全部积极参与作为一种博弈均衡，随着 s 的增大，其达成越来越容易。

假设博弈相应的收益仍然沿用前几节的收益值，即 $a=3$，

$b=-2$，$c=4$。此时，由于有$(a-b-c)=1>0$，所以相应的p^*是不稳定均衡，集体内全部成员都采取积极参与策略和全部成员都采取争抢策略都是该博弈的均衡，其吸引盆边界的大小取决于s的大小。当$s\leqslant 1/4$时，合作无法达成；当$s\geqslant 2/5$时，集体将全部由积极参与的农户组成。假定s的取值在此范围内，如$s=0.3$，计算得到$p^*=5/7$。也就是说，集体初始组成中有超过5/7的农户为积极参与农户，则农地整治权属调整能够实施，否则集体行动无法达成。图6-6给出了当$p_0=0.7$［见图6-6（a）］和$p_0=0.8$［见图6-6（b）］时的互动博弈的模拟，可以看到，最终的结果是截然相反的。

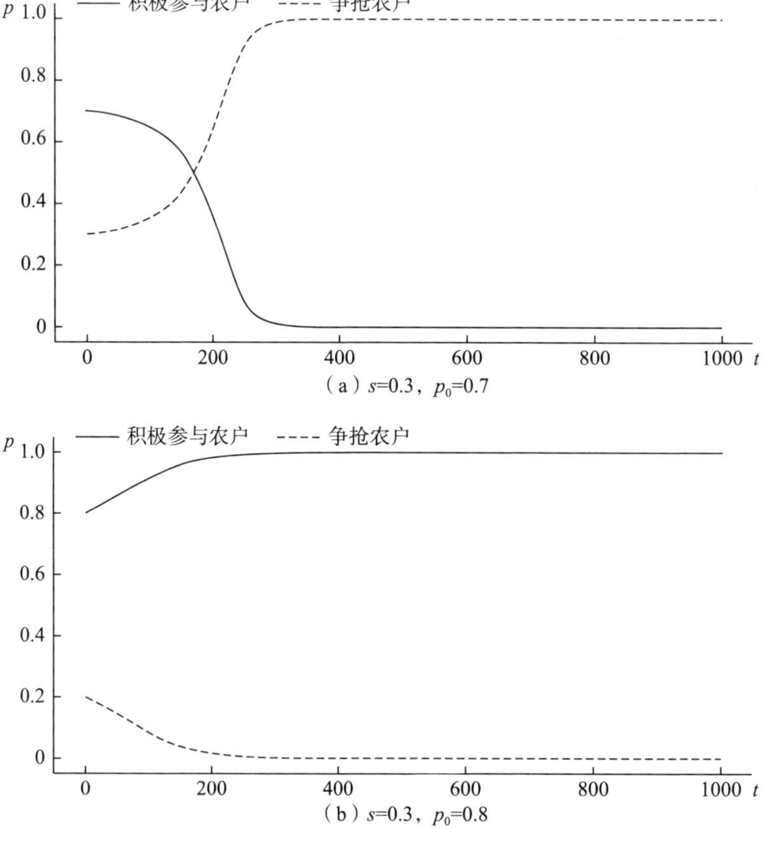

图6-6　$s=0.3$时，不同初始构成集体中农地整治权属调整博弈演化均衡模拟

现在来模拟 p^* 为稳定均衡时的状况。假设由于引入了一定程度的隔离，全局的优化无法实现，从而使积极参与农地整治权属调整的收益遭受一定的损失，于是有 $a''=1$。其他收益值保持不变，此时有 $(a''-b-c)=-1<0$，p^* 是稳定的，并且当 $2/3<s<3/4$ 时，$0<p^*<1$。当隔离程度 $s\geqslant 3/4$ 时，最终均衡中，积极参与者的比例 p^* 将大于等于 1，意味着均衡时集体中将全部是积极参与的农户；当隔离程度 $s\leqslant 2/3$ 时，最终均衡中积极参与者的比例 p^* 将小于等于 0，因而均衡时集体中将全部是争抢农户。图 6-7 是对不同隔离程度下农地整治权属调整均衡的模拟。从图 6-7 中可以看出，当 $s=0.6<2/3$ 时［见图6-7（a）］，即使初始积极参与的农户比例高达0.99，最终集体

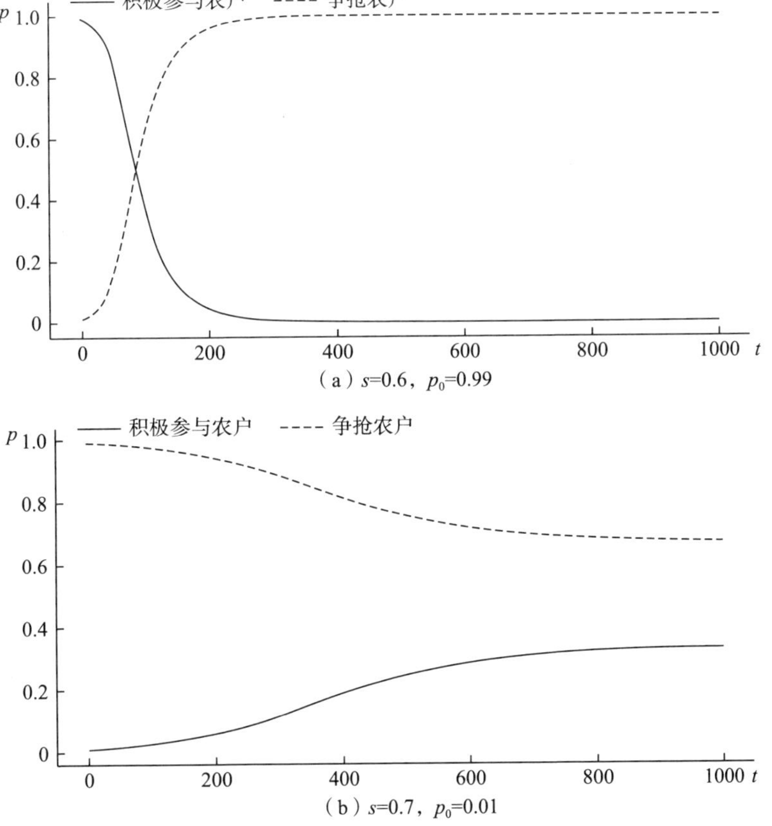

（a）$s=0.6$，$p_0=0.99$

（b）$s=0.7$，$p_0=0.01$

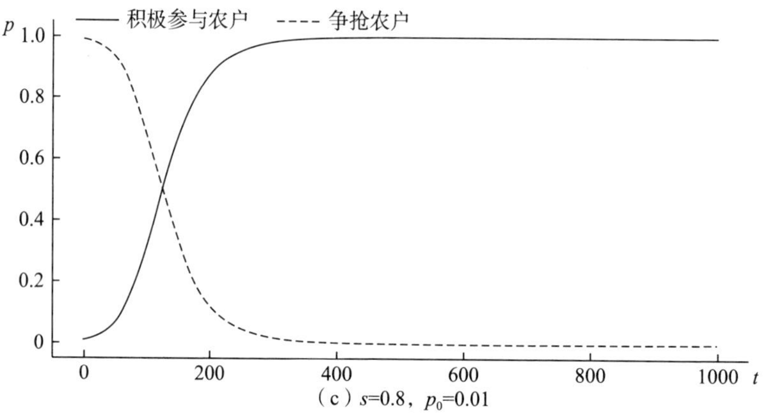

（c）s=0.8，p_0=0.01

图 6-7 不同隔离程度下农地整治权属调整博弈演化均衡模拟

也被争抢农户所占领；相反，如果 $s=0.7$［见图 6-7（b）］，则即使初始积极参与的农户比例仅为 0.01，最终的均衡也将由积极参与的农户和争抢农户共同构成，其中积极参与的农户比例为 $p^*=1/3$；而如果 s=0.8［见图 6-7（c）］，则即使集体初始构成中积极参与的农户比例仅有 0.01，最终农地整治权属调整也能够顺利实施。

最后，在集体中加入一定比例的不参与农户，对三种策略组成的集体进行模拟。同样令 $a=3$、$b=-2$、$c=4$、$d=-1$、$e=0$，在 $s=0.3$ 时，对不同的初始策略组成的集体互动博弈的均衡进行模拟。假设在图 6-6（a）的模拟基础上，引入 0.1 比例的不参与农户对原有的两种策略进行替代：假设替代的是积极参与农户，则集体初始组成为 $p_0=0.6$，$w_0=0.3$，$y_0=0.1$；假设替代的是争抢农户，则集体初始组成为 $p_0=0.7$，$w_0=0.2$，$y_0=0.1$。图 6-8 给出了模拟的结果。

如果不参与农户替代的是积极参与农户［见图 6-8（a）］，那么由于积极参与农户较图 6-6（a）的模拟比例更少了，因此最终均衡仍然为争抢农户占据整个集体；但是，如果有 0.1 比例的争抢农户被不参与农户替代的话［见图 6-8（b）］，积极参与农户比例仍然为 0.7，与图 6-6（a）相比，集体最终的均衡从争抢转变为积极参与。也就是说，给定积极参与农户的比例不变，一定比例的不参与农户替代争抢农户会使农地整治权属调整更容易实施。模拟结果与预期是相符合的。

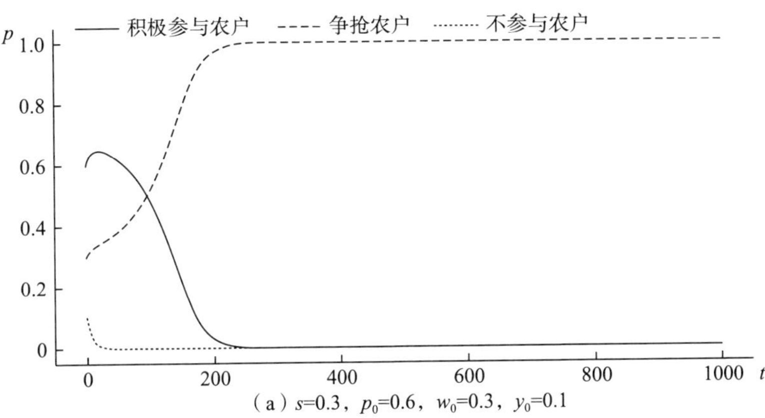

（a）s=0.3，p_0=0.6，w_0=0.3，y_0=0.1

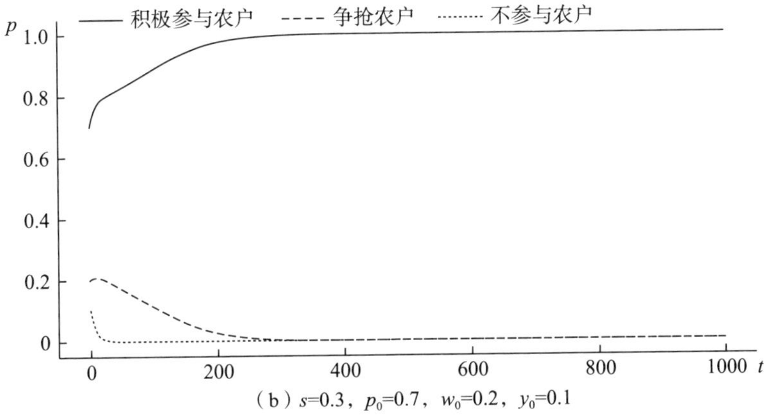

（b）s=0.3，p_0=0.7，w_0=0.2，y_0=0.1

图 6-8 引入隔离后三策略农户组成的集体博弈模拟

由以上分析可知，农地整治权属调整的过程中，在采取不同类型策略的农户中引入一定程度的隔离，使得农户跟和自己类型相同的农户接触的概率超过与其他农户接触的概率，那些积极参与、共同合作的农户最终就有可能成为整个集体内的主导成员，最终推动农地整治权属调整的实施。而隔离的程度越高，则农地整治权属调整的推动也就越容易实现。其中的机理在于，采用争抢策略或者采用不参与策略的农户，在引入一定程度的隔离之后，给整个社会带来的负外部性更多由采用这些策略的农户自身承担，而不能同等地转嫁于采用积极参与策略的农户。而与互动结构一中的农地整治权属调整相比，这种隔离的实现，关键是要打破农户自由交易的无组织状态，即随机性。要想有足够程度的隔离，首先必须能够识别采取不同策略的农户，这便需要通过交流实现；积极参与农户之间频繁交流，能够增加采取积极参与策略农户之间的匹配概率，从而实现对其他农户的一定程度的隔离。如前所述，在项目实施时，允许不愿意参与的农户退出并组织积极参与的农户首先参与农地整治权属调整，可以实现以上内容。最后，应当创造条件，促进采取其他策略的农户向采取积极参与策略的农户转化，从而实现整个项目范围内的农地整治权属调整实施。

第二节　农地整治权属调整主体互动与合作达成案例研究

上一节通过博弈模型从理论上探讨了农地整治权属调整中，不同的互动结构之下，农民的互动博弈模式有何不同，以及最终的结果能否导向集体行动的达成。本节通过以下几个案例来对理论分析予以说明和验证。

一　农地整治权属调整中的自由谈判：HL 乡项目和 CW 镇项目

（一）HL 乡项目

在第五章探讨农地整治权属调整中的地块空间分配方法时，本书给出了于2014年实施的江西省PZ县HL乡农地整治项目的基本信息。在该项目中，PZ县国土资源局相关负责人在农地整治权属调整中首先采取的方法是抓阄方法。具体的操作过程是由村集体在地方政府的指导之下制定出抓阄的方案，每个农户在调整后会得到一个地块，但是如果抓阄得到的位置正好在大田块的角落，那么地块也可能被道路或灌排设施切割，从而被分成2~3块。当地块的位置通过抓阄确定之后，规划人员就开始对地块进行划界。在第五章的图5-4和表5-3~表5-5中给出了基于此种方法调整后项目区的预期权属状况。方案显示，农地整治权属调整以后较好地缓解了农地细碎化问题，绝大多数农户能够从中获益。

然而，该农地整治权属调整方案并没有顺利实施，而是遭到了农户的强烈抵制。大部分的农户表示他们调整后的位置大不如前：一部分农户认为调整后的地块的土壤质量变差了，另一部分农户则认为新得到的地块离居住地位置过远。很多农户认为政府编制的权属调整方案很不公平，认为政府偏袒别的农户。当然，还有一部分农户从一开始就反对农地整治权属调整，他们甚至都不愿意看一眼政府编制的权属调整方案，并要求如果要进行农地整治权属调整，那么至少要每亩土地补偿1万元。本书认为，这些都是农户实施争抢策略的一种表现，农户为了防止自己被别人占便宜，而尽一切可能为自己争取更多的利益。

正如前文的理论分析，在该项目中，虽然也有地方政府的参与——农地整治权属调整的方案是政府制定的，但是并不存在任何强制性，农地整治权属调整方案必须在所有农户都同意的情况下才能够实施。而项目区的农户均为小农户，虽然如果大家都积极参与所获得的收益 a 是大于0的，但是如果一个农户积极参与，而其他农户采取争抢策略，那么采取积极参与策略农户的收益 b 就很可能是小于 0 的，即还不如不参与。在这样的情境之下，如理论分析的结果，项目区农户的均衡策略就是大家都采取争抢策略。于是为了防止吃亏，农户不得不通过抱怨政府处事不公平、要求将自己地块调整到更好的位置或者要求补偿等方式，为自己争取利益。最终，这个方案在强烈的反对之下，被搁置了。

（二）CW 镇项目

在第四章探讨农地整治权属调整中农户个体决策行为时，给出了关于山东省 WD 县 CW 镇的农地整治项目的基本信息。该农地整治项目本身是由地方政府主持实施的，但是地方政府和村集体都没有参与组织权属调整，因而农地整治权属调整的实施完全通过自由谈判机制来实现。从最终的结果来看，绝大多数的农户没有参与农地整治权属调整。笔者在项目调研过程中发现，很多农户表示认识到了农地整治权属调整对今后的农业生产有利，但是农户之间很难合作起来。一个非常具有代表性的现象是，农户们表示，在一些尝试性的有关农地整治权属调整的谈判中，如果谁先表露出自己非常乐意进行农地整治权属调整，那么他在后续的谈判和调整实施中就会处于下风，就要吃亏。正如理论预期，为了防止吃亏，也就是为了防止被争抢农户占便宜，很少有农户主动表示自己愿意进行农地整治权属调整。

在这个项目中的确有少量的农户实现了农地整治权属调整，在这些已经实现的农户中，往往是一方的确有所牺牲，例如用较大面积的地块换取同等质量的面积稍小的地块。对于这些积极参与的农户而言，农地整治权属调整能够实施是因为，即使其与争抢农户进行互动博弈，其最终所得的收益 b 虽然小于 a，但是仍然是大于 0

的。但是，对于一般的小农户而言，能达到这一条件的并不多，因此，最终只有很少的农户能够通过这种方式实现农地整治权属调整。

二　农地整治权属调整的半强制实施：LB 镇项目

关于山东省 WD 县 LB 镇的农地整治项目的基本信息也已经在第四章分析农户个体决策行为时给出了。该项目实施于 2005 年，当时地方政府选择了半强制这一机制来实施农地整治权属调整，并使用 3/4 同意原则，即项目区有 3/4 的农户同意实施农地整治权属调整时，便在整个项目区内实施农地整治权属调整。选取的这一比例高于我国相关法律规定的 2/3。在意愿调查阶段，表示愿意参与农地整治权属调整的农户超过了这一比例，因而农地整治权属调整启动。

该项目横跨多个行政村，地方政府主要负责村与村之间解决飞地、插花地等问题的土地所有权调整事项，土地承包经营权的调整主要是以村为单位进行的，村内部的农地整治权属调整的方案并不是由农户自主协商制定的，而主要是由相应村的村干部以及有偿雇用的少数农户制定的。在该项目的实施过程中，农户也有因为地块位置不满意、地块面积分配不公平等问题产生争执和冲突的情况，而解决冲突的方式主要是通过村干部劝服；同时也存在对个别村的农户进行额外补偿的方式，例如笔者所调研的 DWL 村，由于强烈反对农地整治权属调整的结果，地方政府通过减免水费的方式，才最终推动了项目的完成。项目实施过程中，对于个别不愿意进行调整的农户，也确实采用了强制调整的方式。

总之，引入半强制之后，项目的强制实施的过程虽然的确引发了一些冲突，尤其是有地方政府介入、干预农地整治权属调整过程时，农户对其公平性有时会持怀疑态度；但是，农地整治权属调整最终确实实现了，并且农户对农地整治权属调整后的经济效益总体来说也是较为满意的。不过，从长期来看，这一实施机制可能会导致农户对政府制定方案的依赖，从而使预期的积极参与农户的比例逐渐降低。如果地方政府的半强制实施机制一直能够维持，则农地整治权属调整可以在长期内一直顺利实施，但是如果地方政府因为某些原因退出这一机制，可能会使当地的农地整治权属调整相较之前更难以实施下去。这一问题将在下一章中详细探讨。

三　农地整治权属调整与农地流转结合：HL 乡项目

如上所述，在 HL 乡项目中，地方政府首先给出的抓阄方案，由于农户陷入了人人争抢的囚徒困境而没有实施下去。之后，地方政府尝试通过在项目区引入农地流转来解决这一问题。农地整治项目实施以前，项目区的农地流转很少发生，主要是因为农地流转市场欠发达，再加上该地区缺乏农业基础设施以及农地细碎化问题严重等，导致该地区的农业生产力较低。同时，农地流转的价格也很低，使得农户更加没有流转农地的意愿。许多农户宁可抛荒，也不愿意流转自己的土地。

不过，地方政府介入农地流转以及农地整治项目的引入显著地改变了这一状况。2015 年 6 月至 2015 年 12 月的半年时间内，PZ 县国土资源局通过以下行动推动了当地的农地流转。首先，通过帮助匹配农地流转双方，减少农户直接参与农地流转的搜寻成本；其次，通过组织协商，并提供建议，减少流转双方的协商成本；最后，通过对流转协议签订的监督与仲裁，减少协议的执行成本。这些行动大大减少了在农地市场不完善条件下农地流转的交易成本，从而促进了农地流转。同时，由于农地整治项目改善了当地的农业生产条件，农地流转的租金从原来的 200 元/亩上升到了 400 元/亩，从而进一步刺激了农户出租土地的意愿。因此，一部分农户转出了自己的地块，从而推动了农地整治权属调整的实施。实际上，农地流转进行得非常顺利，到了 2015 年 12 月，参与农地整治的 705 户农户中有 638 户（90. 5%）将土地流转给了村内的 2 户承包大户，仅剩下 65 户农户保留了原来的农地进行耕种。于是剩下的参与农地整治权属调整的农户便只有 2 户承包大户和 65 户小农户。

正如理论分析所预见的，在这样的情况下，承包大户无论如何都会采取积极参与的策略，而小农户则会采取争抢策略为自己争取额外的利益。在这个项目中表现为，这 65 户小农户仍像先前一样，希望将自己的地块调整至项目区内的好位置，如距离基础设施或居住地较近或者土壤质量较好的位置，而承包大户则并不去争抢这些位置，而是赋予了小农户选择地块的优先权。对于小农户而言，由于农户数量的减少，在农地整治权属调整中的协商更容易进行。经过几轮的谈判之后，最终农地整治权属调整方案如图 6-9 所示，所

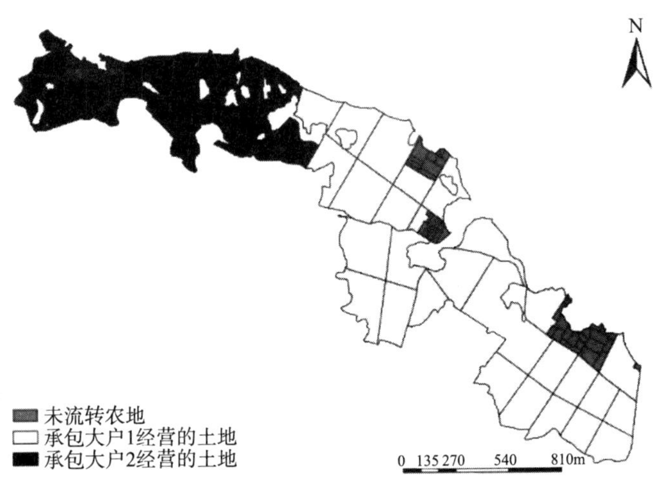

图 6-9　引入农地流转后农地整治权属调整方案

有的小农户都选择离自己的居住地最近的地块。最终农地整治权属调整得以顺利实施。

四 农地整治权属调整的分阶段实施：SL乡NN屯项目

广西壮族自治区LZ县SL乡SL村NN屯从1996年开始探索农地整治权属调整，是我国最先开始探索各类形式的农地整治权属调整的地区之一。该屯共有96户农户457人，全屯耕地面积1960亩，人均耕地4.29亩。在实施农地整治权属调整前，该项目区内土地贫瘠、条块分割且基础设施极为落后，农业生产效率低。

1996年该屯的5户农户通过协商合作，探索实现了对其所拥有的48亩土地的农地整治权属调整。在注意到农地整治权属调整带来的显著效益后，村干部参与在全屯范围内对农地整治权属调整的推广。至1999年，又有一部分农户通过农地整治权属调整合并了共490亩的细碎耕地。图6-10显示了1999年农地整治权属调整前后当地的土地权属状态变化。农地整治权属调整实施后，原先1324块零散地块归并为121块大地块（张蚌蚌，2017；张蚌蚌等，2019）。

此后，农地整治权属调整不断在该屯内推广，至2008年，全屯共有1300亩土地完成农地整治权属调整。不仅如此，农地整治权属调整在整个ZC市以及在广西壮族自治区的很多地方都推广开来，鼓励农地整治权属调整在广西成为一项省级政策。

此项目能够成功有很多原因。其中，一项重要的原因是，分阶段实施，使得希望积极参与的农户与不配合、不愿意参与的农户实现了一定程度的隔离。在项目实施的早期阶段，只有那些愿意积极参与的农户之间进行了充分的交流和协商，而那些不愿意配合的、

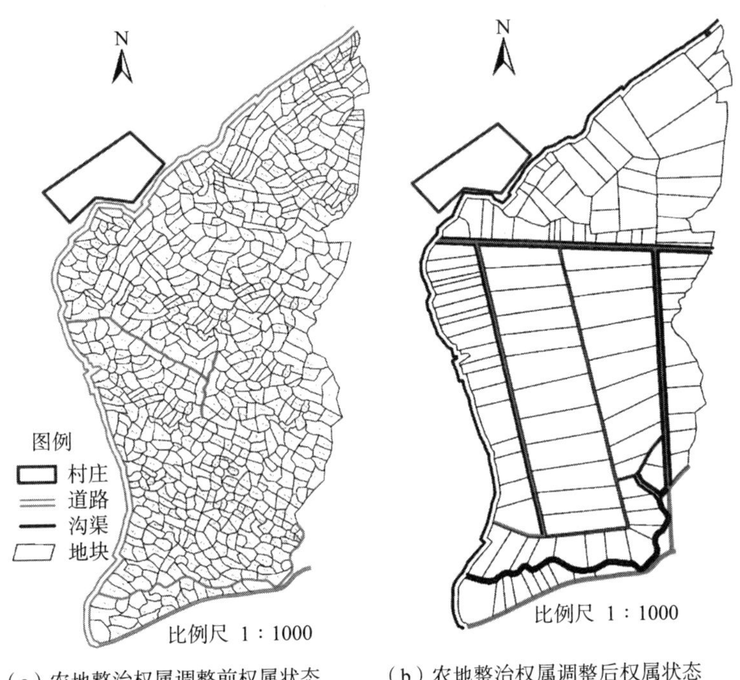

（a）农地整治权属调整前权属状态　（b）农地整治权属调整后权属状态

图 6-10　SL 乡 NN 屯项目农地整治权属调整前后土地权属状态

资料来源：张蚌蚌（2017）。

不愿意参与的农户则被排除出这一程序；同时村干部明确表示，那些没有加入农地整治权属调整的农户，不能使用道路以及其他在农地整治权属调整后为农业生产提供便利的新的基础设施，这很好地将积极参与农地整治权属调整所创造出的正外部性内部化，使得采取其他策略的农户不能像在其他机制中那样搭便车，因而，错误决策的代价主要由其自己来承担。事实上，在笔者调研的过程中，SL 村一位村干部反映，在该村的另一个类似的项目中，的确有农户坚持采用消极策略，最终没有参与农地整治权属调整项目，然而后来也后悔不已。在 NN 屯实施农地整治权属调整的过程中，一定程度的隔离推动了积极参与农户之间的互相合作。另外，由于积极参与的农户先行完成了农地整治权属调整，其他农户可以更切实地感受到农地整治权属调整带来的好处，不再仅仅是接受口头上的说教。因此，农民更加信服，更有动力加入农地整治权属调整。也就是说，促进了采取争抢策略的农户和采取不参与策略的农户向采取积极参与策略的农户的转化，最终促成了该项目的顺利实施和推广。

第三节　讨论

本章首先运用博弈模型和数值模拟对农地整治权属调整中不同互动结构对农户之间集体行动达成的影响进行了理论分析，其次通过 4 个农地整治权属调整的实践项目，显示了理论模型的解释力。

从 HL 乡项目通过抓阄实施农地整治权属调整的失败以及 CW 镇项目农户之间通过自由谈判实施农地整治权属调整的困难中可以发现，由于我国家庭承包面积小，对于农户而言，农地整治权属调整虽然确实能够带来收益，但是这一收益是有限的。如果不对农户决策的负外部性加以控制，农地整治权属调整就会陷入囚徒困境。这一现象在 CW 镇项目中尤为明显：调研的农户认识到了农地整治权属调整会带来明显的收益（$a>0$），但同时也意识到，如果在地块交换的过程中“吃亏”，那么交换则得不偿失（$b<0$）。于是，大多数农户选择了不参与调整这一次优的策略。只有对极个别的农户而言，交换带来的收益比较明显，即使在交换过程中让步，其所得到的收益仍然为正（$b>0$），因而这些农户会选择进行权属调整。然而，总体上这类农户的数量是很少的，因此通过农民之间自由谈判成功实施农地整治权属调整的比例十分低。这两个项目也可以反映出我国的总体状况：细碎化问题严重，承包面积有限，一方面有农地整治权属调整的需求，另一方面对绝大多数农户而言，收益不足以抵消其他农户决策负外部性带来的成本，农户之间组织协调的失败成为农地整治权属调整无法实施的重要原因。

LB 镇、HL 乡和 NN 屯后期农地整治权属调整的成功实施，都展示了改变农地整治权属调整互动结构对农地整治权属调整中农户之间集体行动达成的促进作用。

在 LB 镇项目中，采用“多数同意”原则，首先明确了多数农民愿意参与到农地整治权属调整之中，这再次反映了实施农地整治权属调整的确符合农民的需求。在应用“多数同意”原则之后，农户决策的负外部性得到了强制性措施的控制，即部分不愿意参与的农户必须强制调整。通过这一措施，农地整治权属调整在全项目范围内得到了实施。

HL 乡项目则反映了引入流转对于农地整治权属调整中农户之间集体行动达成的促进作用。这一作用主要是通过以下两个机制实现的。一是分化农户。流转使原先集体内同质的小农户转换为承包大户和小农户两种类型，从而产生了异质性的偏好。承包大户追求农地整治权属调整的快速实施，因为权属调整能为其带来巨大的收益；而小农户则追求自己在农地整治权属调整后的利益不受损。于是，异质性的偏好促使承包大户将项目区内的优势位置让与小农户，使集体行动成为可能。二是减少小农户的数量。由于大部分小农户转出自己的土地之后，退出了农地整治权属调整程序，小农户的选择变多了，其他农户决策的外部性影响变小了，于是小农户之间也能够达成集体行动。

NN 屯项目则展示了隔离在农地整治权属调整中的形式，同时也验证了博弈分析所预见的隔离所能发挥的作用。在这一项目中，农地整治权属调整通过分阶段实施以及拒绝退出的农户分享积极参与农户所获得的农地整治权属调整收益，减少了争抢农户和不参与农户决策的外部性，并通过长时间的项目实施，逐渐将争抢农户和不参与农户全部转化为积极参与的农户，农地整治权属调整中的集体行动得以达成。

当然，相较于 CW 镇和 HL 乡项目，LB 镇、HL 乡和 NN 屯项目最终的顺利实施也有其他因素的作用。耕地资源条件、需求强烈程度以及组织实施能力等也影响农地整治权属调整的最终实施。但是，本书的案例和理论分析也展示了，在其他条件相同的情况之下，改进农地整治权属调整中农户的互动结构，对农户之间决策的外部性予以控制，可以提高农地整治权属调整集体行动达成的可能性。互动结构对于农地整治权属调整中集体行动的达成具有显著影响。

同时，不同的互动结构各有优缺点，对于互动结构改进方式的选择需要结合区域自身的条件。强制的引入需要项目区内对农地整治权属调整合法性的一致认可，而这在我国现阶段的立法条件下是不容易实现的；同时，也并非每个项目区都适合引入农地流转；通过隔离来实施农地整治权属调整的明显劣势在于，一是分阶段的实施使地块的空间分配无法实现全局优化，二是实施农地整治权属调整的时间成本较高。因此，互动结构的选择也应当因地制宜。

第四节　本章小结

本章主要探讨了农地整治权属调整中，由规则构建的互动结构对农户之间集体行动达成的影响。具体而言，本章基于农户个体行为机制，得到农地整治权属调整中农户经常采用的三种策略，从演化博弈的角度也可以理解为三种不同类型的农户，即积极参与农户、争抢农户和不参与农户，分析了这三类农户在由不同规则构建的互动结构中的博弈过程。本章研究发现，在无组织的自由谈判的互动结构中，由于项目区内存在大量的同质小农户，农户之间的互动形式是自由谈判，农地整治权属调整利益的有限性和决策的外部性最终会导致集体陷入人人争抢的囚徒困境，而即使集体里没有采取争抢策略的农户，农地整治权属调整也不一定能够实施，其取决于集体中初始积极参与农户的比例以及参与权属调整的收益大小。

本章的研究显示，可以通过改进农户之间的互动结构来使农户走出农地整治权属调整的囚徒困境。改变可以从三个角度出发：一是在实施过程中引入一定程度的强制；二是改变行动者集体的成员特性（异质性和数量）；三是在不同类型的农户之间引入一定程度的隔离。在农地整治权属调整中引入一定程度的强制有助于促进农地整治权属调整的实施：在这一互动结构的表决阶段，农户会依据其自身认识到的农地整治权属调整成本收益行动，如果收益大于成本，那么便会采取同意的策略；在农地整治权属调整阶段，农户之间的合作仍然难以通过自行协商实现，最终将依赖地方政府强制实施农地整治权属调整方案。在农地整治权属调整中引入流转，能够通过土地转出减少参与农地整治权属调整的行动者数量，也会使农户由原来的同质小农户转变为异质的承包大户和小农户，由于承包大户从农地整治权属调整中能够获得的收益要显著多于小农户，因此农地整治权属调整将在承包大户选择积极参与策略而小农户选择争抢策略这一组合上达到均衡，从而推动农地整治权属调整的实现。在农地整治权属调整的过程中，通过在时间或者空间上分阶段实施，可以使得采取争抢策略和采取不参与策略的代价更多由采取这些策略的农户自己承担，农地整治权属调整的实施将变得可能。

就本章的分析而言，地方政府和村干部都可以承担组织者这一角色，利用其在农地整治权属调整中独特的权威性以及能力和知识优势，帮助克服农户之间决策负外部性的影响，从而促进农地整治权属调整中集体行动的达成。

最后，本书通过4个农地整治项目对以上理论分析进行了验证，结果表明，博弈分析所得的理论结果对实践有较强的解释力。

第七章

农地整治权属调整中主体合作的长期可持续

第六章研究了在给定互动结构的条件之下，怎样的互动结构能够促进参与农地整治权属调整的行动者之间达成合作。本章将对这一问题做进一步的研究，探讨现实中哪种治理结构能够保障主体之间合作的长期可持续。更详细地说，治理结构是项目层级的规则，而项目层级规则的选择是受到更高层级规则——制度——影响的，因此本章将研究哪种治理结构能够在不断变化的制度环境中，始终有效地维持主体之间的合作关系；而哪种治理结构，虽然能在短期内产出令人满意的结果，但是在面临外部制度环境的变迁时，农地整治权属调整相关行动者之间的合作会快速破裂。

如前所述，目前已经有许多研究探讨了如何顺利实施农地整治权属调整，例如可以通过技术方法的改进来提升农地整治权属调整的实施效果，这也是本书第五章所研究的内容。此外，学者们探讨了社会和制度方面的影响因素。例如，村干部特征、大众动员机制、利益调节机制和公共话语机制往往发挥着重要作用（魏程琳，2015）。在国家层面，法律框架、相对成熟的公共机构、有保障的公共资金和行政能力是实施农地整治的要求（Hartvigsen，2015b）。亦有研究探讨了如何选择农地整治权属调整实施的治理结构。例如，Haldrup（2015）认为，对于行政能力相对比较弱的政府，建议采用基于协议的方法，并采用一致同意原则；Hartvigsen（2015b）认为，在个人权属安全没有完善的土地产权法律框架保障的国家，强制进行农地整治很难被接受，因为农民会对这种安排持怀疑态度。具有明确土地所有权的正式农村土地产权制度被认为可以消除限制土地流动性的土地产权纠纷，从而促进自愿的农地整治（Asiama et al.，2019；Hartvigsen，2015b）。

尽管上述文献以及本书前面的研究探讨了决定农地整治权属调整实施效果的各方面因素，并且也有文献涉及制度如何影响农地整治权属调整的实施，但很少有研究从长期角度探讨农地整治权属调整治理结构及其实施效果的变化。农地整治权属调整的治理结构如何随着农村土地产权法律框架的变化而变化，这一问题也很少得到实证研究。

本书探讨农地整治权属调整治理结构在长时序内的可持续性问题。正如第二章和第三章所述，权属调整是农地整治的最核心的内容之一，同时它又不可避免涉及农户的产权变动问题，因此农地整治权属调整直接受到农地整治和土地产权两方面制度的制约。基于此，本章将考察这两个方面的上层制度之间的相互关系，以及二者如何共同作用于农地整治权属调整实施。此外，不断深化的农地产权改革与不断完善的农地整治制度体系是我国农地整治权属调整制度变迁的特征，本书将研究这样的制度变迁，给农地整治权属调整的实施带来了怎样的影响。

第一节　农地整治权属调整合作可持续性的分析框架

本章的研究核心是治理结构。如前文所述，根据集体行动理论，农地整治权属调整的实施效果取决于其治理结构如何影响行为主体之间的相互作用及其行为主体的个体行为逻辑（Bowles，2004）。设计良好的治理结构能够产生秩序、减少矛盾，从而实现主体之间的合作（Williamson，2000）。此外，分析主体之间的合作能否长期可持续，要理解治理结构的演变，而要理解治理结构的演变，就必须分析上一个层级规则的变化，也就是所谓的制度环境（Williamson，2000）。制度环境不仅定义了治理结构，而且还直接塑造了行为主体的行为与合作（Ostrom，2005，2011；Williamson，1996，2000）。我国农地整治权属调整的直接参与主体主要包括地方政府官员、村干部和农民（王长江，2011）。制度环境的变化通过影响治理结构的属性和行为主体的行为，影响农地整治权属调整的实施。

一　农地整治权属调整的制度环境：农地整治与土地产权

为了探讨制度对经济发展的影响，学者通常将制度定义为社会博弈的正式或非正式规则（诺思，2014；Ostrom，2005；Williamson，2000）。然而，从长远来看，既定的正式规则、惯例和习俗也反过来由行为主体之间的相互作用决定。一些研究者，如 Greif（2006）和 Bowles（2004），为了研究制度的形成及其演化过程，将制度视为博弈的均衡。本书采取制度是社会博弈规则的观点，考察制度的影响。本书采用诺思（2014）的观点，即制度减少了不确定性，定义和限制了行为主体所拥有的选择。然而，正如 Ostrom（2005）和 Williamson（2000）所言，约束和引导人类行为的规则是可以分层的，此处采用狭义的制度定义，将制度限定在国家层面上约束农地整治权属调整的正式规则，这被 Williamson（2000）称为制度环境。直接影响农地整治权属调整实施的制度主要包括农地整治和土地产权相关政策与法律。

产权经济学派认为，加强土地产权保护有利于以市场为基础的土地资源配置，从而能够提升土地资源配置效率（Deininger，2003）。而农地整治作为一种土地资源配置方式，它整体上并不是以市场为基础的。农地整治的实施在大多数国家具有强制性的成分，因此 Thomas（2006b）和 Sonnenberg（1996）认为农地整治是一种强制性政策工具，主要通过行政当局的行政决策实施（Vitikainen，2004）。政府或其他公共机构启动农地整治的合法性是基于与农地整治相关的已建立的国家特殊法律，而潜在的合法性则根植于其为农村居民带来的利益（Veršinskas et al.，2020；Vitikainen，2004）。前面已经论述过，农地整治在我国是通过以项目为基础的制度来实现的，其突出的属性是项目程序的标准化和严格的自上而下的控制（渠敬东，2012；Tan and Zhou，2015）。农地整治的内在逻辑是通过中央计划的技术合理性来优化土地资源配置（桂华，2014）。农地整治权属调整的目标是通过技术辅助优化土地权属结构，这一点已被大量专注于开发复杂算法和决策支持系统的文献所证实。相比之下，以土地确权等产权强化措施为主导特征的农村土地产权改革则强调分散决策和资源配置的市场机制的优势（Deininger，2003；Assies，2009；Varga，2020；Zhan，2020）。此类改革强调通过充分赋予农民正式的土地产权，在农民自身激励的基础上，通过市场机制激励农民优化土地资源的配置。

农地整治相关制度与土地产权相关制度相互影响，共同塑造了项目层面的农地整治权属调整治理结构。在德国和荷兰等国家，农地整治和土地产权制度都很完善，二者在农地整治权属调整中的平衡的实现方式如图 7-1 所示。

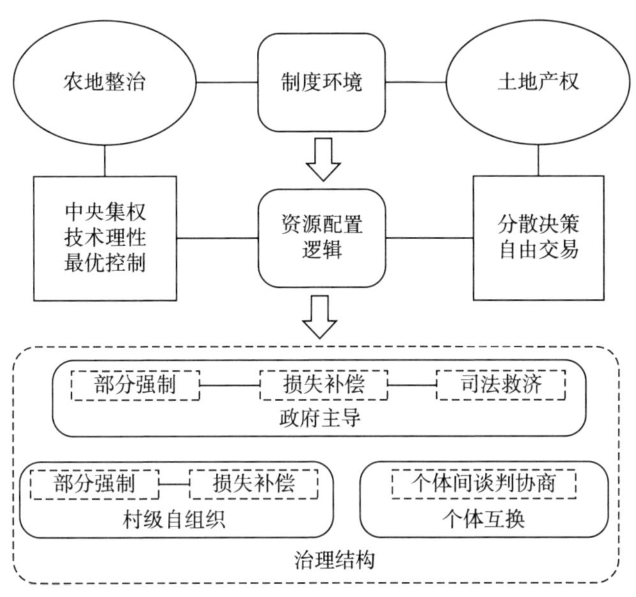

图 7-1　制度完善国家的农地整治权属调整中农地整治与土地产权制度的平衡关系

首先，农地整治虽然是一种行政性的强制手段，但在这些国家的实施不是完全强制的，而是采用部分强制或者说“多数同意”原则。也就是说，农地整治权属调整只是违背少数人而非所有人的意愿。其次，这些国家规定，要对在农地整治权属调整后没有获得同等价值财产的农民给予补偿。对于私人产权受到侵犯的少数群体，也有完善的法律补救办法，例如设置土地整治法院，对是否侵权以及如何赔偿进行裁决。最后，这些国家的农地整治法中，通常会规定不同类型的治理结构模式。

农地整治权属调整的实施，可以不通过行使行政权力，而通过所有参与者之间的一致同意来实现。Hartvigsen（2015b）将西欧国家的农地整治治理结构归纳为综合强制的农地整治和简单自愿的农地整治两种模式。如本书先前章节所述，在一些国家，简单自愿的农地整治可以进一步分为自愿集体农地整治和个人农地整治（FAO，

2003)，前者的权属调整是通过集体协商重新分配土地，而后者的权属调整是通过个人之间的谈判重新分配土地。这两种治理结构中，没有任何行政强制的属性，每个土地所有者的产权意愿都必须得到充分尊重。农地整治制度与土地产权制度之间的平衡影响着治理结构的选择。在土地产权制度不完善的国家，政府主导的农地整治项目可能无法给予土地所有权人充分的补偿和法律救济，比如一些前南斯拉夫国家的农地整治就面临这种情况（Hartvigsen，2015b）。缺乏制度化的补救措施也被认为是我国农地整治权属调整所面临的问题（王长江，2011）。另外，对于没有成熟农地整治制度，但土地产权制度比较成熟的国家，农地整治权属调整可能只依赖于个人交易，例如目前的阿尔巴尼亚（Thomas，2006b）。

制度环境的变化表明两种不同制度之间的平衡关系发生了变化。以欧洲为例，Hartvigsen（2015b）认为，强化的产权保护制度实际上会促进政府主导的农地整治。这在一定程度上反直觉，但其逻辑是当产权保护得到加强时，意味着会建立补偿和法律救济制度，从而吸引最初犹豫是否参与的农民接受这一形式。当然，这样的结果能否出现，实际上取决于这个国家的农地整治制度是否完善，能否为地方政府官员实施农地整治权属调整提供足够的激励。在农村土地产权改革中，当个人产权保护得到加强时，政府主导的农地整治也有可能会减少，从而使农地整治转向自组织或个人交换等其他模式。地方政府官员是选择通过提供公正的补偿和法律救济来完善政府主导的农地整治，还是选择摆脱进行农地整治权属调整的责任，取决于土地产权制度和农地整治制度的完善程度。

总而言之，农地整治制度和土地产权制度的变化反映了集中规划式决策还是分散式决策的土地资源配置逻辑的变化。这些变化既直接影响农地整治权属调整治理结构的适宜性，又通过行为主体的行为对农地整治权属调整治理结构的适宜性产生间接影响。

二　我国农地整治治理结构

在本书中，治理结构指的是农地整治项目层面的规则，治理结构规定了农地整治以及农地整治权属调整应该如何组织，包含哪些参与主体，这些参与主体应该发挥哪些作用，他们有哪些可选的行为以及可用的信息。本章采用的治理结构一词，与第六章的互动结构有所区别，但也关系紧密。治理结构可以理解为增加了更多现实细节的互动结构。第六章中的互动结构分析，由于方法限制，分离出了可以带来主体之间合作的部分最核心的要素，本章的治理结构则提供更多的有关主体行为、激励的细节。此外，在本书所描述的大多数案例中，农地整治治理结构和农地整治权属调整治理结构是相同的，但在有的案例中，农地整治权属调整与农地整治采取了不同的治理结构。了解农地整治权属调整的运行，必须先了解农地整治治理结构，因此本节以农地整治治理结构为主题，结合现有研究和第六章相关内容，将我国农地整治治理结构分为政府主导型和自组织型。政府主导的农地整治项目往往部分是强制性的，采用“多数同意”的原则，通常规模较大，类似于 Hartvigsen（2015b）所说的综合强制的农地整治或 Veršinskas 等（2020）所提出的基于“多数同意”的农地整治。当然，这些研究中的综合强制的农地整治和基于“多数同意”的农地整治不一定是政府主导的。自组织的农地整治通常是由村干部或农民自己组织实施的农地整治，项目范围一般在一个村内部，实施内容以权属调整为核心，类似于国外的自愿集体农地整治（FAO，2003）或德国的快速农地整治（Thomas，2004）。

而在具体的农地整治权属调整环节，除了上述两种治理结构之外，还包括个体互换型。个体互换型农地整治权属调整是没有系统的组织，只在个别农民之间相互协商的基础上进行的农地整治权属调整。政府主导的农地整治权属调整治理结构对应半强制互动结构；个体互换的农地整治权属调整治理结构对应自由谈判的互动结构；自组织的农地整治权属调整治理结构则主要与引入隔离的互动结构相对应（分阶段实施），因为想要实施隔离，一定程度的自组织是必不可少的。

农地整治权属调整的治理结构可以分解为三个部分：项目启动、地块调整和矛盾解决。项目启动是指农地整治项目中农地整治权属调整的正式开始。在政府主导的农地整治项目中，在相关政策的支持下，经项目区 2/3 以上的农民同意，由地方政府进行权属调整。在自组织的农地整治项目中，地块调整由农民或村干部发起。在农地整治权属调整的个人交换模式中，农地整治权属调整从交易双方达成协议开始。项目的启动之所以重要，是因为它与行为主体的激励直接相关。例如，在政府主导的农地整治项目中，地方政府官员可能会根据自身利益而不是农业生产的实际需要来选择是否启动农地整治权属调整。

地块调整是农地整治权属调整的主要组成部分，包括土地调查、评估、方案编制和方案实施。在政府主导的农地整治项目中，地方政府官员通常负责整个过程，或将地块调整方案的制定和实施的任务分配给村干部。自组织的地块调整与个人交换的区别在于，地块调整是以集体协商的形式组织起来的，还是仅仅通过无组织的个人谈判来实现的。

矛盾解决不是农地整治权属调整的一个单独阶段，而是贯穿整个过程。此处单独探讨矛盾解决的方法，是因为治理结构之间的差异往往体现在这一阶段。例如，即使是在政府主导的农地整治权属调整中，强制措施也不是实施的主要方式，而只是作为解决矛盾的最后手段（Hong and Needham，2007），但在另外两种治理结构中，是没有强制措施作为最后手段的，因此这一部分能够反映出关键差异。如上所述，体制变革直接影响解决矛盾的现有方法。

项目启动和地块调整的方式影响农地整治权属调整的规模和引发矛盾的程度。在更大的范围内，政府主导的项目和自组织的项目通常比个人交换更好地实现了全局优化（Hong and Needham，2007）。然而，它们也容易产生更高层次的矛盾。如果农地整治权属调整是基于所有参与人的意愿启动的，并且是根据农民的偏好进行地块调整的，那么其引发的矛盾往往是温和的。也就是说，是否存在解决矛盾的适当机制决定了治理结构的最终结果。

三　农地整治权属调整行动者的激励

在农地整治项目中，行动者的激励有两方面的影响。首先，行动者在给定的治理结构中，根据他们的激励行事。其次，上层的制度变革会影响行动者的激励。从长远来看，行动者可能会选择相应的治理结构。此处分析农地整治权属调整中行动者的具体激励机制。

（一）地方政府官员

地方政府官员参与公共项目的主要动机是寻求职业晋升（渠敬东，2012）。农地整治从三个方面影响地方政府官员的职业前景。首先，地方政府官员要通过农地整治项目，补充建设占用的耕地。因此，他们必须按照要求尽快完成农地整治项目。中央政府将提供相应的支持资金，农地整治也可为城市扩张提供空间，这也会激励他们开展更多的农地整治项目（谭明智，2014）。出于这方面的原因，农地整治权属调整有时被认为是快速完成农地整治项目的障碍，因为它非常复杂，同时在我国的农地整治评估体系中，也不是必须完成的任务。权属调整既会增加农地整治的时间成本，也给地方政府带来了额外的财政成本。其次，在以项目为基础的体系中，地方政府官员有建设示范项目的动机，因为那些成功开发和推广示范项目的人更有可能被提拔（Wang and Tan，2020）。农地整治项目虽然不一定需要进行权属调整，但农地整治权属调整的成功实施缓解了土地细碎化问题，促进了农民向新型职业农民的转变，体现了地方政府官员的治理能力，有助于其职业晋升。最后，社会稳定对于地方政府来说是尤为重要的（周雪光、艾云，2010）。因此，地方政府在实施农地整治权属调整之前，也会考虑产生矛盾的可能性。如果社会矛盾难以解决且持续时间长，地方政府官员就会倾向于避免农地整治权属调整。

（二）村干部

村干部主要是指村委会主任和村支书。在目前的村庄治理体系中，村委会主任是根据《村民委员会组织法》由村民选举产生的，村支书是由上级政府指定的（周雪光、艾云，2010）。村委会在村党支部的监督和领导下，直接负责村里的事务（Wong et al.，2017）。在实践中，村委会主任与村支书整体上是一个团队，一肩挑的情形也很常见（Tsai，2007）。村干部既要对村民负责，也要对乡政府负责，这意味着他们必须兼顾国家任务、村民对他们的要求以及自己和家庭的利益（Kung et al.，2009）。具体到农地整治权属调整中，如果地方政府决定实施农地整治权属调整，村干部需要配合乡镇政府完成任务。另外，村干部在自组织农地整治权属调整之前，也有可能会寻求当地政府的明确许可，以免当地政府反对。村干部是由村民选举产生的，也就是说，村干部也有可能出于相应村民的需求实施农地整治权属调整。村干部参与和组织农地整治权属调整的另一个动机是，他们自己通常也是农民，因此他们可能直接受益于农地整治权属调整。这些激励因素共同决定了村干部在农地整治权属调整中的行为。

（三）农民

农民参与农地整治权属调整的动机源于收益和成本。农地整治权属调整可以集中细碎化的土地、增加土地面积，从而节省劳动力成本，为机械化生产提供可能（Ying et al.，2020）。此外，农地整治权属调整也可以使兼业农民分配更多的时间到非农就业中（Nguyen and Warr，2020）。当然，农地整治权属调整也会给农民带来成本。首先，农地整治权属调整极为耗时，从而会延误农地整治项目的完成和随后的农业生产（Demetriou，2014）；其次，农地整治权属调整可能会产生劳动力成本和货币成本；最后，农民的土地有可能被调整到一个位置更差的地方。在我国，多数地方实施农地整治权属调整时采用的还是等面积法，采用这种方法时，如果农民的地块被调整到更差的位置，那么就会给其带来损失。

短期内，行动者在给定的治理结构内基于自身激励行动。长期内，行动者可以基于制度的变化，改变对治理结构的选择。

四　分析框架

基于上述分析，本章提出了一个将制度环境、治理结构和行为激励联系起来的农地整治权属调整主体合作可持续分析框架。该框架的目的是分析在不同的农地整治权属调整治理结构中，行动者之间的合作如何实现，农地整治权属调整治理结构如何随着制度环境的变化而演变，以及主体之间的合作是否会因为治理结构的变化而持续或失败。

如图 7-2 所示，农地整治和土地产权法律框架构成了农地整治权属调整的制度环境。在制度环境这一层次，农地整治与土地产权制度完善程度的相对关系及其变化影响治理结构中不同措施的合法性。治理结构中项目启动、地块调整与矛盾解决是否匹配，与实施项目条件是否匹配决定治理结构的治理效果。行动者在治理结构给定的框架内行动，长期制度变迁影响治理结构要素的合法性，从而改变行动者行为激励，影响治理结构的选择。

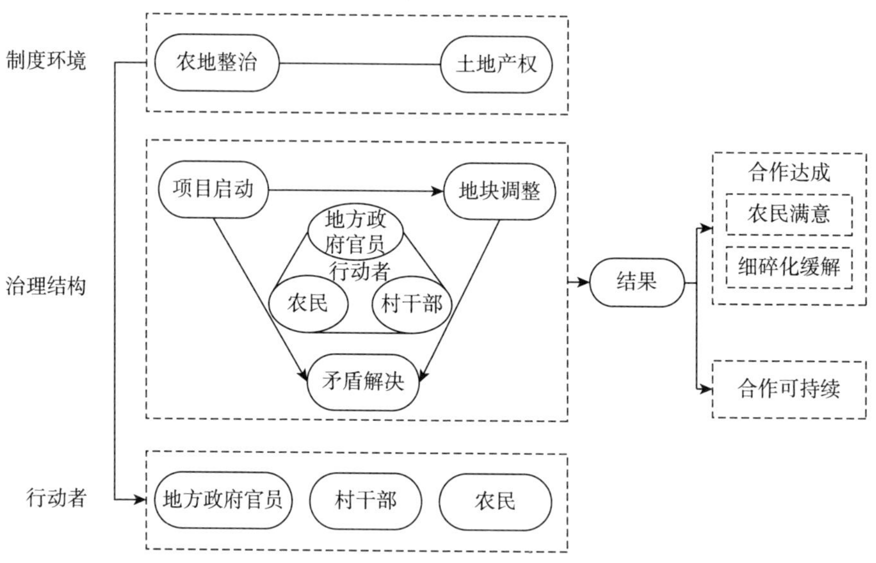

图 7-2 农地整治权属调整主体合作可持续分析框架

在农地整治权属调整之中，主体之间达成合作，农地整治权属调整便可以顺利实施。本章从两个方面评价主体之间合作达成后，农地整治权属调整的治理效果：土地细碎化问题缓解和农民满意度。之所以从这两个方面评价，一是因为农地整治权属调整最重要的功能便是解决土地细碎化问题；二是因为农民对农地整治权属调整实施结果的满意度也是一个重要的维度。现有农地整治权属调整的相关研究也多从这两方面来评价农地整治权属调整（Demetriou，2014；Cay et al.，2010；Lisec et al.，2014；Hiironen and Riekkinen，2016）。这两个方面也在一定程度上代表了经济效率和治理结构的公平性：缓解土地细碎化问题可以提高农业生产效率，而农民的不满往往源于不公平的结果。Ostrom（2005）强调在评价集体行动的结果时应当重视这两个方面。最后，本章还评价不同治理结构之下合作的可持续性。所谓可持续性是指，不同治理结构受到外部的、不可预测的干扰后，主体之间也仍然能够保持合作。一个能够保证主体之间合作可持续的治理结构本身就是可持续的。本章将考察在制度环境的变化下，农地整治权属调整治理结构是否能够维持主体间合作，持续成功地缓解土地细碎化问题，满足农民的需求。

第二节　比较案例分析与数据来源

一　方法和案例选择

本章采用案例比较分析的方法，具体而言，根据 Yin（2018）和 Gerring（2006）的分类，采用的是多个嵌入式案例比较分析的方法。根据案例分析的典型性和多样化原则（Gerring，2006），分别选取山东省 WD 县的农地整治权属调整和广西壮族自治区 LZ 县的农地整治权属调整案例，探讨不同治理结构下的过程和结果。为了分析治理结构的演变，笔者在每个案例中选择了两个农地整治项目，一个在农村土地产权改革之前实施，另一个在农村土地产权改革之后实施。案例关系如图 7-3 所示。

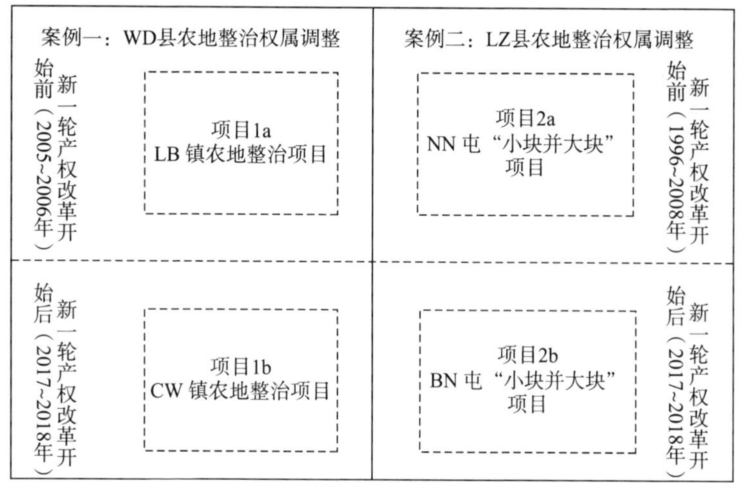

图 7-3　案例比较研究设计

本章所选取的案例和项目在前文已经有所提及。选择广西 LZ 县的农地整治权属调整案例，是因为该地区实施的农地整治权属调整，是自组织型农地整治权属调整的代表。选择山东 WD 县农地整治权属调整，是因为山东是我国最早引入农地整治的省份之一，并且农地整治项目在该区域的农村发展中发挥着重要作用。本章选择了位于同一个县，但是实施于不同时间的农地整治权属调整项目，从而可以研究在其他条件保持不变的情况下，制度环境的变化带来的治理结构的演变。广西 LZ 县的两个农地整治权属调整项目都是通过自组织实施的；WD 县早期项目是政府主导型，但是后期实施的项目却转变成了个体互换型。两个地区的案例反映了农地整治权属调整的差异化演变过程，为研究农地整治权属调整主体间合作可持续的决定因素提供了条件。总的来说，这四个项目涵盖农地整治权属调整治理结构的主要类型，因此它们能够展示出主要治理结构的表现以及主体为何在治理结构中达成或者无法达成合作。表 7-1 列出了所选项目的基本信息。与其他国家一样，政府主导的农地整治项目通常比自组织的项目规模大得多。两个政府主导的农地整治项目面积分别为 1862.09 公顷和 887.57 公顷，而自组织的项目面积不足 100 公顷。值得注意的是，CW 镇农地整治项目在基础设施建设方面是政府主导的，但本书研究的核心，农地整治权属调整却是通过个人互换进行的，因此该项目实际上属于个体互换型。笔者将在后面部分详细说明其中的区别。所有项目的土地细碎化程度相差不大，这些项目实施之前，土地细碎化问题都十分严重，平均地块面积小于 0.1 公顷。WD 县项目区主要作物为玉米和小麦，农民多从事多元经营，弃田现象普遍存在。LZ 县项目区以甘蔗为主要作物，甘蔗种植是项目区的主要活动和收入来源。

表 7-1　项目基本情况

<table>
<tr><th rowspan="2">项目</th><th rowspan="2">村庄</th><th rowspan="2">时间</th><th colspan="2">细碎化程度</th><th rowspan="2">土地等级数</th><th colspan="3">项目规模</th></tr>
<tr><th>户均地块数（块）</th><th>平均地块面积（公顷）</th><th>面积（公顷）</th><th>村数量（个）</th><th>户数（户）</th></tr>
<tr><td rowspan="2">LB</td><td>HL 村</td><td rowspan="2">2005~2006 年</td><td>8</td><td>0.09</td><td>4</td><td rowspan="2">1862.09</td><td rowspan="2">11</td><td>246</td></tr>
<tr><td>DWL 村</td><td>10</td><td>0.04</td><td>6</td><td>404</td></tr>
<tr><td rowspan="2">CW</td><td>PYD 村</td><td rowspan="2">2017~2018 年</td><td>7</td><td>0.03</td><td>4</td><td rowspan="2">887.57</td><td rowspan="2">17</td><td>198</td></tr>
<tr><td>HLD 村</td><td>9</td><td>0.05</td><td>4</td><td>173</td></tr>
<tr><td>NN</td><td>NN 屯</td><td>1996~2008 年</td><td>14</td><td>0.02</td><td>4</td><td>87</td><td>1</td><td>96</td></tr>
<tr><td>BN</td><td>BN 屯</td><td>2017~2018 年</td><td>18</td><td>0.05</td><td>4</td><td>85</td><td>1</td><td>190</td></tr>
</table>

二　数据收集

案例比较所需的数据主要是在 2018 年 5 月至 2018 年 7 月进行的为期 10 周的实地考察中获得的。笔者对负责项目的政府官员、村干部和一些在实施农地整治权属调整时居住在项目区范围内的农民进行了访谈。同第四章一样，在 LB 镇项目覆盖的村庄中选取了 HL 村、DWL 村两个村，在 CW 镇项目覆盖的村庄中选择了 PYD 村和 HLD 村两个村，对地方政府官员、农民和村干部进行了访谈。对于广西壮族自治区的 2 个项目，笔者采访了省级和地方政府官员、村干部和一些参与的农民。山东省的省级政府官员没有接受访谈，因为他们没有直接或积极参与农地整治权属调整制度的建构与变迁（见表 7-2）。对于政府官员和村干部，笔者选择了项目负责人进行访谈。对于农民，则采用滚雪球抽样策略，直到收集到足够的信息。针对每个受访者，访谈都是非结构化的，访谈内容包括但不限于以下几个问题：①农地整治权属调整实践中具体采用的方法；②项目中农地整治权属调整的过程、参与主体的类型及其在农地整治权属调整中的作用；③项目实施过程中面临的问题和矛盾，如何解决问题和矛盾；④农民对农地整治权属调整最终结果的满意度和地方政府官员、村干部的行为。访谈地点主要在政府办公室、村委会办公室和农民住所，平均持续时间为 1 小时。除了访谈之外，笔者还通过以下渠道收集数据：可行性研究报告、项目规划和设计报告、当地有关农地整治权属调整政策的法律文件。

表 7-2　实地调查中访谈的样本数量

单位：人

<table>
<tr><th>省份</th><th>项目</th><th>村庄</th><th>省级政府官员</th><th>地方政府官员</th><th>村干部</th><th>农民</th></tr>
<tr><td rowspan="4">山东</td><td rowspan="2">LB</td><td>HL 村</td><td rowspan="4">0</td><td rowspan="4">7</td><td>4</td><td>10</td></tr>
<tr><td>DWL 村</td><td>3</td><td>7</td></tr>
<tr><td rowspan="2">CW</td><td>PYD 村</td><td>3</td><td>8</td></tr>
<tr><td>HLD 村</td><td>4</td><td>10</td></tr>
<tr><td rowspan="2">广西</td><td>NN</td><td>NN 屯</td><td rowspan="2">2</td><td rowspan="2">5</td><td>2</td><td>5</td></tr>
<tr><td>BN</td><td>BN 屯</td><td>3</td><td>10</td></tr>
</table>

与制度环境及其变化有关的数据主要来自从中国政府网和自然资源部网站收集的国家法律和政策文件，主要包括《土地管理法》《农村土地承包法》；2003 年、2012 年、2016 年国土资源部发布的农地整治权属调整政策 2 项和规范 1 项；2013 年、2016 年、2017 年中央一号文件；国土资源部关于土地整治的若干条例、标准、规范。从这些资料中，笔者总结了农地整治权属调整中制度环境变化的主要特征。

第三节　农地整治权属调整治理结构案例比较

本节比较不同农地整治权属调整治理结构中的规则设置，以及相应的主体行为。本节还分析了每种治理结构下主体之间是否达成合作以及合作的效果，即农地整治权属调整是否缓解了土地细碎化问题、是否使农民满意，从而判断不同治理结构的治理效果以及主体合作是否可持续。

一　WD 县农地整治权属调整

（一）LB 镇农地整治项目

LB 镇农地整治项目始于 2005 年，是一个政府主导的项目。该项目由政府发起和资助。农业基础设施是由政府招标的公司所建造，没有农民的参与。同时，在这个项目中，农地整治权属调整也是政府主导的，地方政府官员负责整个过程，承担农地整治权属调整的主要成本。

（1）治理结构

项目启动。农地整治权属调整的启动是地方政府领导的想法。

根据笔者的访谈，当时的土地管理部门的领导认为，在这个项目区域实施农地整治权属调整很有必要，因此他提出应该在该项目范围内实施大范围的权属调整。如前述相关规定，在政府主导的农地整治项目中，必须得到2/3以上农民的同意才能实施农地整治权属调整。这个项目在实施时，将门槛设置为项目区农户的3/4，经过项目区3/4的农户同意后，农地整治权属调整启动。

地块调整。由于是政府主导的项目，采用的是“多数同意”的原则，因此即使少部分农民不同意，也要在全项目范围内实施农地整治权属调整，即可以违背少数农民的意愿进行地块调整。该项目地块调整实行分级推动，由地方政府官员直接负责项目区域内村庄之间的农地整治权属调整。结合村干部的意见，地方政府制定了相应的方案。村干部主要负责制定村内的地块调整方案，这个过程只有少数由村干部选择的农民参与进来。他们和村干部一起确定了土地质量等级、地块调整后农民的土地面积计算方法和抽签的程序等。据笔者调研，LB镇农地整治项目涉及的农民大部分只是参与了抽签程序。农民普遍反映，除了参与抽签，他们也没有能力参与其他环节。

矛盾解决。调研对象提到的解决矛盾的措施包括说服、强制执行和补偿。村内的矛盾主要是对调整后地块的位置和面积的争议，解决相关矛盾主要通过村干部的劝说。然而，有时矛盾会升级，村干部劝说也无效，此时当地政府就会采取强制措施。矛盾的另一个来源是村庄之间农地整治权属调整的争端。这些矛盾通常比村庄内的冲突更为频繁和严重。例如，DWL村的农民认为，调整给邻近村庄的大部分农地本应属于他们。他们认为政府官员处事不公，自己村的村干部没有能力为他们争取利益。不少人对分配方案很不满，导致整个项目停滞了几个月。最后政府决定给该村免除下一年的生产水费，才使项目得以推动，这可以看作一种补偿手段。不过，与DWL村相邻的HL村的农民也认为，包括DWL村在内的邻村实际上占了很多他们的土地。即便如此，该村村民最终还是在没有任何补偿的情况下接受了农地整治权属调整方案。

（2）项目结果

整个项目持续了大约一年半，最终主体之间达成了合作。如表7-3所示，土地细碎化程度显著降低。HL村每户平均地块数量减少了60%以上，平均地块面积增加了150%以上。农民和村干部在访谈中提到，农地整治权属调整帮助农民节约了劳动力成本，使他们能够从事多种活动。此外，它还帮助农民节省了农业生产成本。很多农民提到，面积大的地块，每公顷使用机械的成本要低150~300元。

表7-3　LB镇农地整治权属调整实施后土地细碎化缓解状况

村庄	户均地块数			平均地块面积		
	调整前（块）	调整后（块）	变化（%）	调整前（公顷）	调整后（公顷）	变化（%）
HL村	8	3	-62.50	0.09	0.24	166.67
DWL村	10	4	-60.00	0.04	0.09	125.00

在农民的满意度方面，尽管在实施过程中出现了一些矛盾，但HL村的大多数农民对最终的结果表示肯定。他们表示，事实证明农地整治权属调整是必要和有益的，他们对结果感到满意。只有少数农民抱怨他们的位置比农地整治权属调整之前更差了。据HL村村干部估计，不满意的农民不到10%。在DWL村，大多数农民也对土地细碎化得到改善感到满意。只有一些农民仍然坚持认为他们的农田被邻近的村庄偷走了，因此感到不满。总体而言，受访农民对农地整治权属调整的价值是认可的，对农地整治权属调

整的结果是满意的。

（二）CW 镇农地整治项目

CW 镇农地整治项目于 2017 年启动。农地整治项目本身是政府主导的项目，由政府发起、资助和执行。然而，地方政府和村干部都没有参与农地整治权属调整过程，农民只能通过个体互换实施权属调整。WD 县土地管理部门的政府官员表示，在 LB 镇农地整治项目实施之后，县里再也没有实施过政府主导的农地整治权属调整。农地整治权属调整的整个过程由农民自己负责、自己出资。

（1）治理结构

项目启动。地块调整是通过两个或两个以上农民之间的个人交换实现的。农地整治权属调整没有一个正式的启动过程。该互换过程从农民讨价还价开始，到土地互换结束。

地块调整。在这个项目中，地块调整是通过农民之间的讨价还价和交换在农户个体间进行的。农民之间的相互谈判主要发生在两两之间，基本上不存在涉及很多农户的大规模的相互协商。一旦交易双方达成协议，地块就会进行权属调整。然而，根据笔者的调研，即使只有两个农民，也很难达成一致。这背后的原因有很多，其中一个原因恰恰是参与的农民太少。理想的农地整治权属调整过程需要很多农民参与，因为两个农民之间的地块位置可能并不能互相匹配。因此，在两个农民之间的土地交换中，往往至少有一方的交换是不满意的，不得不做出牺牲。比如，PYD 村的村支书为了实现地块的权属调整，不得不用自己的大块地换另一个农民的小块地。但是，当地块权属调整所产生的利益不能补偿他们所牺牲的利益时，协议就无法达成。这种情况造成了机会主义的问题，进一步阻碍了农地整治权属调整。具体来说，很多农民表示，农地整治权属调整，就是谁先提出交换谁吃亏，因为首先提出来那个人肯定更加需要农地整治权属调整。因此，为了避免吃亏，农民都倾向于隐藏他们对农地整治权属调整的偏好，这意味着即使他们知道他们会在农地整治权属调整中获益，他们也不会透露自己的偏好，以避免失去谈判的筹码。

矛盾解决。由于地块调整完全基于农民自己的决定，因此很少发生矛盾。当矛盾出现时，参与谈判的农民要么自己解决矛盾，要么直接结束交易，终止互换。后一种情况更为普遍，这也是农地整治权属调整没有推行下去的原因。

（2）项目结果

在 CW 镇案例中，虽然农业基础设施仍由当地政府提供，但农地整治权属调整中的主体合作完全没有达成。在笔者采访的调研对象中，只有 2 人通过个体互换的方式完成了农地整治权属调整。因此，农地整治项目实施完成后，土地仍然非常细碎，平均地块面积小于 0.05 公顷，平均每户地块超过 7 块。土地细碎化问题根本没有得到缓解。

农民对此结果也表示相当不满意。村支书本人实施了个体互换，他表示，实际上很多农民有强烈的实施意愿。他还提到，实施农地整治权属调整能够带来很多好处。由于农民普遍兼业，没有足够的时间来管理这些土地，很多土地都被抛荒了，但是如果实施农地整治权属调整，耕种的时间大大减少，将会明显改善抛荒的问题，并且增加农民的收入。然而，在当前农村土地产权改革的背景下，他对农地整治权属调整的合法性表示怀疑，并表示需要得到地方政府的授权才能采取行动。土地细碎化问题仍然困扰着农民，几乎所有调研对象都表示，农地整治权属调整是必要的，但是最终却无法实施。因此，农民对最后的结果并不满意。

（三）治理结构中主体合作的可持续性

WD 县的这两个项目展示了政府主导项目中的农地整治权属调整是如何演变的。在 WD 县案例中，LB 镇农地整治项目实施之后，地方政府官员退出了农地整治权属调整。在 CW 镇农地整治项目中，他们没有参与农地整治权属调整，也没有授权村干部推进。如前所述，CW 镇农地整治项目并非例外，而是 WD 县的一个典型案例。地方政府官员只是含蓄地允许村干部和农民自行进行农地整治权属调整。然而，没有地方政府的明确授权，村干部是不会组织农地整治权属调整的。因此，他们陷入了进退两难的境地，农地整治权属调整只由农民推进。农地整治权属调整并没有通过个人互换扩大规模，这一过程只局限于少数农民。综上所述，WD 县的农地整治权属调整的治理结构从政府主导结构转化为个人互换结构，后者既不能缓解土地细碎化，也不能产生农民满意的结果。因此，政府主导的治理结构是不可持续的。

二 LZ 县农地整治权属调整

（一）NN 屯项目

NN 屯项目实施于 1996 年，整个项目完全由农民和村干部自发组织，当地政府官员没有参与该项目，整个项目是由农民自筹资金，属于典型的自组织型农地整治权属调整。

（1）治理结构

项目启动。该项目于 1996 年由该村的 5 户农民发起。这 5 户农民，由于土地过于细碎，生产成本高和劳动时间长，开始自愿互换土地。在这一阶段成功互换了大约 3.2 公顷土地。此后，村干部在意识到农地整治权属调整是解决土地细碎化问题的有效途径后，开始参与组织新一轮的权属调整。农地整治权属调整是在农民自身改善土地细碎化需要的刺激下，在村干部的帮助下展开和组织起来的。为了启动后续的农地整治权属调整工作，村干部组织村委会，征求农户对进行权属调整的意见。如果农民不愿意，可以不参与。

地块调整。第一阶段的地块调整是通过 5 户农民之间的自由谈判和互换来实现的。村干部的主要工作是通过召开会议、传递信息、化解矛盾等方式组织后续的地块调整。许多农民看到了地块调整的好处，纷纷效仿前 5 户农民的做法。农民本身是整个项目的主要决策者，他们积极参与地块调整的整个过程，包括土地调查和分类、地块调整规划的制定和实施。地块调整是通过集体协商达成的，土地的最终位置是通过抽签决定的。农民们表示，所有的决定都是在所有农户讨论的基础上做出的，最后的分配方案也只有在所有农户都同意之后才能实施。该地区在 1999 年完成第二轮地块调整，在 2008 年完成最后一轮地块调整。在这个项目中，农地整治权属调整是在村内进行的，但它完全是基于农民的意愿。因此，并不是所有农民都参与进来。

一些农民反对农地整治权属调整是不可避免的。该问题通过以下方法得到了解决："要么接受要么放弃"的策略和分阶段实施。在 NN 屯农地整治项目中，村干部事先明确规定，不参与农地整治项目的，禁止使用农地整治期间建设的基础设施。注意，这一操作并非属于强制，而属于情理之中的约定，因为凡是参与农地整治权属调整的农民，都为相关基础设施建设付出了成本，反之那些没有参与的农民，如果使用相关基础设施，则属于不劳而获。这有效避免了搭便车的行为。分阶段实施，进一步鼓励农民参与。这个在前文已经提及，这种类型的措施可以提高合作者之间互相接触的概率，使合作者与非合作者之间形成了一定程度的隔离，从而增加了合作的可能性。除此之外，这样的措施还能够形成示范效应。初始阶段，农地整治权属调整在实际农业生产中展示出来的好处，远比语言劝说更有说服力。有趣的是，一个村干部提到，在以前的项目中，有一户农民坚决不肯参与农地整治权属调整，但是最后后悔不已。这件事后来被村干部当作案例，来说服村民参与到农地整治权属调整之中。

矛盾解决。在 NN 屯农地整治权属调整项目中，矛盾集中于农地整治权属调整后对最终位置的不满。在这个过程中，矛盾主要是由村干部解决的。在地块调整之前，村民都已经签署了协议，因此事先签署的协议被用作解决矛盾的工具。村干部警告农民，他们必须遵守协议，否则就是违法。接受采访的村干部表示，大多数农民尊重协议。然而，有时村干部不得不（也愿意）牺牲自己的利益。一位村委会主任用自己的好地块换了一些农民的坏地块，最终才得以平息冲突。如果这些方法都不起作用，农民可以保留他们原来的土地，退出这一项目。由于一开始就是完全基于农民意愿，因此在项目实施过程中，整体上没有特别激烈的矛盾，矛盾也都能在村内解决。

（2）项目结果

在 NN 屯项目中，主体之间的相互合作达成了，项目大约整治了 87 公顷的农地。农地整治权属调整显著改善了土地细碎化问题。例如，在项目的第二阶段，大约 31.3 公顷的土地被重新整治，地块数量从 1324 块减少到 121 块（减少 90.9%）。地埂的减少使该村的耕地总量增加了 5%。农地整治权属调整也使农业机械在生产中得以使用。在农地整治权属调整之前，甘蔗生产的各个阶段都是由人力完成的。农地整治权属调整后耕作和播种环节由农机取代了人力，在管理和收获阶段也减少了地块之间的通勤距离，节省了劳动力。农地整治权属调整后，平均产量从每公顷60吨增加到105吨。

在农民的满意度方面，大部分农民对结果感到满意，因为决策是他们自己做出的。在农民中有两种抱怨。一种是由一两个农民提出的，他们不喜欢地块调整的最终位置。然而，他们并不否认农地整治项目的好处，并承认没有得到他们想要的只是运气不好。另一种抱怨来自那些没有参与农地整治权属调整的人，因为参与农地整治项目完全是基于农民的意愿，那些农民后悔他们的决定。

（二）BN屯项目

到2017年BN屯农地整治项目实施时，广西已经形成了专门促进农地整治权属调整的政策体系。在笔者对省级官员的采访中，他们提到，省级政策的制定正是基于NN屯项目的经验。这一政策支持农地整治权属调整，为农民参与农地整治权属调整提供奖励（每公顷约4500元），并督促地方政府官员提供指导和技术支持。BN屯的项目也是完全基于自组织的，但同时有政策以及地方政府的支持。

（1）治理结构

项目启动。该农地整治项目的启动涉及地方政府官员、村干部和农民。县级政府向省级政府申请农地整治权属调整资金后，通知村干部可以组织实施农地整治权属调整，实施完成后政府会给予农民奖励。在征求农民对农地整治权属调整的意见后，村干部开始组织实施这个项目。这一过程主要还是基于农民对农业生产的实际需要，地方政府官员只是通知村干部有奖励资金。

地块调整。BN屯项目的农地整治过程与NN屯项目相似。所有决定都是由参加多轮有组织会议的所有农户通过集体协商做出的。

地方政府官员提供了测量等技术帮助。项目完成后，地方政府官员对实施结果进行了审查，以确保其符合奖励条件。主要要求如下：在一定的项目规模（3.3 公顷）内，土地细碎化问题必须显著得到缓解，项目必须在一个村庄内；必须在项目地区适当提供基础设施；变更登记必须完成。在某些情况下，奖励的条件里还规定了必须种植的作物。最后，在这个项目中，政府向农民提供了 29 万元资金，农民自己投资约 2 万元。

矛盾解决。矛盾解决机制与 NN 屯项目相同。村干部仍然负责解决矛盾，地方政府官员没有介入。

（2）项目结果

在这个项目中，农民、村干部和地方政府官员合作成功。项目整治了大约 80 公顷的土地。在实施农地整治权属调整的村子里，每户的平均地块数量从 10 多块减少到 3 块。因此，土地细碎化问题明显改善。农地整治权属调整使得在甘蔗生产的耕作和播种阶段可以使用机械，大大提高了生产效率，关于土地的抱怨也很少。

这个项目遇到的问题是缺乏资金和自然条件恶劣。BN 屯位于多雨地带，有许多被淹没的地块。对于水下土地，如果没有适当的道路网络允许车辆通行，小块土地比大块土地更容易管理。由于资金的缺乏，这个项目并没有涉及修路。因此，村里只有一部分土地实施了农地整治权属调整。资金之所以不足是因为一部分土地被流转出去之后种了香蕉，而政府提供资助的一个条件是整治之后必须种甘蔗。所以，项目只得到了一部分资助。土地细碎化的问题只得到了部分解决，农民的不满也主要集中在这一点。

（三）治理结构中主体合作的可持续性

LZ 县的案例显示了自组织的农地整治权属调整是如何在制度变

迁下演变的。这一治理结构不仅得到了维持，而且得到了强化，主体之间的合作也在长期内具有持续性。BN 屯农地整治项目的主要结构继承自 NN 屯农地整治项目。村干部是组织者，农民是决策者。只有所有农民达成一致并签署协议，才能执行决策，两个项目矛盾解决的机制完全相同。

BN 屯村干部承担了农地整治项目启动的责任，而 NN 屯项目在第一阶段由农民自己发起。农地整治权属调整奖励资金以比较正式的方式分配到村庄，地方政府官员也提供了资金和技术支持并进行了项目评估。治理结构的本质没有改变，也就是说，农民作为决策者的角色没有被政府取代。因此，在自组织农地整治权属调整中，主体之间的合作是可持续的，这种治理结构也是可持续的。

第四节　农地整治权属调整合作达成与长期可持续机理

本节通过应用第一节所提出的框架，解释为什么有些治理结构能够达成合作，得到理想的治理效果，有些治理结构之下主体之间的合作无法达成。更重要的是，本节将结合案例，解释为什么在有些治理结构中，主体之间的合作面临上层制度环境的变化时仍然是可持续的，而有些治理结构中的主体合作虽然能够达成，但制度的变化最终导致了主体间合作的破裂。

一　治理结构的适宜性

表 7-4 总结了不同农地整治权属调整治理结构的主要特征。在特定的制度环境下，政府主导的农地整治权属调整和自组织的农地

整治权属调整都能达成合作，得到理想的结果，但是个体互换的治理结构无法达成合作。

表 7-4　治理结构的主要属性及其适用性

项目	治理结构			合作是否达成及治理效果		
	项目启动	地块调整	矛盾程度及解决方法	合作是否达成	农民的态度	减少土地细碎化
LB（政府主导）	地方政府官员（多数决定）	无参与性	冲突水平高；解决方法：说服、强制或补偿	达成	满意	整个项目
CW（个体互换）	没有正式启动	个体谈判	无冲突；无解决方法	未达成	不满意	几个农民
NN（自组织）	农民、村干部讨论（一致同意原则）	集体协商	冲突水平中等；解决方法：劝说、签署协议、村干部做出牺牲	达成	满意	整个村庄
BN（自组织）	村干部（一致同意原则）	集体协商	冲突水平低；解决方法：劝说、签署协议、村干部做出牺牲	达成	满意	一部分村庄

LB 镇项目是基于项目区多数农民（超过 3/4）同意之后才启动的，农地整治权属调整的实施是分层级的，绝大多数农民只参与了抓阄过程，没有参与其他过程。通过这种项目启动和地块调整的方法，项目快速地将所有农民纳入调整范围，高效地制定了覆盖整个项目区的农地整治权属调整方案。由于项目违背了一小部分农民的意愿，并且公众参与程度低，所以实施过程中的矛盾比较大。但根据笔者的调研，当时负责项目的地方政府官员有足够的行政权力来解决引发的矛盾。村干部会帮助说服农民参与农地整治权属调整，接受农地整治权属调整方案，而地方政府官员也对不妥协的极个别农户采取强制措施。该村的村支书表示，农民很少质疑地方政府官

员实施强制措施的权力。如前所述，地方政府官员也可能提供补偿（如免除DWL村农民的水费），以推进农地整治权属调整，但是这种补偿不是制度化的。尽管在农地整治权属调整过程中出现了矛盾，但LB镇还是成功地实施了农地整治权属调整，并且最终的实施结果令绝大多数人满意。

自组织的农地整治权属调整建立在农民一致同意的基础上，因此想要大规模应用就比较困难了。从NN屯项目可以看出，自组织的农地整治权属调整，全村调整需要数年时间，而在BN屯项目中，在笔者调研时，村里只有部分土地进行了地块调整。即使启动是经过一致同意的，实施过程中的矛盾冲突仍然不可避免，虽然项目涉及数百户农民，但是矛盾的程度中等。一户农民指出，即使他的土地被分到不理想的位置，也没什么可抱怨的，因为所有的程序都是事先商定好的。由于该项目只涉及同村的农民，社会关系更密切，所以矛盾也比较温和。各种机制，包括村干部说服、签署协议、村干部做出牺牲等，都可以解决农地整治权属调整过程中引发的矛盾。矛盾解决机制与项目启动和地块调整方式相匹配，再加上农民对于农地整治权属调整始终都有需求，因此，广西的自组织的农地整治权属调整展现出了很强的可持续性。尽管持续时间较长，但整个NN屯的土地细碎化程度明显降低，没有出现较大的矛盾。在笔者调研时，BN屯村干部正在计划下一阶段对其余地块进行农地整治权属调整。

CW镇农地整治项目只有极个别农户实施了农地整治权属调整。虽然实施过程几乎没有引发什么矛盾，但农民对于最终的结果并不满意。由于项目区范围内地块面积狭小，土地细碎化问题严重，参与交换的少数农民的地块相互之间往往不匹配。这种不匹配进一步造成农民之间的机会主义行为：为了避免吃亏，农民隐藏了自己对农地整治权属调整的偏好，即使他们的需求很强烈，于是最终便形成了囚徒困境。这种农地整治权属调整的问题是，在没有组织的项目启动和地块调整阶段，农民很难在交换中匹配到对象。因此，个体互换的农地整治权属调整没有改善土地细碎化问题，也没有让农民满意，尽管这一过程完全基于个人偏好。

综上所述，政府主导的治理结构和自组织的治理结构适合于农地整治权属调整，能够让主体之间达成合作，得到理想的治理效果。从案例中可以看出，农地极其细碎化是一种普遍的状态，这说明大部分参与农地整治项目的农民急需进行农地整治权属调整。农民们也非常渴望农地整治权属调整，他们愿意为该项目自筹资金。然而，由于属于不同农民的地块互相穿插，当面临地块不匹配时，个体互换常常无法满足农民需求，并引发机会主义行为。政府主导的治理结构在项目启动和地块调整阶段效率很高，因此它适用于大型项目。虽然政府主导的农地整治权属调整由于其部分强制性而容易引发矛盾，但合法的强制措施和补偿最终可以解决矛盾。自组织的农地整治权属调整是在村级农民的共识基础上发起和进行的。村干部鼓励和组织村内农民参与农地整治权属调整。当矛盾发生时，村干部的劝说在大多数情况下是有效的，因为参与农地整治权属调整的自愿性和参与性，防止了农地整治权属调整矛盾的激化。与此同时，在村内进行自组织的地块调整，村内密切的社会关系有利于矛盾的解决。

二　治理结构的可持续性

图 7-4 为不同治理结构下主体合作长期可持续性的对比。在本章所选取的几个案例的时间段内，制度变化的特征可以总结为，强化

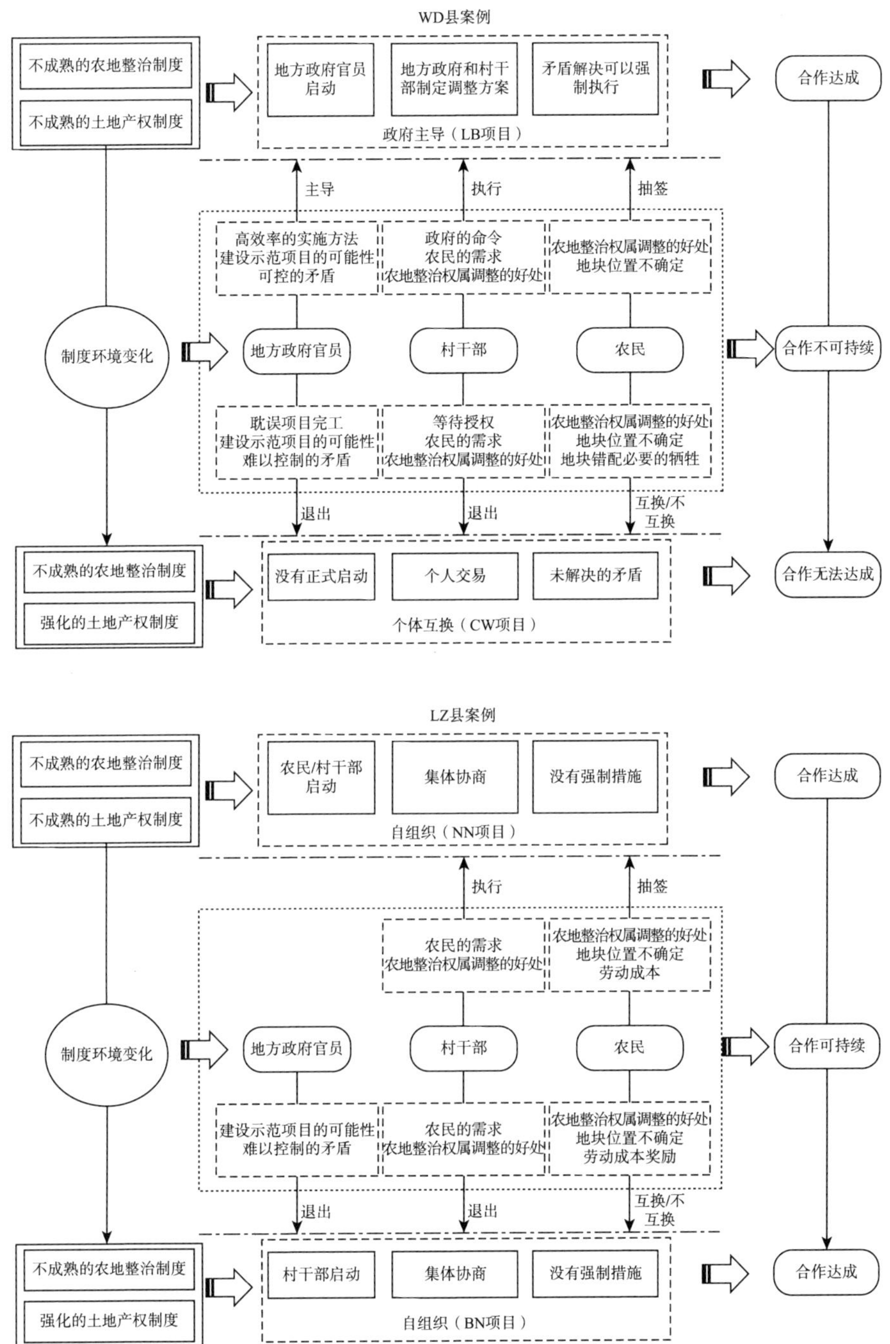

图 7-4　治理结构可持续性的比较

的土地产权制度和不完善的农地整治制度。尽管自2008年以来，我国的农地整治发展迅速，并成为一项国家战略，但总体上还是以项目扩张为主。农地整治法律体系不健全，没有专门的农地整治法，尤其是涉及权属调整的相关制度建设则更加滞后。对农地整治权属调整进行指导的政策文件极少，并且基本上是指导性的，没有强制效力。另外，农村土地产权改革是中国市场化改革和乡村发展的核心议题之一（Zhou et al.，2020a）。2003年，《农村土地承包法》禁止土地调整；2007年《物权法》将农地承包经营权确定为用益物权；2013年以来的新一轮农村土地改革，通过全国范围内的确权和“三权分置”改革，进一步强化了农村土地产权。2019年新修订的《农村土地承包法》明确了现阶段承包期届满后再延长三十年。农村土地承包经营权长久不变的观念广为人知，尤其是新一轮土地产权改革，让这一观念深入人心（郑志浩、高杨，2017）。因此，相对于农地整治制度，农村土地产权制度得到了明显强化，法律框架也逐渐成熟。

需要明确的是，与土地调整不同，法律并没有禁止农地整治权属调整，相反，一些政策性文件还鼓励农地整治权属调整。然而，制度环境的变化反映出对产权的处置必须是非常谨慎的。因此，在政府主导的治理结构中，强制进行农地整治权属调整即使不是非法的，也是很有争议的。WD县政府官员在接受访谈时表示，现在与以前不一样了，现在实施农地整治权属调整时，即使有一个人反对，也推行不下去。在LB镇项目实施时，由于高效的项目启动和地块调整方式不会过度拖延农地整治项目的推进，而矛盾解决方式中的强制性措施又能保证矛盾总体可控，于是地方政府官员选择了实施农地整治权属调整，虽然农地整治权属调整并不是上级政府要求必须实施的内容。在这种情况下，实施农地整治权属调整能够满足当地的农业生产需求，甚至有可能建设成为示范项目，因此是值得的。当农村土地产权改革影响政府主导的农地整治权属调整中矛盾解决机制的合法性时，社会矛盾就变得难以解决。地方政府官员并没有试图通过提供制度性的补偿或引入更多的公众参与来完善政府主导的治理结构，相反，他们放弃了农地整治权属调整。这是因为，如果采用复杂的方式实施农地整治权属调整会增加农地整治项目的成本或延长农地整治项目的工期。在农地整治制度不完善、没有相关制度推动地方政府实施农地整治权属调整的制度环境下，放弃农地整治权属调整是最符合其利益的选择。由于政府主导的农地整治权属调整的启动更多的是基于地方政府官员的激励，而不是农民或者村干部的激励，因此，即使农民和村干部认为农地整治权属调整是必要的（实际上据笔者的调研，多数农民和村干部认为农地整治权属调整是必要的），地方政府官员最终也没有实施农地整治权属调整。这是因为本质上，地方政府官员的行为具有向上问责的性质，他们的职业前景是由上级政府决定的（Chien，2010；Xu，2011）。由于农地整治权属调整不是中国农地整治项目的必要任务，且在当前的制度环境下容易产生社会矛盾，因此地方政府官员没有参与的动机。

另外，自组织的农地整治权属调整主体合作不仅是可持续的，而且其治理结构也得到了强化。首要的原因是农地整治权属调整是符合农业生产需求的。只要农民相信地块调整的收益大于成本，他们就有足够的动力。自组织的农地整治权属调整自我强化的另一个原因是，农民可以认识到早期农地整治项目的好处，这比口头劝说更有说服力。农民通过同伴网络学习已经完成的项目，使农地整治权属调整的后续实施更容易。虽然农村土地产权改革在一定程度上加大了村干部组织的难度，但农民自身也在敦促村干部进行农地整治权属调整。根据笔者的访谈，村民要求村干部组织实施农地整治权属调整，如果村干部不组织实施的话，会受到村民的指责，蒋永甫和张小英（2017）的研究也发现了这一现象。由于村干部对农民负责，他们有足够的动机根据农民的要求组织农地整治权属调整。地方政府官员也有动机支持自组织的农地整治权属调整，以寻求建设示范项目。因为较早阶段的项目已经表明，在自组织的项目中，有关农地整治权属调整的矛盾是可控的。这些地方政府官员也不必担心自组织的农地整治项目的进展速度，因为这并非上级政府要求实施的项目。

第五节　讨论

上述研究反映，我国土地产权制度的不断强化以及农地整治制度建设的相对欠缺，最终导致了政府主导的农地整治权属调整很难再实施下去。现阶段我国主要强调通过加强土地产权保护来提高农村土地利用效率，然而，在土地极其细碎化的情况下，单纯地提高产权保护程度并不能帮助农民克服个体交易中的地块错配或机会主义问题。现有研究也支持这一观点，例如，王海娟（2016b）调查发现，在我国实际上很少有实施大规模的个体互换的农地整治权属调整的地方。政府主导的农地整治权属调整不仅改善了土地细碎化问题，也使绝大多数农民感到满意，即使其存在一定程度的强制性。这实际上也证明了，农民对农地整治权属调整具有强烈的需求。如果农地整治制度建设不与农村土地产权制度建设相匹配，改革可能会削弱政府主导的农地整治的可用性。Ribot 和 Peluso（2003）认为，强化个体土地产权并不一定能增加人们从土地中获益的机会。我国农村土地产权改革引发的地方政府官员对农地整治权属调整的回避，将农地整治权属调整与政府主导的农地整治项目分离开来。其后果不仅是土地细碎化问题无法得到很好的解决，还会使地块没有按照基础设施的布局重新调整，导致基础设施建设与农业生产实际需求不匹配的问题（刘新卫、赵崔莉，2017）。

当然，笔者并不主张让土地产权制度有所倒退。笔者认为，应当随着农村土地产权制度的强化，强化农地整治制度，从而提高农地利用效率。例如，应该在法律层面明确政府主导农地整治权属调整的合法性，使其成为自组织农地整治权属调整之外，同样合法的农地整治权属调整手段。为了实现这一目标，应当在法律层面明确农地整治权属调整是可以基于“多数同意”原则的，也即“多数同意”之后，可以违背少数人的意愿。同时，也应当将缓解土地细碎化问题纳入农地整治项目评价体系并设置验收标准，从而激励地方政府官员进行农地整治权属调整。当然，还应鼓励地方政府扶持农民和村干部实施个体互换的和自组织的农地整治权属调整。

第六节　本章小结

本章的主要贡献在于，通过将制度环境、治理结构和行为主体的激励机制联系在一起，揭示了农地整治权属调整治理结构如何带来合作，以及不同治理结构在制度变化的情境下，能否维持合作。通过案例比较，本章得出如下结论：在特定的制度环境下，自组织和政府主导的农地整治权属调整都能带来主体合作，在改善土地细碎化问题和满足农民需求方面都有显著的效果，但是个体互换在我国很难大规模实施。从长时序来看，尽管政府主导的治理结构适合于以前的制度环境，但在以土地产权不断强化、农地整治制度建设相对滞后为特征的制度变迁的背景下，政府主导的治理结构是不可持续的，其中的主体合作也是不可持续的。自组织的农地整治权属调整则可以维持主体合作，而且可以通过吸引政府提供支持而得到加强。

本章的核心观点是，尽管政府主导和自组织的方法往往会导致农地整治权属调整中更高程度的矛盾，但适当的矛盾解决方法可以带来令人满意的结果，而地块不匹配和机会主义问题往往是在个体互换中不可克服的。农村土地产权改革改变了农地整治与土地产权制度之间的权力平衡，从长远来看，这削弱了政府主导的农地整治权属调整的适用性，从而可能导致土地细碎化问题难以解决，降低农业生产效率，阻碍农村发展。

第八章

研究结论、政策建议与研究展望

第一节 研究结论

本书基于在山东、广西和江西等地调研所得的案例以及对农户个体进行的问卷调查所获得的数据，对农地整治权属调整从个体行为与主体合作两个层次进行了系统的研究。在个体行为层次，本书探讨了农民参与农地整治权属调整的影响因素，农地整治权属调整过程中的地块分配方法；在主体合作层次，本书探讨了不同互动结构之下主体之间的合作是否达成，以及随着上层制度环境的变化，主体之间的合作是否可持续。本书具体结论如下。

在个体行为的农民参与层面，自利动机、社会规范、机会和能力对农民在农地整治权属调整中参与抓阄、参与制定方案以及参与实施方案均有显著的正向影响。其中，社会规范和能力对农民参与农地整治权属调整行为的影响最大。这表明法律的模糊限制了具有较强自利动机的农民参与农地整治权属调整。农民之间的合作氛围差异以及项目组织的良好程度也对农民参与农地整治权属调整的行为具有重要影响。自利动机对农民参与行为的影响相对较小。同时，自利动机与社会规范、社会规范与机会之间存在显著的负向交互效应。动机的增强将减弱社会规范的影响，社会规范的增强也将减弱机会的作用。

在个体行为的地块空间分配层面，基于农户意愿的线性规划运输模型能在缓解农地细碎化问题的同时，最大限度地满足农民的意愿，具有较高的应用价值。研究显示，运用线性规划运输模型对地块位置进行空间分配，能够使权属调整后项目区内地块数量减少 71.71%，地块与农居点间平均距离减少 34.32 米，同时保证 75.04%的农户的地块位置保留在其原地块集中所在的田块。同时，使用该模型调整后的地块比使用抓阄方法调整后的地块数量少 46 块，地块与农居点间距离相较于通过抓阄方法得到的结果短 110.65 米，调整后地块所在田块没有改变的农户比抓阄方法多 310 户。不过，在调整后地块分散程度上，抓阄方法调整后同一农户承包地块全部相邻接，但基于线性规划运输模型权属调整后仍有 24 户农户地块处于分散状态，抓阄方法较优，并且抓阄方法更能满足农户对程序公平的要求。

在主体合作层次的合作达成方面，本书发现不同互动结构对农户在农地整治权属调整中的合作达成具有显著的影响。研究发现，在无组织的自由谈判的情境之下，农地整治权属调整利益有限以及采取争抢策略和采取不参与策略农户行为的外部性无法得到有效控制，最终会使集体陷入人人争抢的囚徒困境，合作很难达成。可以通过改进农户之间的互动结构来使农户走出农地整治权属调整的囚徒困境，从而达成合作。改变可以从三个角度出发：一是在实施过程中引入一定程度的强制；二是改变行动者集体的成员特性（异质性和数量）；三是在不同类型的农户之间引入一定程度的隔离。其中，引入强制可以通过应用“多数同意”原则来实现；在农地整治权属调整中引入流转，能够通过土地转出减少参与农地整治权属调整的行动者数量，使农户由原来的同质小农户分化为异质的承包大户和小农户，从而推动农地整治权属调整的实施；在农地整治权属调整的过程中，通过在时间或者空间上分阶段实施，可以使不同类型农户之间形成一定隔离，从而使得采取争抢策略和采取不参与策略的代价更多由采取这些策略的农户自己承担，由此农地整治权属调整的实施也将变得可能。

在主体合作层次的合作可持续性方面，本书发现，农地整治制度与土地产权制度之间的平衡关系影响了治理结构以及治理结构中主体合作的可持续性。本书通过案例比较发现，山东 WD 县的农地整治权属调整治理结构经历了一个从地方政府主导转向个体互换的变迁过程。而早期的地方政府主导的农地整治权属调整治理结构能够促使主体之间达成合作，从而得到降低项目区土地细碎化程度并且使多数农户满意的结果，但是个体互换的农地整治权属调整中，主体之间的合作是无法达成的，最终土地细碎化问题也没有得到有效的治理，农民对最终的结果也并不满意。山东 WD 县农地整治权属调整反映出了地方政府主导的农地整治权属调整治理结构及其中的主体合作是不可持续的。广西 LZ 县的农地整治权属调整治理结构经历了自组织不断强化的过程，其中的主体合作是可持续的，并且该类型的农地整治权属调整始终能够有效治理土地细碎化问题，并且得到让农民都满意的结果。之所以会产生这样的结果，主要原因是农地整治权属调整治理结构以及其中主体之间的合作受到上层农地整治制度和土地产权制度两种制度的共同影响，而我国近年来整体制度环境变化的主要特征是，不断强化的土地产权制度和相对滞后的农地整治制度。在这样的制度变迁背景之下，土地产权制度的强化使得地方政府主导的农地整治权属调整中的项目启动方式、地块调整方式和矛盾解决方式的合法性受到了挑战，从而增加了政府主导的农地整治权属调整的实施难度；而相对滞后的农地整治制度建设并没有给地方政府提供进一步完善政府主导的农地整治权属调整的激励，从而导致了该类型农地整治权属调整主体合作的不可持续。对于自组织的农地整治权属调整而言，由于其基于农户的需求出发，且治理结构中的启动方式、地块调整方式和矛盾解决方式始终在产权制度允许的范围之内，因此主体合作能够持续。

第二节　政策启示

一　加强农地整治制度建设，改变农地整治权属调整合法性模糊现状

由本书第七章的分析可知，农地整治制度建设的滞后是农地整治权属调整无法大规模推行的原因之一。现阶段农地整治权属调整的立法零散，甚至相互矛盾，导致了农地整治权属调整合法性的模糊，从而使得地方政府主导的农地整治权属调整难以为继。第四章的分析也表明，合法性的模糊限制了农民的参与。因此，应当加强农地整治权属调整正式制度的建设，尤其应当明确农地整治权属调整的合法性。

具体而言，首先，应当在法律中明确区分农地整治权属调整与土地调整两种不同的政策实践。本书在第三章已经论证，不论是从内容、目标的角度，还是从国外实践经验的角度来看，将农地整治

权属调整与土地调整作为两种不同的政策工具进行规制都具有可行性。而目前的农地产权制度改革的个体化与财产化导向也使将农地整治权属调整作为单独的政策工具有了必要性。因此，本书认为应当在我国的《土地管理法》与《农村土地承包法》中明确农地整治权属调整含义、内容及目标导向，从而与土地调整相区分；在以上法律中确立“多数同意”原则在农地整治权属调整实践中的适用性，并明确地方政府、村干部在组织农地整治权属调整中的具体权力与责任。在保护农民农地产权的同时，实施农地整治权属调整不应当排除地方政府的权力，而是应当纳入和规制其权力；同时建立对少数人利益损失的补偿与救济规则，在农地整治权属调整中适用部分同意原则的国家，如德国、荷兰和塞浦路斯等，往往有着健全的利益补偿与救济体系，这也是在其中引入政府强制力的前置条件。

其次，基于权属调整在农地整治中重要性的不同，在农地整治相关法律中对农地整治进行分类。如德国根据整治内容和特点的不同而将农地整治分为综合性农地整治、自愿土地交换合并、简化农地整治、快速农地整治以及项目农地整治，其中在自愿土地交换合并、简化农地整治和快速农地整治中，农业基础设施建设并不是重点，而仅强调权属调整。荷兰等其他国家也都有类似分类。《广西壮族自治区土地整治办法》已经做出了这方面的尝试，而以权属调整为主导内容的农地整治实践在全国很多地方都有实施。因此，通过立法对农地整治的不同类型予以确认，既符合我国现阶段农地整治的实践，从理论上也有利于农地整治概念的明晰（明确以上实践为农地整治的一种形式）。可以将我国的农地整治区分为工程建设主导的农地整治、权属调整主导的农地整治和综合型农地整治，针对不同类型的农地整治项目，在启动与实施程序、工程建设标准、验收条件方面做出差异化的要求。例如，在权属调整主导的农地整治中，应当重点明确农地整治权属调整之后对农地细碎化问题的缓解必须达到何种程度，而放宽对工程建设的要求。

最后，针对农地整治权属调整规定本身，应当加入鼓励地块归并的操作性原则。目前我国农地整治权属调整相关政策文件中规定的权属调整原则都是较为抽象的指导性原则，例如在《土地整治权属调整规范》中，权属调整原则为“依法依规原则”“确权在先原则”“公开公正原则”“自愿协商原则”“土地适度集中原则”，其中仅有“土地适度集中原则”与地块的归并集中直接相关，这与农地整治权属调整实施广泛的国家或地区有显著的差异。我国台湾地区的《农地重划条例》中规定了权属调整中适用土地原位置原则（在同一分配区内尽量按照原位置分配地块）、土地集中原则（农户在分配区内有多块土地应当向面积最大的地块集中；农户地块分属于不同分配区，有些分配区内地块面积小于最小面积标准，可将其集中至同一分配区）以及最小面积标准原则（农民分配所得土地面积，不能小于主管机关规定的最小面积标准，否则不予分配土地而给予现金补偿）。塞浦路斯的土地整治相关法律中也规定了权属调整中适用义务性增减原则、最小面积原则、地块数量限制原则。因此，我国农地整治权属调整的相关法律中也应当制定相应的操作性原则，强调农地整治权属调整地块归并，解决农地细碎化问题。

二　支持推进农村自组织实施

考虑到我国现阶段的宏观社会环境和农地整治权属调整的立法现状，在农地整治权属调整的合法性充分确立之前，政府很难充分介入，并取得可持续的良好结果。因此，现阶段政府的重点应当是鼓励引导农民参与农地整治权属调整的自组织，推广广西模式。主要措施包括：首先，确认村干部组织实施农地整治权属调整的合法性；其次，通过帮助农民建立良好的政策交流平台，形成合作氛围，为农民自组织提供便利，从而推动农地整治权属调整。短期内，帮助村干部、村民组织村民会议，提供相关资金和技术服务；在长期，通过制度变迁，提高农村的自治能力，培育农民之间的互惠合作氛围。

同时，在自组织机制设计方面也应当鼓励和引导因地制宜。例如在当地非农就业机会较多、农民兼业情况较为普遍的情况下，地方政府可以发挥中介作用，通过承担交易成本或提供优惠政策推动农地流转与农地整治结合，从而使同质的小农户群体异化为承包大户和小农户，推动农地整治权属调整，同时推进农地流转；如果当地自耕农占大多数且非农就业机会有限，那么可以采用分阶段实施的策略，隔离决策的外部性，并让前期实施的农地整治权属调整发挥示范效应，激励农民自愿参与到农地整治权属调整中；如果项目区参与主体数量较少，地块质量差异较大，地方政府可以指导开展耕地质量评估，通过构建公平、完善的耕地相对价值体系，来促进农民的参与。

三 提高农民参与农地整治权属调整的能力

由本书的研究可知，农民的参与能力是影响农地整治权属调整的关键变量。同时，提高农民参与农地整治权属调整以及自组织的能力有利于农地整治权属调整的可持续。因此，今后一段时间政府在推动农地整治权属调整的过程中，应当着力于提高农民参与农地整治权属调整的能力。提高农民参与农地整治权属调整的能力应当从以下几个方面入手。一是通过宣传等，增加农民对农地整治权属调整本身及相关政策的了解。在立法修改的基础上，宣传强调农地整治权属调整的合法性，介绍农地整治权属调整的好处与实施程序。二是借鉴国外经验，在具体项目实施前，对农民进行有关农地整治权属调整的培训。在德国巴伐利亚州，在实施农地整治项目之前都要对农民进行较长时间的培训，部分地区还建有专门的农地整治学校，为农民提供农地整治的相关教育。我国也可以借鉴相关经验对农民进行培训，培训应当重点关注农民编制农地整治权属调整方案能力的提高，形式可以包括组织讨论会议，鼓励农民提供信息、发表意见；安排到已实施农地整治权属调整的地区参观；在现有的以抓阄为主导的地块分配方法的基础上，引介新的能够兼顾农户意愿的农地整治权属调整方法，构建多样化的农地整治权属调整方法体系；引介新兴技术，帮助农民学习农地整治权属调整相关软件的使用等。

第三节　研究创新与不足

一　可能的创新点

本书在农地整治权属调整这一议题中，首次建立了一个包含个体行为和主体合作两个层次四方面的分析框架，在关于农地整治权属调整的不同内容之间建立了逻辑连接，实现了对农地整治权属调整相关研究的系统整合。同时，本书框架中还加入了至今仍处于空白状态的农地整治权属调整制度变迁研究，使关于农地整治权属调整的研究更为完整。本书框架的另外一个创新点在于，在农地整治权属调整的微观行为机制和宏观的制度与制度变迁现象之间建立了逻辑连接。

本书注重理论性，给出了农地整治权属调整多样化的互动结构对行动者合作达成的影响，以及区域性治理结构变化过程的机理解释。目前有关农地整治权属调整实施机制的案例比较研究，主要是对现有的农地整治权属调整的实践模式进行特征总结以及比较。本书的研究建立在这些研究基础之上，但是也对现有的研究形成了补充。具体表现在，本书主体合作层次中关于主体合作如何达成的研究并不关注现实案例中的实施细节，而重点在于借助博弈论，从集体行动视角解释不同互动结构对主体之间博弈最终是否能够达成合作的影响；关于主体合作长期可持续性的研究，则探讨了上层制度变化背后的土地资源配置逻辑的变化，以及由此带来的项目层级的治理结构变化和主体合作变化。以上农地整治权属调整中的理论问题是现有研究从未关注过的，也是本书的创新之一。

在研究方法上，本书首次在研究农地整治权属调整这一议题中引入了博弈模型，增强了分析的逻辑性，并根据分析问题的具体特性和分析目的，结合运用了多种博弈理论。由于农地整治权属调整涉及多个行动者，行动者之间的决策影响是不可避免的，而这正是博弈论及博弈模型分析所关注的问题，因此博弈论和博弈模型分析与本书以行为为核心的分析范式十分契合。本书首次将博弈模型分析引入农地整治权属调整的分析之中，使分析更为精练且逻辑性更强，同时其也与本书关注抽象互动结构以及一般性理论规律的分析目的相匹配。在博弈方法的运用上，对经典博弈论与演化博弈论的结合应用，既保证了均衡分析的简洁性，又运用演化博弈获得了关于均衡稳定性、集体初始条件对均衡选择的影响等方面的知识。

二　研究不足与展望

本书在对农地整治权属调整进行分析时，力求做到系统和深入，但是受时间、精力和个人能力限制，本书仍然存在很多不足。我国农地整治权属调整制度建设仍然处在初期阶段，针对这一议题，仍然有很多问题是本书尚未触及或者有待深入的。有鉴于本书所做工作的不足，为了后续研究加快推进我国农地整治权属调整制度建设与实践，同时对其中蕴含的理论问题予以解决，本书给出如下几点研究展望。

通过长时间、大范围的案例观察，构建更加系统的案例库并搜集更加完善的数据。本书主要是基于笔者对江西、山东和广西等地的案例调研和问卷调查所获得的数据进行研究，由于研究时间有限和数据可得性方面的问题，在不同的章节选取了不同案例进行分析。例如，在农民参与行为分析和制度变迁分析中主要以山东和广西的案例为研究对象，但在地块空间分配方法研究中，本书又专门使用了江西省 PZ 县的一个项目中的数据，因为针对该项目所获得地块尺度的权属数据最为详实。案例选取上的这种安排在一定程度上牺牲了研究的系统性，本书认为，对同一个案例获得各个层次研究所需的详实数据，并对多个此类案例进行对比，能够使研究结论更为严谨，而这都有赖于长期、系统的案例观察。同时，有关农地整治权属调整的实施，如果能够形成全国性的数据库，采用因果推断的方式，对相关结论予以定量检验，则可以增强本书所得到结论的外部有效性。

本书构建了从个体行为选择到主体合作这样一个系统的农地整治权属调整分析框架，但各层次研究内容之间的逻辑关联仍然可以增强。在不同主体互动结构之下，不同农户具有不同的自利动机和参与能力以及对社会规范和参与机会的感知，而这也会影响地块分配方法并最终影响调整后的权属状态。例如，在互动结构之中引入隔离，必然会影响地块分配，使其无法达到全局最优。为了解决这一问题，后续研究可以基于对多案例的数据调查与定量分析，确定合适的参数，从而对这一逻辑链条所展示的研究内容进行综合性的模拟。例如，可以采取 ABM 与 GIS 相结合的方法，模拟异质性的农户个体在不同主体互动结构之下的均衡行为（参与程度），并与具体的地块分配方法建立连接，从而模拟出不同互动结构之下的地块分配状态，为农地整治权属调整模式选择与具体实施提供前瞻性的建议。

农地整治权属调整中的主体互动研究有待完善，对于政策如何扩散的研究有待加强。本书在主体互动机制分析中，存在过于简化的问题，例如本书虽然探讨了集体中不同类型的农户的初始构成比例的影响，但由于在分析时假设博弈是在两两之间进行的，因而无法正式分析集体规模大小对集体行动达成的影响。今后的分析中，可以采用多人博弈的分析形式，从而将集体规模这一重要的属性，正式纳入互动结构对农地整治权属调整中集体行动达成的影响分析中。除此之外，本书探讨了治理结构的变化与持续的问题，但是并没有分析其扩散状况。我国很多地区已经有了类似于广西 LZ 县的农地整治权属调整实践，但是不同地区实施模式的影响力显著不同，有的仅局限于村域或县域范围内，似乎也只有广西 LZ 县的农地整治权属调整实践最终上升为了省级实践，这种不同的农地整治权属调整实践与政策的扩散模式也是值得探索的问题。

参考文献

蔡立东、姜楠，2017，《农地三权分置的法实现》，《中国社会科学》第5期。

曹海涛、朱美玲、杨俊孝等，2011，《沙湾县农地互换影响因素实证分析》，《广东土地科学》第10卷第2期。

陈柏峰，2009，《土地流转对农民阶层分化的影响——基于湖北省京山县调研的分析》，《中国农村观察》第4期。

陈培勇、陈风波，2011，《土地细碎化的起因及其影响的研究综述》，《中国土地科学》第29卷第5期。

陈小君，2014，《我国农村土地法律制度变革的思路与框架——十八届三中全会〈决定〉相关内容解读》，《法学研究》第36卷第4期。

陈晓军，2012，《国内外农村土地整治权属调整研究进展》，《国土资源科技管理》第29卷第5期。

陈秧分、刘彦随、杨忍，2012，《基于生计转型的中国农村居民点用地整治适宜区域》，《地理学报》第67卷第3期。

崔梦溪，2016，《农地整理过程中权属调整法律问题研究》，《学术论坛》第12期。

董志强，2008，《制度及其演化的一般理论》，《管理世界》第5期。

丰雷、蒋妍、朱可亮等，2013，《中国农村土地调整制度变迁中的农户态度——基于1999~2010年17省份调查的实证分析》，《管理世界》第7期。

丰雷、郑文博、张明辉，2019，《中国农地制度变迁70年：中央—地方—个体的互动与共演》，《管理世界》第35卷第9期。

冯广京，1997，《我国农地整理模式初步研究》，《中国土地》第6期。

弗兰克·艾利思，2006，《农民经济学：农民家庭农业和农业发展》，上海：上海人民出版社。

高世昌，2010，《关于农地整治权属调整与现代农业发展的思考》，载《2010年中国土地学会学术年会论文集》。

葛新爱，2016，《“小块并大块”归根结底是挖掘土地活力——安徽蒙城探索实施“一户一块田”改革》，《农民日报》2016年5月17日。

顾天竹、纪月清、钟甫宁，2017，《中国农业生产的地块规模经济及其来源分析》，《中国农村经济》第2期。

关江华，2008，《土地整理权属调整研究——以湖北沙洋县土地权属调整为例》，硕士学位论文，武汉：华中农业大学。

关江华、张术，2010，《基于主成分的土地整理权属调整影响因素研究——以湖北省沙洋县为例》，《国土资源科技管理》第10卷第5期。

桂华，2014，《项目制与农村公共品供给体制分析——以农地整治为例》，《政治学研究》第4期。

郭洪泉，2001，《我国农村土地整理的法律思考》，《中国土地》第

1 期。

郭珍，2015，《农地流转、集体行动与村庄小型农田水利设施供给——基于湖南省团结村的个案研究》，《农业经济问题》第 9 期。

国土资源部地籍管理司、国土资源部土地整理中心，2010，《土地整治权属管理研究——土地整治项目权属调整调查及典型案例分析》，北京：地质出版社。

国土资源部土地整治中心，2018，《土地整治蓝皮书：土地整治发展研究报告 No. 5》，北京：社会科学文献出版社。

国土资源部土地整治中心，2014，《中国土地整治发展历程》，载国土资源部土地整治中心，《土地整治蓝皮书：中国土地整治发展研究报告 No. 1》，北京：社会科学文献出版社。

韩立达、王艳西，2016，《城乡建设用地增减挂钩中土地权属调整研究》，《中国土地科学》第 4 期。

贺斐、蓝春华、吴丽叶，2013，《小块并大块，实现规模化》，《中国土地》第 12 期。

贺雪峰，2013，《笔谈：关于“中国式小农经济”》，《南京农业大学学报》（社会科学版）第 6 期。

贺雪峰、郭亮，2010，《农田水利的利益主体及其成本收益分析——以湖北省沙洋县农田水利调查为基础》，《管理世界》第 7 期。

贺雪峰，2011，《论农地经营的规模——以安徽繁昌调研为基础的讨论》，《南京农业大学学报》（社会科学版）第 2 期。

贺雪峰、罗兴佐、陈涛等，2003，《乡村水利与农地制度创新——以荆门市“划片承包”调查为例》，《管理世界》第 9 期。

胡丕勇、崔卫华、郑涛，2011，《农村土地整治中权属调整机制初探》，《国土资源情报》第 10 期。

胡兴定、白中科，2016，《基于耕作半径的采矿复垦区农村居民点安置规模预测》，《农业工程学报》第32卷第3期。

胡昱东、吴次芳，2009，《我国农村土地整理中土地权属调整问题研究》，《西北农林科技大学学报》（社会科学版）第1期。

黄雪飞、廖蓉、吴次芳等，2019，《土地整治转型——基于公共品供给激励视角的研究》，《中国土地科学》第33卷第4期。

黄宗智，2010，《中国的隐性农业革命》，北京：法律出版社。

姜爱林、姜志德，1998，《论土地整理概念的科学界定》，《地域研究与开发》第17卷第1期。

蒋永甫、张小英，2016，《农民主体与农业适度规模经营的另一种路径选择——基于广西龙州模式的案例分析》，《中共福建省委党校学报》第7期。

蒋永甫、张小英，2017，《“小块并大块”：农户家庭适度规模经营的困境与出路——基于一种地方经验的考察》，《宝鸡文理学院学报》（社会科学版）第2期。

金晓斌、罗秀丽、周寅康，2022，《试论全域土地综合整治的基本逻辑、关键问题和主要关系》，《中国土地科学》第36卷第11期。

李何超，1997，《土地整理是土地利用和管理的深刻变革》，《国土经济》第6期。

李敏、赵小敏、李薇，2004，《土地整理中的土地权属调整——以山东省阳信县为例》，《江西农业大学学报》（社会科学版）第2期。

李尚蒲、罗必良，2015，《农地调整的内在机理及其影响因素分析》，《中国农村经济》第3期。

李赞红、阎建忠、花晓波等，2014，《不同类型农户撂荒及其影响因素研究——以重庆市12个典型村为例》，《地理研究》第33卷第 4 期。

连子康，2007，《江汉平原土地整理权属调整研究》，硕士学位论文，武汉：华中农业大学。

刘同山、钱龙，2023，《发达国家农地细碎化治理的经验与启示——以德国、法国、荷兰和日本为例》，《中州学刊》第 7 期。

刘新卫、赵崔莉，2017，《农村土地整治的工程化及其成因》，《中国农村经济》第 7 期。

刘新卫、赵崔莉，2018，《土地整合探索与农村土地整治反思——以广东省清远市为例》，《西北农林科技大学学报》（社会科学版）第 18 卷第 1 期。

刘雪冉，2013，《土地整治中承包田块的调整研究》，博士学位论文，北京：中国矿业大学。

卢艳霞、黄盛玉、王柏源等，2012，《农村土地整治创新模式的思考——基于广西壮族自治区崇左市龙州县“小块并大块”的启示》，《中国土地科学》第 26 卷第 2 期。

吕晓、黄贤金、钟太洋等，2011，《中国农地细碎化问题研究进展》，《自然资源学报》第 26 卷第 3 期。

罗伯特·吉本斯，1999，《博弈论基础》，北京：中国社会科学出版社。

毛志红，2016，《土地整治理应担负“绿色”使命》，《中国国土资源报》2016 年 1 月 26 日。

孟宪素、高世昌，2008，《土地开发整理权属管理研究现状及展望》，《中国土地科学》第 22 卷第 9 期。

内哈拉里，2017，《博弈论与机制设计》，北京：中国人民大学出版社。

诺思，2014，《制度、制度变迁与经济绩效》，上海：格致出版社。

欧雪娇，2013，《基于博弈论的农地整治权属调整研究》，硕士学位论文，南宁：广西师范学院。

潘显政，2014，《互换并地促进农业生产要素优化配置》，《农民日报》2014年1月21日。

渠敬东，2012，《项目制：一种新的国家治理体制》，《中国社会科学》第5期。

石峡、朱道林、张军连，2014，《土地整治公众参与机制中的社会资本及其作用》，《中国土地科学》第4期。

石晓平、郎海如，2013，《农地经营规模与农业生产率研究综述》，《南京农业大学学报》（社会科学版）第2期。

孙邦群、刘强、胡顺平等，2016，《充分释放确权政策红利——湖北沙洋在确权登记工作中推行“按户连片”耕种调研》，《农村经营管理》第1期。

谭明智，2014，《严控与激励并存：土地增减挂钩的政策脉络及地方实施》，《中国社会科学》第7期。

谭术魁，2001，《土地整理的兴起及其规范推进》，《国土与自然资源研究》第4期。

唐秀美、郝星耀、潘瑜春等，2015，《线性工程切割耕地的权属调整方法及系统实现——以保阜高速顺平段沿线土地整治项目为例》，《自然资源学报》第30卷第11期。

田孟、贺雪峰，2015，《中国的农地细碎化及其治理之道》，《江西财经大学学报》第2期。

田云，2015，《基于农户视角下的土地整治中土地承包经营权调整研究》，硕士学位论文，南昌：江西农业大学。

汪箭、杨钢桥，2016，《农地整治对农户耕地流转行为决策的影响研究——基于武汉和咸宁部分农户调查的实证》，《中国土地科学》第8期。

汪文雄、杨海霞，2017，《农地整治权属调整中农户参与的行为机理研究》，《华中农业大学学报》（社会科学版）第5期。

王瑷玲、赵瑞茂、高明秀，2008，《土地整理农地承包经营权调整调查》，《中国土地科学》第8期。

王长江，2011，《农村农地整治权属调整与管理模式研究》，博士学位论文，北京：中国矿业大学。

王发荣，2016，《宣传引导在前 权属调整不难》，《中国国土资源报》2016年2月17日。

王海娟，2016b，《地尽其利：细碎化农地利用研究》，博士学位论文，武汉：华中科技大学。

王海娟，2016a，《农地调整的效率逻辑及其制度变革启示——以湖北沙洋县农地调整实践为例》，《南京农业大学学报》（社会科学版）第5期。

王军，2011，《土地整治呼唤景观生态建设》，《中国土地科学》第6期。

王军、钟莉娜，2017，《土地整治工作中生态建设问题及发展建议》，《农业工程学报》第33卷第5期。

王兴稳，2008，《农民间土地流转市场与农地细碎化》，博士学位论文，南京：南京农业大学。

王兴稳、钟甫宁，2008，《土地细碎化与农用地流转市场》，《中国农村观察》第4期。

王宇、邵孝侯，2009，《日本农地合并中权属调整对我国农村土地集约利用的启示》，《水利经济》第2期。

王志炜，2013，《南通市省投项目农地整治权属调整方案设计框架研究》，硕士学位论文，南京：南京农业大学。

魏程琳，2015，《土地细碎化治理与农地制度变革——基于桂北F县农村调研》，《北京社会科学》第5期。

魏斯，1999，《联邦德国的乡村土地整理》，北京：中国农业出版社。

吴次芳、费罗成、叶艳妹，2011，《土地整治发展的理论视野、理性范式和战略路径》，《经济地理》第10期。

吴诗嫚、李祎琛、卢新海等，2016，《利益均衡下农地整治权属关系调整的研究进展》，《中国土地科学》第7期。

吴诗嫚、卢新海、祝浩，2023a，《农地整治权属调整能否提高农业生产效率？——基于整治模式和地貌类型的异质性分析》，《农村经济》第3期。

吴诗嫚、孟圣翔、卢新海，2023b，《不同模式农地整治权属调整对耕地细碎化的影响研究》，《农林经济管理学报》第22卷第4期。

伍黎芝，2005，《德国农地整理中的权属管理及启示》，《农业经济问题》第4期。

伍振军、张云华、孔祥智，2011，《交易费用、政府行为和模式比较：中国土地承包经营权流转实证研究》，《中国软科学》第4期。

夏柱智，2014b，《农地流转制度创新的逻辑与步骤》，《华南农业大学学报》(社会科学版) 第3期。

夏柱智，2014a，《虚拟确权：农地流转制度创新》，《南京农业大学学报》(社会科学版) 第6期。

萧承勇，2001，《台湾地区的农地重划及其社会经济效益》，《农业工程学报》第5期。

谢静琪，2014，《土地重划》，台湾：五南出版社。

严金明、夏方舟、马梅，2016，《中国土地整治转型发展战略导向研究》,《中国土地科学》第2期。

叶剑平、丰雷、蒋妍等，2010,《2008年中国农村土地使用权调查研究——17省份调查结果及政策建议》,《管理世界》第1期。

叶兴庆，2018,《我国农业经营体制的40年演变与未来走向》,《农业经济问题》第6期。

叶艳妹，2002,《可持续农地整理的理论与方法研究》，博士学位论文，杭州：浙江大学。

叶艳妹，2014,《土地权属调整与权益保障》，载国土资源部土地整治中心，《土地整治蓝皮书：中国土地整治发展研究报告No.1》，北京：社会科学文献出版社。

于宗先、毛育刚、林卿，2004,《两岸农地利用比较》，北京：社会科学文献出版社。

余振国、吴次芳，2003,《我国土地整理权属调整的机制建设研究》,《南京农业大学学报》第26卷第2期。

曾艳、杨钢桥、吴诗嫚，2015,《农地整理的委托代理关系研究》,《中国人口·资源与环境》第1期。

张蚌蚌、牛文浩、左旭阳等，2019,《广西农民自主型细碎化耕地归并整治模式及效果评价》,《农业工程学报》第35卷第9期。

张蚌蚌、王数，2013,《群众自主式土地整治模式及其效应研究——以新疆玛纳斯县三岔坪村为例》,《经济地理》第33卷第5期。

张蚌蚌，2017,《细碎化视角下耕地利用系统空间重组优化理论、模式与路径》，博士学位论文，北京：中国农业大学。

张凤荣、周丁扬、徐艳等，2009,《做好地块调整是发挥土地整理项目最大效益的重要环节》,《中国土地科学》第23卷第11期。

张静，2003,《土地使用规则的不确定：一个解释框架》,《中国社会科学》第1期。

张路雄，2012，《耕者有其田：中国耕地制度的现实与逻辑》，北京：中国政法大学出版社。

张晓滨、叶艳妹、陈莎等，2018，《国外农地整理权属调整技术方法研究进展及借鉴》，《中国土地科学》第32卷第11期。

赵谦，2010，《刍议中国农村土地整理的立法价值》，《中国土地科学》第9期。

赵谦，2014a，《我国土地整理权属设置的宪法依据论》，《法商研究》第2期。

赵谦，2014b，《宪法依据问题研究——以我国土地整理立法为例》，北京：人民出版社。

赵宇宁、王占岐，2005，《农地整理权属调整的问题与对策》，《资源开发与市场》第3期。

郑志浩、高杨，2017，《中央"不得调地"政策：农民的态度与村庄的土地调整决策》，《中国农村观察》第4期。

周雪光、艾云，2010，《多重逻辑下的制度变迁：一个分析框架》，《中国社会科学》第4期。

周雪光，2011，《权威体制与有效治理：当代中国国家治理的制度逻辑》，《开放时代》第10期。

朱冬亮，2020，《农民与土地渐行渐远——土地流转与"三权分置"制度实践》，《中国社会科学》第7期。

朱广新，2014，《论土地承包经营权的主体、期限和继承》，《吉林大学社会科学学报》第4期。

朱晓华、陈秧分、刘彦随等，2010，《空心村土地整治潜力调查与评价技术方法》，《地理学报》第65卷第6期。

Adler, P. S. , and Kwon, S. , 2002, "Social Capital: Prospects for a New Concept", *Academy of Management Review*, 27 (1): 17-40.

Akkus, M. A. , Karagoz, O. , and Dulger, O. , 2012, "Automated Land Reallotment Using Genetic Algorithm", *International Symposium on Innovations in Intelligent Systems and Applications*, Trabzon.

Altes, W. K. K. , and Im, S. B. , 2011, "Promoting Rural Development through the Use of Land Consolidation: The Case of Korea", *International Planning Studies*, 16 (2): 151-167.

Andreas, J. , and Zhan, S. , 2016, "Hukou and Land: Market Reform and Rural Displacement in China", *Journal of Peasant Studies*, 43 (4): 798-827.

Aoki, M. , 2001, *Toward a Comparative Institutional Analysis*, Cambridge: MIT Press.

Asiama, K. O. , Bennett, R. M. , and Zevenbergen, J. A. , 2017, "Land Consolidation on Ghana's Rural Customary Lands: Drawing from the Dutch, Lithuanian and Rwandan Experiences", *Journal of Rural Studies*, 56: 87-99.

Asiama, K. O. , Bennett, R. M. , Zevenbergen, J. A. , et al. , 2019, "Responsible Consolidation of Customary Lands: A Framework for Land Reallocation", *Land Use Policy*, 83: 412-423.

Asiama, K. O. , Voss, W. , Bennett, R. , et al. , 2021, "Land Consolidation Activities in Sub-Saharan Africa Towards the Agenda 2030: A Tale of Three Countries", *Land Use Policy*, 101: 105140.

Aslan, S. T. , Kirmikil, M. , Gündoğdu, K. S. , et al. , 2018, "Reallocation Model for Land Consolidation Based on Landowners' Requests", *Land Use Policy*, 70: 463-470.

Assies, W., 2009, "Land Tenure, Land Law and Development: Some Thoughts on Recent Debates", *The Journal of Peasant Studies*, 36 (3): 573-589.

Avci, M., 1999, "A New Approach Oriented to New Reallotment Model Based on Block Priority Method in Land Consolidation", *Turkish Journal of Agriculture and Forestry*, 23: 451-457.

Ayranci, Y., 2007, "Re-allocation Aspects in Land Consolidation A New Model and Its Application", *Journal of Agronomy*, 6 (2): 270-277.

Batra, R., and Ray, M. L., 1986, "Situational Effects of Advertising Repetition: The Moderating Influence of Motivation, Ability, and Opportunity to Respond", *Journal of Consumer Research*, 12 (4): 432-445.

Batterbury, S., 2006, "Governance and the Impacts of Political and Environmental Decentralization: An Introduction", *World Development*, 34 (11): 1851-1863.

Baumhof, R., Decker, T., Röder, H., et al., 2018, "Which Factors Determine the Extent of House Owners' Energy-Related Refurbishment Projects? A Motivation-Opportunity-Ability Approach", *Sustainable Cities and Society*, 36: 33-41.

Bijandi, M., Karimi, M., van der Knaap, W., et al., 2021, "A Novel Approach for Multi-stakeholder Agricultural Land Reallocation Using Agent-based Modeling: A Case Study in Iran", *Landscape and Urban Planning*, 215: 104231.

Binns, B. O., 1950, "The Consolidation of Fragmented Agricultural Holdings", Food and Agriculture Organization of the United Nations.

Blumberg, M., and Pringle, D. C., 1982, "The Missing Opportunity in Organizational Research: Some Implications for a Theory of Work Performance", *Academy of Management Review*, 7 (4): 560-569.

Bowles, S., 2004, *Microeconomics: Behavior, Institution and Evolution*, New Jersey: Princeton University Press.

Bui, Q. T., 2015, "Modelling and Solving Complex Combinatorial Optimization Problems: Quorumcast Routing, Elementary Shortest Path, Elementary Longest Path and Agricultural Land Rllocation", Louvain-la-Neuve: Katholieke Universiteit Leuven.

Buis, A. M., and Vingerhoeds, R. A., 1996, "Knowledge-Based Systems in the Design of a New Parcelling", *Knowledge-Based Systems*, 9: 307-314

Callesen, G. M., Lundhede, T. H., Olsen, S. B., et al., 2022, "Socio-economic Effects of a Bottom-up Multifunctional Land Consolidation Project", *Land Use Policy*, 117: 106102.

Cay, T., and Iscan, F., 2011a, "Fuzzy Expert System for Land Reallocation in Land Consolidation", *Expert Systems with Applications*, 38 (9): 11055-11071.

Cay, T., and Iscan, F., 2011b, "Land Consolidation Software Algorithm for Agricultural Reform in Turkey", *Asian Journal of Rural Development*, 1 (1): 70-86.

Cay, T., and Uyan, M., 2013, "Evaluation of Reallocation Criteria in Land Consolidation Studies Using the Analytic Hierarchy Process (AHP)", *Land Use Policy*, 30 (1): 541-548.

Cay, T., Ayten, T., and Iscan, F., 2006, "An Investigation of Reallocation Model Based on Interview in Land Consolidation", XXIII FIG Congress, Munich.

Cay, T., Ayten, T., and Iscan, F., 2010, "Effects of Different Land Reallocation Models on the Success of Land Consolidation Projects: Social and Economic Approaches", *Land Use Policy*, 27 (2): 262-269.

Chai, K., and Baudelaire, C., 2015, "Understanding the Energy Efficiency Gap in Singapore: A Motivation, Opportunity, and Ability Perspective", *Journal of Cleaner Production*, 100: 224-234.

Chien, S. S., 2010, "Economic Freedom and Political Control in Post-Mao China: A Perspective of Upward Accountability and Asymmetric Decentralization", *Asian Journal of Political Science*, 18 (1): 69-89.

Clark, B. H., Abela, A. V., and Ambler, T., 2005, "Organizational Motivation, Opportunity and Ability to Measure Marketing Performance", *Journal of Strategic Marketing*, 13 (4): 241-259.

Davidsson, P., 1999, "Continued Entrepreneurship: Ability, Need, and Opportunity as Determinants of Small Firm Growth", *Journal of Business Venturing*, 6 (6): 405-429.

Deininger, K., 2003, "Land Policies for Growth and Poverty Reduction", World Bank.

Demetriou, D., 2017, "A Spatially Based Artificial Neural Network Mass Valuation Model for Land Consolidation", *Environment and Planning B: Urban Analytics and City Science*, 44 (5): 864-883.

Demetriou, D., See, L., and Stillwell, J., 2013a, "A Parcel Shape Index for Use in Land Consolidation Planning", *Transactions in GIS*,

17 (6): 861-882.

Demetriou, D., See, L., and Stillwell, J., 2013b, "A Spatial Genetic Algorithm for Automating Land Partitioning", *International Journal of Geographical Information Science*, 27 (12): 2391-2409.

Demetriou, D., Stillwell, J., and See, L., 2012a, "Land Consolidation in Cyprus: Why Is an Integrated Planning and Decision Support System Required?", *Land Use Policy*, 29 (1): 131-142.

Demetriou, D., Stillwell, J., and See, L., 2012b, "An Integrated Planning and Decision Support System (IPDSS) for Land Consolidation: Theoretical Framework and Application of the Land-Redistribution Modules", *Environment and Planning B: Planning and Design*, 39 (4): 609-628.

Demetriou, D., Stillwell, J., and See, L., 2011, "Land Spaces: A Spatial Expert System for Land Consolidation", in *Advancing Geoinformation Science for a Changing World*, Heidelberg: Springer.

Demetriou, D., 2016, "The Assessment of Land Valuation in Land Consolidation Schemes: The Need for a New Land Valuation Framework", *Land Use Policy*, 54: 487-498.

Demetriou, D., 2014, *The Development of an Integrated Planning and Decision Support System (IPDSS) For Land Consolidation*, Switzerland: Springer.

Ertunç, E., Karkınlı, A. E., and Bozdağ, A., 2021, "A Clustering-Based Approach to Land Valuation in Land Consolidation Projects", *Land Use Policy*, 111: 105739.

Essadik, M., and Ettarid, M., 2002, "Optimization of the Technical

Steps of Rural Land Consolidation Project Using A GIS", International Symposium on GIS, Istanbul.

Essadik, M., Ettarid, M., and Robert, P., 2003, "Optimisation of Technical Steps of a Rural Land Consolidation Using a Geographic Information System: Land Reallocation Step", FIG Working Week 2003, Paris.

FAO, 2004, "Operations Manual for Land Consolidation Pilot Projects in Central and Eastern Europe", Rome: FAO.

FAO, 2003, "The Design of Land Consolidation Pilot Projects in Central and Eastern Europe", Rome.

Fleisher, B., and Liu, Y., 1992, "Economies of Scale, Plot Size, Human Capital, and Productivity in Chinese Agriculture", *Quarterly Review of Economics and Finance*, 32 (3): 112-124.

George, D., and Mallery, P., 2003, *SPSS for Windows Step by Step*, Boston: Allyn & Bacon.

Gerring, J., 2006, *Case Study Research: Principles and Practices*, Cambridge: Cambridge University Press.

Gónzalez, X. P., Alvarez, C. J., and Crecente, R., 2004, "Evaluation of Land Distributions with Joint Regard to Plot Size and Shape", *Agricultural Systems*, 82 (1): 31-43.

Gónzalez, X. P., Marey, M. F., and Álvarez, C. J., 2007, "Evaluation of Productive Rural Land Patterns with Joint Regard to the Size, Shape and Dispersion of Plots", *Agricultural Systems*, 92 (1-3): 52-62.

Greif, A., 2006, I*nstitutions and the Path to the Modern Economy: Les-*

sons from Medieval Trade, Cambridge: Cambridge University Press.

Hakli, H., and Uğuz, H., 2017, "A Novel Approach for Automated Land Partitioning Using Genetic Algorithm", *Expert Systems with Applications*, 82: 10-18.

Hakli, H., Uğuz, H., and Çay, T., 2016, "A New Approach for Automating Land Partitioning Using Binary Search and Delaunay Triangulation", *Computers and Electronics in Agriculture*, 125: 129-136.

Haldrup, N. O., 2015, "Agreement Based Land Consolidation-In Perspective of New Modes of Governance", *Land Use Policy*, 46: 163-177.

Harasimowicz, S., Bacior, S., Gniadek, J., et al., 2021, "The Impact of the Variability of Parameters Related to Transport Costs and Parcel Shape on Land Reallocation Results", *Computers and Electronics in Agriculture*, 185: 106137.

Harasimowicz, S., Janus, J., Bacior, S., et al., 2017, "Shape and Size of Parcels and Transport Costs as a Mixed Integer Programming Problem in Optimization of Land Consolidation", *Computers and Electronics in Agriculture*, 140: 113-122.

Hartvigsen, M., 2014a, "Land Consolidation and Land Banking in Denmark: Tradition, Multi-purpose and Perspectives", *Danish Journal of Geoinformatics and Land Management*, (47): 51-73.

Hartvigsen, M. B., 2015a, "Experiences with Land Consolidation and Land Banking in Central and Eastern Europe After 1989", Rome: FAO.

Hartvigsen, M., 2015b, "Land Reform and Land Consolidation in Central and Eastern Europe after 1989: Experiences and Perspectives", Aalborg: Aalborg Universitetsforlag.

Hartvigsen, M., 2014b, "Land Reform and Land Fragmentation in Central and Eastern Europe", *Land Use Policy*, 36: 330-341.

Hendricks, A., and Lisec, A., 2014, "Land Consolidation for Large-Scale Infrastructure Projects in Germany", *Journal of the Association of Surveyors of Slovenia*, 58 (1): 46-68.

Hiironen, J., and Riekkinen, K., 2016, "Agricultural Impacts and Profitability of Land Consolidations", *Land Use Policy*, 55: 309-317.

Hiller, F. S., and Lieberman, G., 2015, *Introduction to Operations Research*, New York: McGraw-Hill Education.

Hong, Y., and Needham, B., 2007, *Analyzing Land Readjustment: Economics, Law, and Collective Action*, Cambridge: Lincoln Institution of Land Policy.

Hoyer, W. D., MacInnis, D. J., and Pieters, R., 2012, *Consumer Behavior*, Mason: South-Western College.

Hung, K., Sirakaya-Turk, E., and Ingram, L. J., 2010, "Testing the Efficacy of an Integrative Model for Community Participation", *Journal of Travel Research*, 50 (3): 276-288.

IAAO, 2003, "Standard on Automated Valuation Models (AVMs)", Chicago, Illinois, USA: International Association of Assessing Officers, 35.

Inceyol, Y., and Cay, T., 2022, "Comparison of Traditional Method and Genetic Algorithm Optimization in the Land Reallocation Stage of Land Consolidation", *Land Use Policy*, 115: 105989.

Ishii, A., 2005, "The Methods to Consolidate Scattered Tenanted Lots into Large Rice Paddy Lots by the Land Consolidation Projects in Japan", *Paddy and Water Environment*, 3: 225-233.

Jansen, L., Lemmen, C., and Wouters, R., 2010, "The Computerised Land Re-Allotment Process in Turkey and the Netherlands in Multi-Purpose Land Consolidation Projects", FIG Congress 2010, Sydney.

Janus, J., and Ertunç, E., 2023, "Impact of Land Consolidation on Agricultural Decarbonization: Estimation of Changes in Carbon Dioxide Emissions due to Farm Transport", *Science of the Total Environment*, 873: 162391.

Janus, J., and Markuszewska, I., 2017, "Land Consolidation-A Great Need to Improve Effectiveness: A Case Study from Poland", *Land Use Policy*, 65: 143-153.

Jiang, Y., Tang, Y. T., Long, H., et al., 2022, "Land Consolidation: A Comparative Research Between Europe and China", *Land Use Policy*, 112: 105790.

Kik, R., 1990, "A Method for Reallotment Research in Land-Development Projects in the Netherlands", *Agricultural Systems*, 33 (2): 127-138.

King, R., and Burton, S., 1983, "Structural Change in Agriculture: The Geography of Land Consolidation", *Progress in Human Geography*, 7 (4): 471-501.

Kolis, K., Hiironen, J., Riekkinen, K., et al., 2017, "Forest Land Consolidation and Its Effect on Climate", *Land Use Policy*, 61: 536-542.

Konttinen, K, 2008, "Integrated Land Development in Finland-Land Consolidation and Improving Traffic Safety as a Case", FIG Working

Week 2008, Stockholm, Sweden, June 14, 19, 2008.

Kung, J., Cai, Y., and Sun, X., 2009, "Rural Cadres and Governance in China: Incentive, Institution and Accountability", *The China Journal*, (62): 61-77.

Kupidura, A., Uczewski, M., Home, R., et al., 2014, "Public Perceptions of Rural Landscapes in Land Consolidation Procedures in Poland", *Land Use Policy*, 39: 314-319.

Kwinta, A., and Gniadek, J., 2017, "The Description of Parcel Geometry and Its Application in Terms of Land Consolidation Planning", *Computers and Electronics in Agriculture*, 136: 117-124.

Ölander, F., and Thøgersen, J., 1995, "Understanding of Consumer Behaviour as a Prerequisite for Environmental Protection", *Journal of Consumer Policy*, 18 (4): 345-385.

Leenen, H., 2014, "Land Development in the Netherlands", *zfv*, (3): 166-172.

Lemmen, C., and Sonnenberg, J., 1986, "A Model for Allocation and Adjustment of Lots in Land Consolidation: New Development in the Netherlands", XVIII FIG Congress, Toronto.

Lemmen, C., Jansen, L., and Rosman, F., 2012, "Informational and Computational Approaches to Land Consolidation", FIG Working Week 2012, Rome.

Li H, Jin X, McCormick B P, et al., 2023, "Analysis of the Contribution of Land Consolidation to Sustainable Poverty Alleviation under Various Natural Conditions", *Land Use Policy*, 133: 106871.

Lisec, A., Primožič, T., Ferlan, M., Šumrada, R., et al., 2014,

"Land Owners' Perception of Land Consolidation and Their Satisfaction with the Results-Slovenian Experiences", *Land Use Policy*, 38, 550–563.

Liu, Y., and Li, Y., 2017, "Revitalize the world's countryside", *Nature*, 548 (7667): 275–277.

Liu, Y., Dai, L., and Long, H., 2023, "Theories and Practices of Comprehensive Land Consolidation in Promoting Multifunctional Land Use", *Habitat International*, 142: 102964.

Liu, Y., 2018, "Introduction to Land Use and Rural Sustainability in China", *Land Use Policy*, 74: 1–4.

Liu, Y., Liu, J., and Zhou, Y., 2017, "Spatial-temporal Patterns of Rural Poverty in China and Targeted Poverty Alleviation Strategies", *Journal of Rural Studies*, 52: 66–75.

Louwsma, M., van Beek, M., and Hoeve, B., 2014, "A New Approach: Participatory Land Consolidation", FIG Congress 2014, Kuala Lumpur.

Maclnnis, D. J., and Jaworski, B. J., 1989, "Information Processing from Advertisements: Toward an Integrative Framework", *Journal of Marketing*, 53 (4): 1–23.

Macours, K., and Swinnen, J. F. M., 2000, "Causes of Output Decline in Economic Transition: The Case of Central and Eastern European Agriculture", *Journal of Comparative Economics*, 28 (1): 172–206.

Madden, T. J., Ellen, P. S., and Ajzen, I., 2016, "A Comparison of the Theory of Planned Behavior and the Theory of Reasoned Action", *Personality and Social Psychology Bulletin*, 18 (1): 3–9.

Martínez, R., Solla, M., Arias, P., et al., 2013, "Semi-automatic Land Consolidation Software Based on Geographic Information Systems", *Computers and Electronics in Agriculture*, 97: 1-5.

Mitchell, T. R., and Daniels, D., 2003, "Motivation", in *Comprehensive Handbook of Psychology*, New York: Wiley.

Montaño, D. E., and Kasprzyk, D., 2015, "Theory of Reasoned Action, Theory of Planned Behavior, and the Integrated Behavioral Model", in *Health Behavior and Health Education: Theory, Research, and Practice*, San Francisco: Jossey-Bass.

Mouritsen, A. K. M., 2004, "Property Restructuring in Denmark-a Method for Achieving the Objectives of Environmental Protection and Cultural Heritage", *Archives*, 1 (1): 44-56.

Muchovά, Z., and Juskovά, K., 2017, "Stakeholders' Perception of Defragmentation of New Plots in a Land Consolidation Project: Given the Surprisingly Different Slovak and Czech Approaches", *Land Use Policy*, 66: 356-363.

Ónega-López, F., Puppim De Oliveira, J. A., and Crecente-Maseda, R., 2010, "Planning Innovations in Land Management and Governance in Fragmented Rural Areas: Two Examples from Galicia (Spain)", *European Planning Studies*, 18 (5): 755-773.

Nguyen, H. Q., and Warr, P., 2020, "Land Consolidation as Technical Change: Economic Impacts in Rural Vietnam", *World Development*, 127: 104750.

Ntihinyurwa, P. D., de Vries, W. T., Chigbu, U. E., et al., 2019, "The Positive Impacts of Farm Land Fragmentation in Rwanda",

Land Use Policy, 81: 565-581.

Olson, M., 2009, *The Logic of Collective Action*, Cambridge: Harvard University Press.

Osborne, M., and Rubinstein, A., 1994, *A Course in Game Theory*, Cambridge: MIT Press.

Ostrom, E., 2009, "A General Framework for Analyzing Sustainability of Social-Ecological System", *Science*, 325 (5939): 419-422.

Ostrom, E., 2011, "Background on the Institutional Analysis and Development Framework", *Policy Studies Journal*, 39 (1): 7-27.

Ostrom, E., 2000, "Collective Action and the Evolution of Social Norms", *Journal of Economic Perspectives*, 14 (3): 137-158.

Ostrom, E., Gardner, R., and Walker, J., 1994, *Rules, Games, and Common-Pool Resources*, Michigan: The University of Michigan Press.

Ostrom, E., 2015, *Governing the Commons: The Evolution of Institutions for Collective Action*, Cambridge: Cambridge University Press.

Ostrom, E., 2005, *Understanding Institutional Diversity*, Princeton: Princeton University Press.

Pašakarnis, G., and Maliene, V., 2010, "Towards Sustainable Rural Development in Central and Eastern Europe: Applying Land Consolidation", *Land Use Policy*, 27 (2): 545-549.

Rao, J., 2022, "Comprehensive Land Consolidation as a Development Policy for Rural Vitalisation: Rural in Situ Urbanisation Through Semi Socio-economic Restructuring in Huai Town", *Journal of Rural Studies*, 93: 386-397.

Ribot, J. C., Agrawal, A., and Larson, A. M., 2006, "Recentralizing

While Decentralizing: How National Governments Reappropriate Forest Resources", *World Development*, 34 (11): 1864-1886.

Ribot, J. C., and Peluso, N. L., 2003, "A Theory of Access", *Rural Sociology*, 68 (2): 153-181.

Rogers, S., Wilmsen, B., Han, X., et al., 2021, "Scaling up Agriculture? The Dynamics of Land Transfer in Inland China", *World Development*, 146: 105563.

Rosman, F., and Sonnenberg, J., 1998, "New Method for the Design of the Reallocation Plan in Land Consolidation Projects", XXI FIG Congress, Brighton.

Rosman, F., 2012, "Automated Parcel Boundary Design Systems in Land Consolidation", FIG Working Week 2012, Rome.

Rosman, F., 2016, "The Development of Computational Models in Land Consolidation as used by Kadaster", Symposium on Land Consolidation and Land Readjustment for Sustainable Development, Apeldoorn.

Rothschild, M. L., 1999, "Carrots, Sticks, and Promises: A Conceptual Framework for the Management of Public Health and Social Issue Behaviors", *Journal of Marketing*, 63 (4): 24-37.

Rozelle, S., and Li, G., 1998, "Village Leaders and Land-Rights Formation in China", *The American Economic Review*, 88 (2): 433-438.

Sabates-Wheeler, R., 2002, "Consolidation Initiatives after Land Reform: Responses to Multiple Dimensions of Land Fragmentation in Eastern European Agriculture", *Journal of International Development*, 14 (7): 1005-1018.

Sandler, T., 1992, *Collective Action: Theory and Applications*, Michigan: University of Michigan Press.

Semlali, E. H., 2001, "A GIS Solution to Land Consolidation Technical Problems in Morocco", FIG Working Week 2001, Seoul.

Siemsen, E., Roth, A., and Balasubramanian, S., 2008, "How Motivation, Opportunity, and Ability Drive Knowledge Sharing: The Constraining-Factor Model", *Journal of Operations Management*, 26 (3): 426-445.

Sigmund, K., De Silva, H., Traulsen, A., et al., 2010, "Social Learning Promotes Institutions for Governing the Commons", *Nature*, 466 (7308): 861-863.

Sikor, T., Müller, D., Stahl, J., et al., 2009, "Land Fragmentation and Cropland Abandonment in Albania: Implications for the Roles of State and Community in Post-Socialist Land Consolidation", *World Development*, 37 (8): 1411-1423.

Smith, J. M., 1964, "Group Selection and Kin Selection", *Nature*, 201: 1145-1147.

Sonnenberg, J., 2002, "Fundamentals of Land Consolidation as an Instrument to Abolish Fragmentation of Agricultural Holdings", FIG XXII Congress, Washington, D. C.

Sonnenberg, J., 1996, "The European Dimensions and Land Management-Policy Issues (Land Readjustment and Land Consolidation as Tools for Development)", FIG Commission 7, Annual Meeting, Budapest.

Sulonena, K., Kotilainen, S., and Hiironen, J., 2017, "Voluntary

Land Consolidation Approaches and Their Adaptability to Experimental Farm-based Land Consolidation in Finland", *Nordic Journal of Surveying and Real Estate Research*, 12 (1): 59–83.

Sun, Z., Han, J., Li, Y., et al., 2024, "Effects of Large-scale Land Consolidation Projects on Ecological Environment Quality: A Case Study of a Land Creation Project in Yan'an, China", *Environment International*, 183: 108392.

Tang, H., Yun, W., Liu, W., et a., 2019, "Structural Changes in the Development of China's Farmland Consolidation in 1998-2017: Changing Ideas and Future Framework", *Land Use Policy*, 89: 104212.

Tan, R., and Zhou, T., 2015, "Decentralization in a Centralized System: Project-Based Governance for Land-Related Public Goods Provision in China", *Land Use Policy*, 47: 262–272.

Tan, S., Heerink, N., Kruseman, G., et al., 2008, "Do Fragmented Landholdings Have Higher Production Costs? Evidence from Rice Farmers in Northeastern Jiangxi Province, P. R. China", *China Economic Review*, 19 (3): 347–358.

Thapa, G. B., and Niroula, G. S., 2008, "Alternative Options of Land Consolidation in the Mountains of Nepal: An Analysis Based on Stakeholders' Opinions", *Land Use Policy*, 25 (3): 338–350.

Thomas, J., 2006a, "What Is on Regarding Land Consolidation in Europe?", XXIII FIG Congress, Munich.

Thomas, J., 2006b, "Attempt on Systematization of Land Consolidation Approaches in Europe", *zfv*, (3): 156–161.

Thomas, J., 2004, "Modern Land Consolidation-Recent Trends on Land

Consolidation in Germany", FIG Commission 7-Symposium, Volvic.

Touriño, J., Parapar, J., Doallo, R., et al., 2003, "A GIS-Embedded System to Support Land Consolidation Plans in Galicia", *International Journal of Geographical Information Science*, 17 (4): 377-396.

Trivers, R. L., 1971, "The Evolution of Reciprocal Altruism", *The Quarterly Review of Biology*, 46 (1): 35-57.

Tsai, L. L., 2007, *Accountability without Democracy: Solidary Groups and Public Goods Provision in Rural China*, Cambridge University Press.

Uyan, M., Cay, T., and Akcakaya, O., 2013, "A Spatial Decision Support System Design for Land Reallocation: A Case Study in Turkey", *Computers and Electronics in Agriculture*, 98: 8-16.

Uyan, M., Cay, T., Inceyol, Y., et al., 2015, "Comparison of Designed Different Land Reallocation Models in Land Consolidation: A Case Study in Konya/Turkey", *Computers and Electronics in Agriculture*, 110: 249-258.

Uyan, M., 2016, "Determination of Agricultural Soil Index Using Geostatistical Analysis and GIS on Land Consolidation Projects: A Case Study in Konya/Turkey", *Computers and Electronics in Agriculture*, 123: 402-409.

van Dijk, T., 2004, "Land Fragmentation in Central Europe: How and Whether to Use Western Experience", in *Methodologies, Models and Instruments for Rural and Urban Land Management*, London: Routledge.

van Djik, T., 2003, *Dealing with Central European Land Fragmentation*,

Amsterdam: Studio Hermkens.

Varga, M., 2020, "Poverty Reduction Through Land Transfers? The World Bank's Titling Reforms and the Making of 'Subsistence' Agriculture", *World Development*, 135: 105058.

Varian, H. R., 2010, *Intermediate Microeconomics: A Modern Approach*, New York: W. W. Norton & Company, Inc.

Veršinskas, T., Vidar, M., Hartvigsen, M., Mitic Arsova, K., Holst, F. V., and Gorgan, M., 2020, "Legal Guide on Land Consolidation: Based on Regulatory Practices in Europe", Rome: FAO.

Vitikainen, A., 2004, "An Overview of Land Consolidation in Europe", *Nordic Journal of Surveying and Real Estate Research*, 1 (1): 25-44.

Wang, H., Tong, J., Su, F., et al., 2011, "To Reallocate or Not: Reconsidering the Dilemma in China's Agricultural Land Tenure Policy", *Land Use Policy*, 28 (4): 805-814.

Wang, R., and Tan, R., 2020, "Patterns of Revenue Distribution in Rural residential Land Consolidation in Contemporary China: The Perspective of Property Rights Delineation", *Land Use Policy*, 97: 104742.

Weibull, J. W., 1996, *Evolutionary Game Theory*, Cambridge: MIT Press.

Williamson, O. E., 1996, *The Mechanisms of Governance*, Oxford: Oxford University Press.

Williamson, O. E., 2000, "The New Institutional Economics: Taking Stock, Looking Ahead", *Journal of Economic Literature*, 38 (3): 595-613.

Wong, H. L., Wang, Y., Luo, R., et al., 2017, "Local Governance and the Quality of Local Infrastructure: Evidence from Village Road Projects in Rural China", *Journal of Public Economics*, 152: 119-132.

Xu, C., 2011, "The Fundamental Institutions of China's Reforms and Development", *Journal of Economic Literature*, 49 (4): 1076-1151.

Ying, L., Dong, Z., Wang, J., et al., 2020, "Rural Economic Benefits of Land Consolidation in Mountainous and Hilly Areas of Southeast China: Implications for Rural Development", *Journal of Rural Studies*, 74: 142-159.

Yin, R. K., 2018, *Case Study Research and Applications*, Newcastle: SAGE Publications

Zhang, Z., Zhao, W., and Gu, X., 2014, "Changes Resulting from a Land Consolidation Project (LCP) and its Resource-environment Effects: A Case Study in Tianmen City of Hubei Province, China", *Land Use Policy*, 40: 74-82.

Zhan, S., 2020, "The Land Question in 21st Century China: Four Camps and Five Scenarios", *New Left Review*.

Zhao, X., 2020, "Land and Labor Allocation Under Communal Tenure: Theory and Evidence from China", *Journal of Development Economics*, 147: 102526.

Zhou, Y., Li, X., and Liu, Y., 2020a, "Rural Land System Reforms in China: History, Issues, Measures and Prospects", *Land Use Policy*, 91: 104330.

Zhou, Y., Li, Y., and Xu, C., 2020b, "Land Consolidation and Rural Revitalization in China: Mechanisms and Paths", *Land Use Policy*, 91: 104379.

附录

农地整治权属调整农民参与行为调查问卷

尊敬的女士/先生：您好！为更好地了解农地整治权属调整的实际情况，促进当地经济社会全面发展，以及保护农民的切身利益，我们特进行了此项调查。本调查所搜集的内容完全用于科学研究，不会泄露您的个人隐私。完成本表大概需要 20 分钟，谢谢您的合作。

调查时间：________年________月________日

调查地点：________省________县（市）________乡（镇）________村

1　被调查人基本信息

1.1 您的性别：A. 男　B. 女

1.2 您的年龄：A. 18～29 岁　B. 30～39 岁　C. 40～49 岁　D. 50～59 岁　E. 60 岁及以上

1.3 您的婚姻状况：A. 未婚　B. 已婚

1.4 您的家庭成员数：A. 1 人　B. 2 人　C. 3 人　D. 4～5 人　E. 6 人及以上

1.5 您的户口类别：A. 城镇居民　B. 乡镇农民

1.6 您的学历：A. 未上过学　B. 小学　C. 初中　D. 高中及以上

1.7 您是否从事农业以外的其他行业：A. 是　B. 否

1.8 您家的承包地面积为________亩，您家的承包地块数量为________块

2　农地整治权属调整的动机、机会、能力和行为

请在下列描述中，选择与您的感受最相符的选项。

（1. 非常不同意，2. 不同意，3. 比较不同意，4. 不确定，5. 比较同意，6. 同意，7. 非常同意）

	1	2	3	4	5	6	7
权属调整行为							
我积极参与了农地整治权属调整的抓阄							
我积极参与了农地整治权属调整方案的制定							
我积极参与了农地整治权属调整方案的实施							
参与农地整治权属调整的自利动机							
我会参与农地整治权属调整，因为地块变动本身对我影响不大							
我会参与农地整治权属调整，因为调整后地块变差对我影响不大							
我会参与农地整治权属调整，因为它能促进农业机械化							
我会参与农地整治权属调整，因为它能方便农业生产管理							
我会参与农地整治权属调整，因为有报酬							

续表

	1	2	3	4	5	6	7
参与农地整治权属调整的社会规范							
我会参与农地整治权属调整，因为村干部希望我参与							
我会参与农地整治权属调整，因为村干部会参与							
我会参与农地整治权属调整，因为亲戚朋友希望我参与							
我会参与农地整治权属调整，因为亲戚朋友会参与							
我会参与农地整治权属调整，因为地方政府希望我参与							
我会参与农地整治权属调整，因为法律允许我参与							
参与农地整治权属调整的机会							
因为项目区有充分的信息传递，方便了我参与农地整治权属调整							
因为地块上没有种树，方便了我参与农地整治权属调整							
因为项目区有充分的农业基础设施，方便了我参与农地整治权属调整							
因为项目区有组织良好的政策交流平台，方便了我参与农地整治权属调整							
因为农民间有良好的合作氛围，方便了我参与农地整治权属调整							
参与农地整治权属调整的能力							
我了解农地整治权属调整相关政策							
我了解怎样的权属状态对农业生产是有利的							
我了解如何参与到农地整治权属调整之中							
我参与农地整治权属调整对结果有影响							
我有充足的时间精力参与到农地整治权属调整中							

问卷到此结束，再次感谢您的支持与帮助，祝您生活愉快。

后　记

本书是在我的博士论文基础之上修改完成的，不过农地整治权属调整问题，我实际上是在2014年初写本科论文的时候就已经开始接触。从文献到论文，在阅读过大量的相关研究之后，我发现相比于国外不断涌现的关于农地整治权属调整过程中地块分配和地块分割的优化方法研究，我国针对权属调整问题的技术方法研究是很少的。在经过当时的本科论文指导老师叶艳妹教授（也就是我后来的博士生导师）同意后，我便以此为题，做了一篇比较粗糙的本科论文。关于农地整治权属调整技术方法的研究也成为我早期的研究方向，我也就此发表了一两篇论文，这些研究成果最终也成为本书的一部分。

2014年9月读博之后，我随同导师叶艳妹教授以及我自己对农地整治以及权属调整在我国的实践进行了大量的调研，此时我逐渐意识到，农地整治权属调整中最复杂的问题，也许并不是技术效率的提升，而是权属调整在我国农地整治项目中根本就很难推行下去。在对农地整治项目相关负责人进行调研的过程中，我听到最多的看法就是，权属调整是最复杂的，也是最难实施的。因此，大多数农地整治项目，尤其是规模比较大的农地整治项目，并不实施权属调整。田、水、路、林工程建设完之后，原本分散细碎的地块，又原样分回给农户。我在东部某沿海省份县级土地整治部门做调研时，发现有些负责农地整治项目的工作人员根本不知道什么是权属调整。

根据我的调研，权属调整实施困难并不是因为农民缺乏需求。实际上，土地细碎化问题在我国十分普遍，我调研到的多数农民对农地整治权属调整有着非常强烈的需求。个别农民或者村干部会对农地整治权属调整产生疑虑，但往往也并不是怀疑农地整治权属调整的必要性，而是认为农地整治权属调整实施过程复杂、难度大，另外也有不少人怀疑农地整治权属调整是否符合国家政策。这些现象引发了我的思考：为什么明明是对农民有利的、农民非常需要的事情，推行却如此困难？此外，对国外农地整治相关研究文献的阅读，以及在德国做的一些农地整治项目调研，又引发了我对另外一个问题的思考：为什么权属调整能在德国、荷兰、塞浦路斯等土地私有制国家广泛推行，但是在我国这样一个集体产权国家，其合法性却常常遭到怀疑，使得权属调整的推广止步不前呢？

带着这些问题，我将对农地整治权属调整的研究重点从技术方法层面，转移到了行为和制度层面，最终完成了我的博士毕业论文，并在此基础上，修改完成了此书。本书重点探讨了以下几个问题：农地整治权属调整各类主体的参与激励，尤其是农户参与农地整治权属调整的影响因素；农地整治权属调整参与主体之间如何达成合作或者为什么无法达成合作；农地整治权属调整制度环境的构成以及制度环境的变化，给农地整治权属调整项目层级的实施带来的影响。通过深入研究这些问题，我发现，由于我国土地极其细碎化，土地相互穿插交错的状态导致农地整治权属调整想要顺利有效实施，必须通过大量农户之间相互合作，而个别农户的机会主义行为，可能导致农地整治权属调整功亏一篑。另外，我国土地产权制度不断强化，但是农地整治制度建设相对滞后，这样的制度环境无法给地方政府提供相应的激励，地方政府对涉及土地产权的事务，只能慎之又慎，最终只能放弃实施。

权属调整是农地整治中的关键一环，也被认为是解决土地细碎化问题最有效的工具之一。本书希望通过对这一问题的系统研究，能够在一定程度上对我国农地整治权属调整的实施有所推动和改进。此外，也希望本书对农地整治权属调整中个体行为和主体合作问题的理论提炼，能够对相关领域有所贡献。当然，由于本人能力不足，时间精力有限，本书仍然有许多不足之处，有些关键问题，本书也没有给出充分的解答。比如，为什么有些地区从一开始就选择了适合的实施方式，很好地推动了农地整治权属调整实施；成功的农地整治权属调整实施模式是如何扩散的；等等。

本书的完成离不开导师叶艳妹教授的指导。叶老师在我博士论文的选题、构思、写作等方面，都给予了充分的指导，叶老师对农地整治实践的了解也让我对权属调整问题有了更深的认识，使我最终能够完成本书。此外，感谢社会科学文献出版社给予的出版机会和出版社高雁老师为本书的编辑出版所做的努力。

张晓滨

2024 年 12 月于慕尼黑工业大学

图书在版编目(CIP)数据

农地整治问题研究：权属调整中的行为与合作 / 张晓滨著. --北京：社会科学文献出版社，2025.4.
ISBN 978-7-5228-5182-2

Ⅰ. F323.24

中国国家版本馆 CIP 数据核字第 2025UA6325 号

农地整治问题研究：权属调整中的行为与合作

著　　者 / 张晓滨

出 版 人 / 冀祥德
组稿编辑 / 高　雁
责任编辑 / 颜林柯
文稿编辑 / 赵亚汝
责任印制 / 岳　阳

出　　版 / 社会科学文献出版社 · 经济与管理分社（010）59367226
地址：北京市北三环中路甲 29 号院华龙大厦　邮编：100029
网址：www.ssap.com.cn
发　　行 / 社会科学文献出版社（010）59367028
印　　装 / 三河市龙林印务有限公司

规　　格 / 开　本：787mm×1092mm　1/16
印　张：17.25　字　数：207 千字
版　　次 / 2025 年 4 月第 1 版　2025 年 4 月第 1 次印刷
书　　号 / ISBN 978-7-5228-5182-2
定　　价 / 138.00 元

读者服务电话：4008918866